近世政治社会への視座

〈批評〉で編む秩序・武士・地域・宗教論

高野信治
Takano Nobuharu

清文堂

序

本書は近世日本の政治社会のありようを描いた多面的な作品群の〈批評〉を通して、その時代的な特性を考える糸口になることを目的に編んだものである。ここでいう〈批評〉とは、研究者の著作・報告の書評・紹介や批判を指すが、自著紹介やこれらに関連する事象の論評も、自らの研究を相対化する第三者的な立場からの営みとして、さらに本書の主題をより豊かな内容にするため、組み入れた。

これらの〈批評〉は依頼によるが、依頼者側は書評者・紹介者・論評者の学問的関心や専門性を考慮する訳で、批評そのものが被依頼者（批評執筆者）の研究フィールドの一部と捉えることもできよう。少なくともそのように考え、かかる批評依頼には、私自身の客観的な適格性の高低を気にしつつも、なるべく応じるようにしてきた。そして、かかる批評活動を通して政治社会史研究を志してきた私は、多様な視角を学ばせてもらった。つまり本書は、自他に跨がる仕事や事象に対する批評（書評・紹介・批判・論評など）から近世日本の政治社会の性格を読み解く、そのような試みである。

なお、かかる研究視座に関わる合評会報告も原稿化し、本書に収載した。これらは新稿となる。

本書は以上のような〈批評〉を介した近世日本の政治社会をめぐる様々な視座の紹介、さらには提案であり、そこには私自身のそれぞれの分野やそれを横断した問題意識が反映されよう。研究の精緻化は必要だが、いわゆる「蛸壺」に入り込んではそこに安住し容易に出られまい。懸念されて久しいそのような研究姿勢への自戒も込めたつもりである。

ところで、主題である「政治社会」について説明が必要と思う。近世日本の政治は主に武士が担ってきた。もちろん、天皇・公家などの朝廷や寺社家の関わりもあり、近年では、いわゆる「武家」のみならず「公家」・「寺家」という、中世国家を形成した三つの権門勢力の近世的な関係性や歴史的役割が改めて検討されている時期でもある。ただ私自身の研究履歴では、「武家」・武士階層を通した政治秩序や領主権力編成を軸に近世の時代性を検討してきたために、ここでの政治の主体は、武士層を念頭においている。

武士層が主に担う政治は、この階層のみに完結していたわけではもちろんない。武士層は先述した朝廷や寺社とのいわば近世的な関係を結びつつ政治秩序を築いていく。「禁中並公家諸法度」や「寺院法度」「神主禰宜法度」などはその基本法である。しかし、武士層の政治の今ひとつの柱は民との関係性にある。武士階層が成り立つのは、民の存在を前提にしているのはいうまでもない。武家領主、具体的には幕府や藩の財政基盤は年貢諸役の徴収にまずはある。またそれを実現する支配・統治は、「村請」呼称に象徴されるように、民のリーダー〔名主・庄屋・肝煎などの村役人、別当・咾〔あつかい〕などの町役人〕を中心とした請負システムによっている。そしてこれらリーダーを中心に、様々の階層間の利害対立や差別事象を内包しながら地域社会が成り立つ。したがって、本書でいう「政治社会」とは武士・領主層およびその政治支配の対象としての民・地域社会を含む、総合的な範疇と考えている。そして、武士と民・地域社会双方にとり、先述の天皇・朝廷や寺社が深く関わる。いわゆる〈鎖国〉と呼称されてきた管理的な外交・国際関係のなか、宗門改や神道・仏教・儒教などの諸要素が組み込まれた宗教的な文脈も持つ規範観念やアイデンティティ、さらに人間観の形成の問題などにも、政治社会という視点は繋がろう。

このように「政治社会」とは、時代性を多面的・複層的そして総合的に捉える見方、とりあえずはこのように考え、本書では近世のそれをめぐる諸視座について卑見を整理しておきたい。

〈批評〉の内容に即し、本書は四つのカテゴリーで編集したが、これらは相互に関連する局面を持つ。それは本書が「政治社会」を主題にする所以であり、研究を目指される方はなるべく全体に目を通してもらいたい。なお、初出の書評・批判・論評などにはタイトルがないことがあるが、本書収載に当たり内容に即してタイトルを与えた（初出稿付与分はそれを原則記載。改題もあり）。これは、私の批評・カテゴリーの主意をより的確に示すためであり、諒とされたい。

終章は講演録で締めくくるが、これは私が「政治社会」研究で目指すことを話したもので、四つのカテゴリーの結びつきが理解していただけよう。むしろ終章を起点にそれぞれのカテゴリーを読み進めることで、本書主題が説得的になるのではないのかと密かに願う。ただし、一般読者も想定し叙述した作品も含むので、歴史愛好の方はいずれからでも拾い読みされ、本書の意を汲み取っていただければと思う。

註記　本書は既発表の文章（ただし「序」・「結」を加え、本文に三編の新稿を含む）を基にするが、表現を修正した箇所があり、誤字・脱字は手直しした。もっとも研究史的意味合いを考慮し、構成や文意の変更に及ぶ修正はしていない。なお、引用頁数はとくに註記する以外は、書評対象書のそれを示す。

近世政治社会への視座

―〈批評〉で編む秩序・武士・地域・宗教論―

目次

装幀／森本良成

第Ⅰ章　政治秩序と治者認識

1節　領主結集と幕藩制

はじめに

政治を支配行政システムの統合と調整およびその動態と捉えれば、本報告（三宅正浩「幕藩政治秩序の成立」）は統合・調整のメカニズム形成について、政治権力史的観点から、幕藩領主制の共通（普遍）性（三宅はこれを「幕藩政治秩序」と呼称）を想定し迫ろうとしている。

報告の趣旨は、家光政権の大名編成とそれに応じる大名家の家老合議制の考察の上に幕府と藩に共有化される政治秩序の形成とその特質の解析、といえよう。大名家の家老層の役割や親類大名による指導、他大名家からの情報収集など、現段階での史料収集の環境（主たる分析対象は西国大名）を反映した独自で緻密なアプローチと分析は本報告の大きな収穫である。ただし報告者は「大名家の視点」を強調するが、総じて将軍家光の強い個性を反映した幕府政策に大名家側がどのように対応したのか、そのスタンスの解析、という印象が残った。強大な幕府権力・家光政権の前に、大名相互で情報交換、歩調あわせをしつつ、家老を軸に対応を迫られる大名家の姿であり、その主体的な姿は稀薄にみえる。

三宅は「国許：家老政治」と「江戸：大名社会」という政治構造形成の見通しを持ち、その一階梯ないし画期として家光政権期を位置づける意図がある。その立場からは評者のかかる印象は表層的だろうが、「大名家の視点」を重視するのであれば、大名家・近世領主の歴史性は看過できまい。「公儀」・幕府の政策が強制、受容されるという見方というよりも、歴史的に形成されてきた「公儀」・大名に共有化される、という観点である。三宅がいう幕藩領主に共通する政治秩序（幕藩政治秩序）が措定できるとすれば、画期的な時期（家光政権期）に注目しつつ、それがなぜ画期性を持つのか、個人（将軍）の個性への留意とともに、歴史性への注目も必要であろう。

以上のような雑ぱくな印象であるものの、それに基づいて触発された問題を以下に指摘したい。

一　研究史と報告視角

幕府と大名（藩）との関係をめぐっては、近代・明治期以降、天皇制に引きつけた大名・藩研究として盛んになる。天皇制国家に忠を尽くす道徳性ある国民としての資質の教化、このような立場からの藩（「藩史」）研究の潮流である。他方、中国史における国制を範として封建（分権）と郡県（集権）の見方からの江戸・封建制という観点もみられた。このようななか、「封建制度の史的発展の重大要素たる大名の積極的役割」に関する体系的研究（伊東多三郎「近世大名研究序説」初出一九四四年、同『近世史の研究　第四冊』吉川弘文館、一九八四年）を通して、封建制の問題として「幕藩制」を実証的かつ理論的に進める研究が出てきた。そこでは「武力・財力・法制などすべてに独立性をもつ地方政権」から「幕府の監督と統制にしたがって封建的国家機構の一部」へ（同「幕藩体制」初出一九四七年、同上所収）と変化する大名ないし幕藩制像が提示され、戦後の近世史研究に影響を与えた。

その後、基礎構造の研究また国家論の構築という動向のなか、権力の「公儀」性が注目されるようになり、「公儀体系」論（佐々木潤之介「幕藩領主制と幕藩制国家」『中世史講座』四、学生社、一九八五年）や「公儀領主制」概念（朝尾直弘「『公儀』と幕藩領主制」歴史学研究会他編『講座　日本歴史』五、東京大学出版会、一九八五年）など、近世領主を「公儀」性のなかで捉える見解が提出された。かかる「公儀」性への注目は、見方によっては、大名の自立性をほとんど認めず「全体的意志と強制」（原昭午『加賀藩にみる幕藩制国家成立史論』東京大学出版会、一九八一年）を過度に重視する立場ともなろうが、このようなとらえ方と三宅報告の視角との距離ないし異同はいささか気になる。

一方で、大名領国・藩を基軸に幕府との相互関係を重視する見方（藤野保『新訂幕藩体制史の研究』吉川弘文館、一九七五年）、古代からの時間軸の観点から藩の「国家」性をを指摘する見解（水林彪「近世の法と国制研究序説（二）」『国家学会雑誌』九〇の五・六、一九七七年）、さらに、国郡制的観点から国持を近世大名の基本とみる考え方（笠谷和比古「『国持大名』論考」、上横手雅敬編『古代・中世の政治と文化』思文閣出版、一九九四年）も提示された（研究史は拙著『藩国と藩輔の構図』名著出版、二〇〇二年参照）。

三宅報告は、幕藩制、大名（藩）をめぐる研究史整理を積極的には展開しておらず、以上のような評者の見方に異論もあろうが、「公儀」性・全体性にみられる集権的な性格と大名領国制・大名家権力の「国家」性にみられる分権的な性格を、「共通（普遍）」性の視角から統一的に把握する試みという、本報告の研究史への位置づけが可能だろう。従来の幕藩関係論（幕府の強制力のなかでの「藩」成立。個別的関係分析）を、大名（一万石以上）の一律編成と家老政治を媒介項とすることで、個別分析が中心であった「藩」成立を近世において共有された「政治秩序」の問題として捉え直す視角であり、幕政と藩政の総合化（「幕藩政治」）と三宅はいう。

このように研究史と本報告との関係をみた場合、どのように幕府・諸藩に共有される「政治秩序」が形成されるのかが大きな論点となろう。本報告が目指す家光政権期の分析（山本博文『寛永時代』吉川弘文館、一九八九年）は大名編成の重視という立場の反映である。それは、幕府の統制や軍事力、将軍・大名の主従制、「幕府公儀の世界」（藤井讓治『幕藩領主の権力構造』岩波書店、二〇〇二年）といわれる、強大な幕府権力やその「公儀」性などが想定されている。しかし、共通（普遍）性が形成される背景には、強制力のみの説明は不十分であろうし、いわんや徳川政権の「公儀」性も所与のものではない。この点、評者は「近世大名」の歴史性は考慮すべき問題だろうと思う。幕府と藩に共通する「政治秩序」が措定できるとすれば、かかる歴史性のなかでの形成との見方である。

二　歴史性

具体的にいえば中世後期・戦国期の社会変容と領主結集（「公」〔「公儀」〕形成）、地域社会や諸社会集団の自立的形成の動向のなかで近世政治権力の成立を捉える観点だ。換言すれば、戦国期から進んだ領主層のヒエラルヒッシュな結集の一段階としての幕藩領主制、かかる見方を想定したい。以下、乱暴な整理との誇りを覚悟の上で述べよう。

一国公権に依拠した守護大名は「守護不入」克服を志向したというが、地域支配を目指す戦国大名は実力を持って一定度それを実現した。一揆契諾から「国家」へという展開とみなされ、分国法は家法・一揆契状（在地領主法）の性格を基盤に御成敗式目などの武家法・公権的要素を吸収し成立した。戦国大名は在地領主を国衆・給人化する。主従関係は知行関係（石高・貫高）で表示され、起請文の交換、大名本拠への参府、証人（人質）の徴収などの内的諸契機がみられた。給人化した国衆（地域）領主にしてみれば、大名との政治的関係の安定がその立場を確立する。大名との安定的関係は、国衆・給人の自律性（「家」存続、領主権）を担保した。しかし給人層の非分は禁止され、百姓による本城主・大名への訴が認められる。いわば〈民政〉がみてとれる。領主層のヒエラルヒッシュな結集（戦国大名化）の背景には活発化する民衆運動、広域的な治安問題、領主相互の利害対立の調整などが想定される（永原慶二『大名領国制』日本評論社、一九六七年、勝俣鎮夫『戦国時代論』岩波書店、一九九六年、久留島典子『一揆と戦国大名』講談社、二〇〇一年など）。

このようにみた時、戦国期の領主結集・組織化と幕藩領主制における「政治秩序」の形成の歴史的な連関性、ヒエラルヒッシュな領主結集（編成）の運動構造比較、また「公」（「公儀」）形成の諸段階などについて、三宅報告の観点にたてばその解析が必要だろう。

就中、「公儀」・「国家」性は重要だ。「公儀」は人々が集う公的な空間が原義とされ、戦国期に即していえばそれは領主結集（領主の寄合）の場としての「公儀」が想定できよう。さらに、内乱が続く戦国期には軍制が「おおやけ」の意味合いを持った（久保健一郎『戦国大名と公儀』校倉書房、二〇〇一年など）。それは「御国」の「役」を基軸にする大名の論理、「役」と「身分」、生業・生活保障などに広がり、「国家」化への展開もみてとれ、軍制と民政は密接な関係を持ったと考えられる。広域的な治水工事や道・橋普請など公共事業が郷村・国衆一揆から大名管轄となり、軍制に組み込まれつつ地域的要求が提示され、民衆・地域社会の「公」的支配への帰属もみられよう。そこには、戦国大名による実力支配の認識と撫民観が想定され、地域的な「公儀」「国家」としての性格を戦国大名は帯びることになる（「地域公儀権力」）。池享「地域国家の分立から統一国家の確立へ」宮地正人他編『新体系日本史1　国家史』山川出版、二〇〇六年）。

以上のような整理を前提とすれば、三宅が指摘した「幕藩政治秩序」形成にとっての重要なファクターとされる、主従・知行関係、参府・人質、領主相互の利害調整、民政、「公」（「公儀」）などの要素はすでに戦国期の領主結集に想定できる。かかる意味の歴史性である。

このような領主結集の過程を経て、将軍（幕府・公儀）―近世大名（藩・公儀）―家中（家老）という段階、「公儀」、公権力として「民」支配を行う幕藩領主制が成立する。しかし、その過程の近世的な「公儀」秩序形成をどのように捉えるのか。織田政権（「天下」・「武篇」）、豊臣政権（「叡慮」・「惣無事」・「国分」）、徳川政権（「公儀」・「国家」）のように、各政権段階の特質と変容を如何にみるのかは本報告の視角には必要だろう。

大名の歴史性という場合、その一律性とともに多様性にも留意する必要があろう。本報告は寛永一一～

二年の大名「一万石以上」の一律区分の成立に注目する。しかし、寛永一二年武家諸法度においても〈国主、城主、一万石以上〉などの「大名」の多様性が規定されその後も存在する。領主支配の質、幕政への関わり方の相違もあろう。また、三宅の「幕藩政治と『江戸』」の見方からしても、江戸城内での大名秩序は階層制（石高、国持・城持、官位、出自や将軍家との親疎などの諸要件）や殿席制（松尾美恵子「近世大名制の成立」『学習院史学』三三、一九九五年）などで成り立っており、江戸留守居の同殿席同志（組合）での情報交換の動き（笠谷和比古『江戸御留守居役』吉川弘文館、二〇〇〇年）もある。幕藩制や大名、領主結集の歴史性は「江戸」という空間にも反映されている。

三　共通性の回路

以上の如き歴史性の上に、「幕藩政治秩序」、「幕藩政治の共通性」はどのような回路で形成されるのか。繰り返すが、本報告の主要な眼目はこの点にあろうが、歴史性への考察が十分ではないため理解にはいささかの難も感じる。しかし、「共通性」の可能性を否定するものではなく、むしろそれを想定したのは本報告の大きなメリットだろう。

支配は本来、「私儀」的な性格を持つ。しかし、戦国期の大名領国形成のなかで「公」（「公儀」）「国家」性が獲得される展開がみられた。その延長として江戸幕府は大名支配の「公」（「公儀」）性を監察対象とする（寛永一二年武家諸法度の「国郡之費」「人民之労」「国郡衰弊」の回避、「知行所務清廉」）。大名家の自律性

（「御家」）は、「公儀」性（「清廉」な「国郡」「人民」統治）および幕府権力との関係性（幕府・公儀による客体化および領主（大名）層の共同利害調整）において担保されよう。そのようにみれば、ヒエラルヒッシュな領主結集は、近世日本における人民支配の装置（近世国家）形成の前提となろう。そこでは西欧封建制と相違し「集権」化される意味、また中世後期の民衆運動（国一揆、一向一揆など）や地域（荘園制的枠組みとは相違する町・村）形成が近世国家（幕藩政治秩序）成立に持つ意味、そのようなものが問われねばならないだろう。

対外関係と対内問題をトータルに捉える視角も必要だろう。西洋への対峙（キリシタン禁制）と東アジア秩序の変容（「日本型華夷意識」の形成）のなかでの「神国」「日本」観や「日本人」意識の形成（荒野泰典『近世日本と東アジア』東京大学出版会、一九八八年、水本邦彦『徳川の国家デザイン』小学館、二〇〇八年、拙稿「『世界』と『神国』」九州史学研究会編『境界とアイデンティティ』岩田書院、二〇〇八年など）、かかる観念や意識のなかでの「役」「分」に基づいた社会秩序（「身分」）の形成や「分」に応じた生活と勤労による「役」負担認識などの問題は、幕藩制に共通する政治課題の主要なものになるだろう（拙著『近世日本における武士像と道徳性と政治意識の相関性に関する史料復元的基礎研究』二〇〇六〜九年度科学研究費補助金（基盤研究（c））、二〇一〇年、拙稿「増穂残口の対外観」中村質編『開国と近代化』吉川弘文館、一九九七年）。

大名家の自律性の根拠とみられる「家」「国」の認識も、共通性の回路の一翼を担う側面を持とう。三宅が指摘する大名相互の情報収集や親族大名層の指導などによる「歩調あわせ」、横並び意識の意図の基本は「家」相続、領主としての立場（地域公儀）の継承と考えられ、家老合議はその手段であろう。共通性（これは強制と裏腹の関係とみられるが）の回路への「家」（「御家」、大名家）としての対応なのであろうか。キリシタン改につき、「公儀」のことなので「国」にとっても大事ゆえ「油断有間敷」（加賀前田家の事例。報告史料25）という指示はそれを物語ろう。そして、大名家・「御家」存続（三宅がいう固有（個別）性）は公儀・幕府との関係が基軸という認識の共有化（三宅がいう共通（普遍）性）へと進むのであろう。その際、「他所之聞え」「世上の聞え」（蜂須賀家の事例。報告史料28）の意識化は、「御家」の評判、ひいては幕府「公儀」の評価、という認識の反映でもあろう。

そのようにみれば、三宅が本報告で注目する大名家の家老仕置制・合議制について「公儀の意向・了解を得た藩主によって制度化」という評価の前提として、大名家（「御家」）の存続を前提とする家臣層（「家中」化）の意向・立場が、「家老」化の基本的な背景であることは確認すべきだろう。評者がかってみた竜造寺（当主↓〈家老〉）と鍋島（〈家老〉↓当主）の関係転換が、豊臣・徳川政権への対応としての竜造寺一門の自律的判断である点は興味深い素材かもしれない（拙著『近世大名家臣団と領主制』吉川弘文館、一九九七年）。「御家」観念をめぐり、領土・領民は、先祖からの預かり物、かつ、天・将軍からの預かり物という二重性があるとされるが、「公儀」成員として、「御家」を継承する責任者として「治者」の任の自覚もあろうし、「御家」継承を前提とした主君押込という慣行（笠谷和比古『主君「押込」の構造』平凡社、一九八八年）もあった。

ただし、将軍のもと「公権」を分有する大名が、家柄・領知規模により、幕府の仲介で位階・官職を得るのは、民衆社会に向き合う幕藩領主（「公儀」）と天皇の関係をみる上で看過できない問題だろう（宮地正人「序」同他編『新体系日本史1　国家史』山川出版、二〇〇六年、深谷克己『近世の国家・社会と天皇』校倉書房、一九九一年）。先述のように明治期、天皇と大名の関係が重視された「藩史」研究があったが、公儀と民衆、という観点から天皇を共通性の回路として改めて考慮する必要があるかもしれない。

四　支配・合意・暴力

そこで最後に、戦国大名段階で指摘した民政、幕藩領主の治者認識をめぐる問題にも簡単に触れたい。島原の乱や寛永飢饉を契機に、幕藩領主は軍事力・領主編成の問題から、民衆支配の問題へ、いわば幕府と大名の関係性構築から、幕藩領主層と民との関係性構築へシフトしたとされる。藩政の段階的な家老の関わり方でいえば、狭義の藩政（大名家政、武家領主内部）から広義の藩政（救済、農政など民衆支配）へということになる（福田千鶴『幕藩制的秩序と御家騒動』校倉書房、一九九九年）。評者は三宅がいう「幕藩政治秩序」の主要な柱として民政は重要と考えるが、幕府と大名家の政治関係に注目する本報告では必ずしも十分な分析がなかった。武士階層にとっての民政、治者認識は、自らの「公儀」性に関わる、領主層共通の問題だろう。ただし、戦時（戦国期）と平時（近世期）は同列には論じられない。合戦・総力戦が想定した民衆疲弊の回避という段階と、「民衆の視線」は平和な時代だからこそ意識化される段階の比較は必要だろう（拙稿「書評・小川和也『牧民の思想　江戸の治者意識』『人民の歴史学』一八〇、二〇〇九年。本拙著第Ⅰ章9節収載）。また、評者はこれとの関わりで武士の神格化にも関心を持っており、その本質は軍神・武神とともに、民との関係の政治神ないし民俗神と位置づけている（拙著『民俗神や民族神との関係分析を通した近世武家権力神に関する基礎的研究』二〇〇一〜四年度科学研究費補助金〔基盤研究（c）（2）〕二〇〇五年）。

近世の民政・公共性の本質は何かと問うた場合、支配と合意と暴力、これらの密接な構図への留意の必要を感じる。中世以来のムラの力量を前提とした合意と権力（国家、地域社会）の強制・強圧の側面である。公共性（民政）の不完全性と暴力性（武力）の関係ともいえよう。それは武士が本来、戦闘者であるとともに、民衆が武力の行使者に転化する可能性を有したことにもつながる（塚本学「武力と民衆」『歴史評論』五一一、一九九二年）。国家・民衆と武力の関係は、幕藩領主の「公儀」性、公共性（民政）の特質（歴史的な段階か人類に本質的な問題かは即断できないが）として掘り下げるべきだろう。

おわりに

古代・中世にはみられない階層的な領主結集（戦国期から近世初期）が、いわゆる戦国大名、そして幕藩領主制（将軍─大名─家臣）を生み出した。その際、領主結集の過程に通有する性格と段階的な差の解明が必要で、それは三宅がいう「政治秩序」（個別性と普遍性）の問題を解く有効な視角となろう。前半部分は、領主結集が、従来の武家政権とは異質な「公儀」性（公共性、国家化）を生み出す過程、後半部分が、前半の領主結集（大名領国）を基底に、西欧封建制（分権制）と異質な幕藩制を生み出す過程と考える。ここに、近世の大名・藩の特質（個別領主・「個別性」と公儀の成員・「普遍性」）の意味を見い出せないか。家老政治は、両要素を繋ぐリンクであろう。

しかし、その「政治」の本質は「公儀」（公共・国家）性を持ちつつ暴力性（武力）を内在（国家による武力コントロール）させる。その規制力として、民衆運動（一揆・打ち壊し）、民による武士神格化（ないしその捉え返し）などが想定できよう。「幕藩政治秩序」という見方が可能とすれば、民（対外関係・対内問題を軸とした「日本人」意識形成の問題も含め）との関係性を組み込み成立していたと思われる。近世日本における民政（そして国内外問題を含めた「徳川の平和」）の意味は十分に考察されるべき課題なのだ。

（追記）大会当日のコメントにタイトルを付し、配布レジュメの節名を一部変更した。

（『日本史研究』五八二、二〇一一年初出）

2節　民族・民衆と戦争

今年（二〇〇三年）は国際社会でイラク戦争がおこり、国内ではいわゆる「有事」を想定した立法化がすすめられた。戦争が勃発した場合、当事者双方の民衆が巻き込まれるのは、現在もそして過去でもかわらない。「戦争に勝ち負けはつきものだが、戦争とは民衆と民族にとって何であったのか、これが歴史的に問われなくてはならない。壬辰倭乱をこの視点から捉えようというのが本書の試み」（二九一頁）、このような意図から、これまで、豊臣政権の対外問題、とくに壬辰（丁酉）倭乱（朝鮮侵略戦争）を中心に精力的に仕事をすすめてこられた北島万次氏が編み出したのが本書（北島万次著『壬辰倭乱と秀吉・島津・李舜臣』）である。日韓両国で一九九四年以降に行ってきた様々なシンポジウム報告や講演記録を母体に生み出されたという執筆の経緯は、鹿児島や韓国の、研究者だけではない一般の人々までふくめた交流と対話が本書を生み出したことを物語ろう。史料が読み下し文や要約文として示され、写真・絵図などの図像資料を多く掲載し、索引の地名と人名には現在地名や人物に関する情報が註記されるなど、一般読者にも配慮した体裁となっているのは、著者の上述のような意図が反映しているのだろう。

本書は次のような構成で叙述される。

序章では豊臣秀吉が起こす壬辰倭乱が、一六世紀半ばから一七世紀半ばにいたる東アジア世界の変動のなかで生じたという歴史的位置が明示される。そしてこの倭乱に対し日本・朝鮮・明の諸階層の人々が様々な立場で関わったという観点から、「倭乱のさなかに人々はどのように対処し、生きていったのか、これに焦点を合わせる」（一三頁）という本書の姿勢が述べられる。

第一部「大名領国にとっての壬辰倭乱」の第一章「秀吉の朝鮮侵略と島津氏そして民衆」は、この戦争の経緯を追いながらとくに島津氏領の人々の関わりや明・朝鮮側の動きについて、大名から従軍を余儀なくされた人々、さらに朝鮮民衆の動向にいたるまで目配りしながら叙述する。大名（島津）家にとって御家存続・改易回避を目的とした朝鮮侵略への参陣であったが、島津家の功名が創造（首数の誇張など）されることにもなった。また倭乱中に豊臣政権が行った太閤検地は島津氏にとって大名権力と財政基盤の強化をもたらし、島津家家臣にとっては朝鮮侵略に参陣し功名をあげることによってのみ加増がありうる論理があり、これが家臣団をして朝鮮侵略に強制されるバネともなった。さらに伊丹屋清兵衛のような戦争に積極的に参加する御用商人も存在した。しかし、殺戮と鼻切り、捕虜、兵糧収奪などを行うこの戦争に島津領の人々が積極的に参加したのかというと必ずしもそうではなく、御家安泰第一の論理で不満を抑えられ参陣した家臣には加増がないため不満が鬱積した者がいたし、また、肥前名護屋城石垣普請から夜逃げする農民、島津義弘をして「日本一の遅陣」といわしめた軍勢の不首尾、梅北一揆にみられる秀吉の九州支配への反発に起因した叛乱、倭城での長期駐屯に際する降倭（朝鮮・明軍への投降）、海戦戦術に優れた朝鮮水軍を恐れたための肥前名護屋や壱岐勝本での水主の逃亡など、倭乱参加をむしろ積極的に忌諱した多くの人々の存在を明らかにする。

他方、朝鮮農民による倭軍へ還住、褒賞めあての上官密告、すなわち順倭（倭軍への投降）もいたが、戦況の変化にともなう抗日運動がみられるようになり、山中でゲリラ化した人々の存在も指摘される。また捕虜で日本へ連行された朝鮮民衆も存在した。さらに、戦況が不利になると朝鮮兵士や民衆を置き去りにして逃げるなど、李氏朝鮮の宗主国明軍の立場と動向にもふれる。本章は総論的性格をもち、取り上げられたいくつかの問題が、第二部以降で、さらに掘り下げられる。

第二部「倭乱に巻き込まれた民衆」の第二章「李朝の焼きものと薩摩の焼きもの」は、連行された陶工の様々な苦難を指摘する。李朝時代の焼きもの生産が、国家の監督下にあった高度な技術者の指導による官営マニュファクチュアであり、その源流が中国（明）に求められるのに対し、このような技術がそのまま日本に伝来したのではなく、連行された個々の陶工が体得していた単純な技術が出発点であり、小生産者としての努力が技術の向上を生んだことを薩摩焼を事例に示した。第三章「『乱中日記』にみえる降倭について」は、李舜臣著『乱中日記』を手がかりに壬辰倭乱時に明・朝鮮側に投降した倭将卒の実態について検証する。日明講和交渉期の倭軍の長期駐屯体制下で、島津領国での太閤検地・知行割に対する不安、兵糧不足、重い役儀（倭城普請や戦闘）、またそれを従卒に課しながら自らは蹴鞠や茶・連歌にふける大将（島津忠恒）に対する不満などが原因とされ、投降後は、倭軍情報を尋問によって提供し、鉄砲製造・砲術などの特技が利用され、また水軍での単純な重労働（格軍）などにも配属されたが、降倭たちの間での仲間割れや過酷な奴隷労働からの逃亡など、どろどろした状況が降倭の世界と指摘される。補論「朝鮮水軍における鮑作人について」は鮑採りを本業に海賊行為も行いアウトロー的存在でもあった鮑作人が、海路や暗礁などの所在に熟知した海辺の民として朝鮮水軍の格軍に、逃亡などの抵抗を試みながらも編成されるにいたった実情を垣間見る。

第三部「倭乱と民族の反撃」の第四章「壬辰倭乱と晋州の戦い」は豊臣秀吉が日明講和交渉をすすめるかたわら指示した晋州の戦いの背景と経過を追う。晋州は慶尚右道の軍事拠点であり、一五九二年一〇月の攻撃（第一次晋州の戦い）の背景の一つには朝鮮官軍に代わって、義兵闘争が展開する状況があったという。この攻防戦には朝鮮義兵が加わり倭軍退却で終わった。一五九三年一月の平壌の戦い後、倭軍は劣勢となり兵糧・兵力不足が深刻化する。そこで慶尚道南岸への倭城建設、足場固めが提唱され、再度晋州攻略（第二次晋州の戦い）計画が持ち上がることになる。これは、明征服から朝鮮南部割譲へと方向転換した秀吉の和議条件と軌を一にしたものだった。この時期大友義統などが臆病として改易されたのも、臨戦態勢の締め上げで、大名領民も年貢収奪を通じてこの動きに巻き込まれる。碧蹄館の戦いに敗北していた明軍は戦意を喪失したため、明軍の援軍はえられず、一五九三年六月、晋州城は陥落した。倭将に復讐したとして有名な義妓論介などにもふれる。

第五章「壬辰倭乱と李舜臣の海戦について」は先述『乱中日記』を中心に、朝鮮水軍と倭軍の海戦の経緯を整理する。倭乱勃発時、日明講和交渉期、丁酉倭乱期の三期にわけて海戦の模様を様々な人間の思惑の動きとして追いながら、倭軍（秀吉）側の朝鮮水軍に対する認識の変化、宗主国明軍と朝鮮軍の立場の相違、朝鮮水軍内部での指揮権をめぐる争い、戦闘の行方を見守る朝鮮民衆の存在、などが活写され、「戦闘の現場における人間模様、これが壬辰倭乱研究の新たな視点」と結ばれる。

第四部「壬辰倭乱と明の救援」の第六章「壬辰倭乱期の朝鮮と明」では明に対して事大主義をとる藩国朝鮮が宗主国明に救援を仰ぐことによる明の対処、その過程での朝鮮による軍事・外交権などの国家主権のあり方が問われ、有事の際の冊封関係の検討が射程に入れられている。まず、朝鮮倭乱の前段階での朝鮮と明の緊張関係（征明嚮導の疑惑と朝鮮の弁明）、征明嚮導を疑う明の朝鮮探索、明軍救援とこれに対する朝鮮側の犒労《こうろう》（ねぎらい）・接待などの問題を跡付けながら、明が朝鮮に疑惑をもちつつも宗主国として門庭の朝鮮を保護・救援するにいたる過程が検証される。その際、軍事指揮権は明側にあったが、平壌の攻略の失敗、碧蹄館の戦いでの敗走などにより、朝鮮側の主体性が、当初の朝鮮国王の遼東内附（逃亡）問題があったものの、義兵闘争や李舜臣が率いる朝鮮水軍の活躍などにより漸次発揮された。しかし講和交渉などにみられる外交権は明側がもち、事大主義を基本とした明と朝鮮と冊封関係がこの有事での対応も規定したと結論づける。

以上のように本書は島津氏という大名領と李舜臣やその著『乱中日記』などに焦点を当てることにより、壬辰倭乱のなかの様々な人々の生き様を、島津領の家臣・民から朝鮮国・明国のそれに及ぶ、従来必ずしも十分ではなかった視点から明らかにしてくれる。ただ戦争（有事）を想定した「国」や「民族」というアイデンティティの強調からは距離をおきたい評者にとって、第二次晋州の戦いでの朝鮮側の敗因をめぐり「朝鮮の官人はナショナルな形で結束できず、その底流で党争をくりかえしていた」（一八〇頁）という評価や朝鮮の主体性をめぐる「義兵と水軍の活躍に象徴される民族的力量」（一八三頁）というとらえ方は、多少気にはなる。もちろん著者は朝鮮の人々の立場を十分に理解した上での指摘であろうが、「ナショナルな形」や「民族」と戦争の関係性は、必ずしも所与の属性としてではなく、文字通り歴史的で相対的な問題としてとらえ直すべきことだろう。

（校倉書房、二〇〇二年刊。『日本歴史』六六七、二〇〇三年初出。収載に当たりタイトル付与）

3節　武家政治の専制性・自律性と公共性

はじめに

本稿は二〇〇一年に熊本大学で行われた吉村豊雄の出版書（同著『近世大名家の権力と領主経済』）の合評会での報告をもとになしたものである。本書は、近世大名の主君の家のもとに「家中」＝家臣団として一元化＝擬制化された武家領主集団の結集の枠組みと編成原理、さらにこの大名家＝武家領主集団による領域・領民統治の初期的展開の究明を目途として、一〇本の既発表論文に二本の新稿を加えまとめられる。構成は次の通り。

序章　課題と本書の構成
第一部　権力編成と幕藩関係
第一章　大名権力の成立
第二章　初期大名家の権力編成と地方行政
第三章　初期大名家の隠居体制と藩主権力
第四章　初期大名家の意思決定構造

なお、以下引用は頁数ないし部・章で示した。

一　武家の自律性

本書での私の収穫は二点に集約される。

一つは、近世における家臣の自律性と大名との間の知行関係および大名権力のあり方をトータル・総合的に捉える視角の提示である。「近世大名家では、家臣がいわば自律的行為として財政更生のために自らの知行を担保物権として運用することが合意されており、主君との間にこうした個々の家臣の生活と身分を保障する手立てが構造化されることによって、大名家における主君と家臣の主従関係は安定した社会関係として成り立っている。換言すれば、近世大名家はこうした個々の家臣の生活と身分を保障することを組織原理とすることで共同団体化し、この集団保障システムにおける保障・管理能力を主君の責務とし、主君の権力を強大ならしめている」（三頁）とみる。その自律性とは「土地・百姓支配を分有する個別領主としての自律性」（二頁）を認める一方で自らの知行を財政更正のために担保物件とすることを自律的行為と捉える。このような大名家臣個々の自律性を調整・保証・管理するものが大名権力・主君の責務であり、ここに主君への権力集中（専制）の要因をみる。

また、本書の三つの要素（自律性、知行関係、大名権力）がそれぞれ近世史研究のなかでの新たな提言を含むものであることも注目される。個別領主支配という発想を逆転させた担保物件としての選択肢存在という自律性の考え方は、大名と家臣の知行関係を経済関係・保証システムという要素をもった主従関係と捉えた視点といえる。

二つに、近世大名と国郡制原理の関係性についてである。織田取立大名としての細川氏研究の意味といえ、織田・豊臣政権が戦国大名の割拠単位である「国」を大名創出・配置の基本としたことの重要性への着目だ。つまり「国郡」を領域単位としたということでのいわゆる旧族大名と織豊取立大名の同質性を指摘する。

両者の同質性は評者も同感である。ただ評者は旧族大名を見てきた立場から旧族大名であっても、統一政権（九州の場合、豊臣政権）により領知朱印状が与えられ、軍役（戦争動員）を課されることは重視される。旧守護大名・戦国大名の「藩輔」化（公儀政権を輔翼）とそのための「藩国」（輔翼するため領国）の付与、という構図である。したがって国家史レベルでは、守護・戦国大名に出自を有する旧族大名も国郡単位で領知宛行をうけた織豊大名も、ともに「藩輔」としての「藩国」経営という意味で同質と考えたい。なお、「藩輔」「藩国」は「藩屏」「藩翰」「藩鎮」などとともに大名家・領を儒教概念を援用して表現したもので近世中期以降にみられるようになる。公儀政権との関係や国家レベルで大名家・藩のもつ複雑な性格を、試みに対照的な意味を有する二つの儒教概念で表現したものである（拙著『藩国と藩輔の構図』名著出版、二〇〇二年参照）。

二　武家政治が目指すもの

評者自身の課題であると同時にだからこそ本書に望むものは、武家政治がめざすもの、武家権力が目指す政治とは何か、ということである。いくつかの問題群に整理しておこう。

第一に、近世の政治・統治、支配のイメージについてである。本書タイトルのキーワードは「権力」そして「領主」である。誰に対する「権力」であり「領主」なのか、を問うた場合、領民・民衆支配の問題は重要な分析テーマであるはずだろう。「大名家=武家領主集団による領域・領民統治の初期的段階」（一頁）という言にみえる通り、在地社会の現実的問題に大名はどのように対応しようとしたのか。これが統治、政治であろうか。

他方、細川氏は天下人ないし公儀政権により「国」を宛われる国大名だ。そこには国家意識も潜在しよう。近世大名の、あるいは近世大名に求められる政治意識、また治者としての士による治世の実現はどのように考えられていたのか。例えば、池田光政（初期岡山藩主）は、天―上様―国主―家老・士（藩法集上・岡山藩1）という秩序、新井白石（中期幕臣・儒学者）は天皇の治世から武家の治世へ（読史余論）という見方をし、堀景山（中期朱子学者）は武家には政治を行う「徳」がなく天照大神こそ「徳」ある「聖人」（不尽言）とし、その漢学の弟子である本居宣長（後期国学者）は天皇―将軍―大名（たまくしげ）という認識を持っていた（拙稿「江戸時代の武士のイメージ」『歴史地理教育』七七一、二〇〇七年）。

第二に、「御譜代同前」といわれる幕藩関係構築は何を目指すのかということである。初期の幕藩関係をみると、大名にとって幕府中枢と確固たる人的関係をとり結び、これをもって幕府の意向を機敏に察して対応してゆくことは大名家存続の基本要件（一九四頁）である。加藤氏改易後の肥後熊本への国替を経た大名細川氏にとり、家光政権の強い信任にこたえるためにも幕府中枢との人的結びつきは一層の重要性をもった（二一六頁）。

他方、「下々の草臥」＝家中財政の逼迫は「天下の大病」という幕政への批判認識やこれに基づく参勤交代の法制化などの幕府への提言（寛永一一年永井直清宛細川忠利私信）を促す（二二四頁）。

これらは幕政を輔翼するものか（藩輔）、あるいは自家存続が目的か（藩国）。幕府中枢部と結びつきを有しながら大名政治は何を目指すのか（天下国家の政治射程にはいるのか）、そこに自家の存続と国家支配の輔翼のバランスが想定されるのではなかろうか。

第三に、専制をめぐってである。藩主の意思が「法」として機能し、それが大名家の家政事項のみならず、藩政全般におよび、大名家の意思決定を集中・独占する。だとすれば、如何なる過程で大名専制化（別の表現をすれば絶対的な権威をもつ「御印」、法度としての「御諚」）が実現するのか。文書論的観点からの大名専制の実相が明快に語られるが、「御印」「御諚」の権威性はその結果に過ぎないのではないか（第一部第四章）、問題はそのような専制化を可能とした歴史的条件だろう。

以上のような疑問に対して本書は、「国」（藩国）を宛行れた国大名（藩輔）としての軍役への対応からくる家中財政の逼迫、家臣団の再生産過程に対する藩主の管理・保証能力、これを前提とした大名専制政治、という見取り図を描く。であれば「専制」が目指す「政治」とは何なのか。本書では近世初期の大名の政治課題が公儀軍役を前提とした財政政策・家臣団対策（救済・保証）に終始していた印象をうける。「国」を宛行れた大名としての政治意識を、領内統治・支配の問題として析出できないだろうか。

第四に、個別給人支配と大名統治・藩政をめぐってである。肥後転封以降は撫高制・物成詰宛行が本格化し、均等分割・相給知行にも拘わらず、居屋敷・百姓を一括した宛行がなされた（二八二頁）。しかし、給人知行の質的平均化も個別知行地支配のもとで高と物成の乖離（下免）を惹起、これにより知行地割替・上知の方向性がみえる。

そうであれば個別知行地支配が「下免」を招く背景は何か。個別領主の統治実態・政治意識が気になる。荻生徂徠は「総ジテ地頭ト言者ハ其地ヲ治ムル職也。（略）面々年貢ヲ取ル計リノ役ニ非ズ。土地ヲ御預ケ被成、其土地ノ民ヲ御預ケ置ルル上ハ、民ノ其所ロニ住兼ネ、他国へ散リ行クヤフニハ為マジキコト也」（「政談」『日本思想大系36』二八六頁）、あるいは「上ヨリ御預ケノ町村ハ、我家ノ如ク身ニ引受テ世話ニシ、一町一村ノ内ノ者ハ和睦シ、兎角民ノ風俗ノ善ナルベキスジヲ主意」（同二七七頁）と評した（ただしこの場合の「地頭」は幕臣旗本を指す）。

給人役儀・農民夫役の代米化は軍役負担（農民夫役の確保）を存立の前提の一つにしていた地方知行制の変容に相応する（三七二頁）。だとすれば、給人にとって知行地存在の意味は軍役負担が最も大きな前提なのだろうか。また、上知段階の大名の統治を如何に捉えるのか。上知は公的借財の返済法とみる。給人と藩との債務関係は事実上、知行地の農民に転嫁される。故に惣銀所への納入不足の場合は、藩は百姓の出奉公・他借による完納を強制し、「不納」に対しては借米奉行が関係百姓を「召籠」ることもありえた（三八六頁）。これは完納への強制執行であり藩の統治実態にほかならない。

ここには初期大名権力・藩権力（封建領主）の本質がみえる。恣意的支配を行う給人支配の制限と藩による公的支配の拡大という、戦後藩政史研究などで形成されたかかるイメージがあるとすれば、その見直しも必要といえようか。個別領主（給人）の統治実態・政治意識の変化とその関係性の解明を思う。かかる問題は、蔵米知行化した家臣にもいえ、総じて、武家という治者の社会集団としていかなる政治が目指されていたのか、ということだ。

第五に、したがって「公共」の意味は問われねばならないだろう。本書は家臣個人の借銀も藩債に組み込まれ、上知による領主財政の公共的編成に大名財政から藩財政の成立をみる（第二部四章）。大名領主にとっての「公共」概念は、家臣との関係とともに、むしろ領民との関係性としての政治の問題から立論すべきではなかろうか。その意味で、大名の「家」を基軸に組織された藩をめぐり、『藩政』『藩財政』という公共行政」(四八四頁)という表現はさらに吟味することが求められよう。

(清文堂、二〇〇一年刊。前掲本に対する熊本大学文学部歴史学科公開合評会〔二〇〇二年六月一二日〕での報告を基にした新稿。なお合評会では吉村豊雄が自著について語り、高野とともに、中国史の立場から伊藤正彦がコメントした)

4節　「御家」の形成と幕府権力

はじめに

挑戦的。福田千鶴著『幕藩制的秩序と御家騒動』読了後の第一印象である。著者の研究史と史料群に対する真摯な格闘のインパクトからくるものだろう。本書は「御家騒動を引き起こす当事者たちの行動の原理を幕藩制社会の規定性のなかにおいて解明することを課題」(本書七～八頁)とし、「個別の事象や事件の持つ特殊性にとどまることなく(略)御家騒動の類型化を図る必要性」(一二頁)を感じ執筆されたもので、個別論文(一九九〇～九八年執筆)が母体ではあるが、原著論文は容赦なく修正・再編集される。以下評者の関心から整理、三点の特色を見い出し若干の感想を述べたい。

一　御家騒動の体系化

本書の第一の特色は、新しい概念を設定し御家騒動の体系化・総合化を試みることであろう。その概念とは、狭義の藩政・広義の藩政という藩政確立の多義的捉え方、初期年寄型家老・初期仕置型家老・仕置型家老等という大名家での立場や藩政との関わりでの家老の類型化、以上を踏まえた初期御家騒動・前期御家騒動・後期御家騒動という騒動の段階設定、などである。要約するとおよそ次の如くである。

近世初期、自立的な知行地支配を展開する大身家臣は藩政に関与しないか、初期年寄型家老として「大事」（対外交渉など）に関わるのみで、「小事」（大名の家政事項など）としての藩政を担うのは初期仕置型家老であった。大身家臣はやがて大名「御家」に包摂され、「家中」として「小事」の延長の武家集団内部の事柄を担うようになり、初期仕置型家老とともに主君の「御用」を代行する仕置型家老として家老合議制による大名家の意思決定に参画したが、これを「狭義の藩政」の確立とし、時期は寛永期とする。主従制原理における器量・器用と呼ばれる能力主義基準から家筋という家格主義基準へのシフトがかかる動向と密接に関わっていた。このような過程で大名と自立的な大身家臣との主従不和が家中騒動化する場合があり、これを初期御家騒動と呼ぶ（事例分析福岡藩、第一～二章、五章）。改易された事例として最上騒動（第六章）、また大身家臣の「御家」包摂の事例として黒田騒動（第七章）が分析される。

その後、大名「御家」に包摂された大身家臣を含む家中による藩政運営をめぐり政治的対立がおこる。それは寛永飢饉の進行による大名・家中財政の窮乏、家中・領民に対する「御救」政策、蔵入地と知行地の農政格差をなくす知行制改革、統一した郡方・勘定方機構の整備、などを内容とし、家老層により武家集団に加え被支配身分集団にも関わる「広義の藩政」の掌握が志向された。寛文延宝期を画期とみ、武家権威の「武」的なものが「文」的要素（仁政・御救）によって補完され始める時期であった（事例分析福岡藩、第三～五章）。この一元的な藩政の確立をめざす過程でおこる家中騒動を前期御家騒動と呼び、延宝九年（一六八二）の越後騒動（第八章）を終焉とする。

これ以後を後期御家騒動と称し新たな段階として区別する。藩政改革の路線対立もあるが、初期御家騒動・前期御家騒動にみられた大名や家臣側の働きかけによる騒動の調停が幕府に求められなくなるからとする。後期御家騒動の具体的分析はないが、著者は慶長八年（一六〇三）から宝永五年（一七〇八）までに生じた大名継嗣争いの五三事例の分析（第九章）をも踏まえ、御家騒動の類型化を五項目の指標（原因・対立構造・経緯・調停・幕府の対応）を軸に試みる（総括）。これらの指標については、例えば原因（a主従不和型、b藩政改革型、c継嗣争い型）、対立構造（a主君・重臣対立型、b重臣間対立型、c新旧家臣対立型）の如くそれぞれ細かくわけられ、初期・前期・後期の各御家騒動の特質が浮き彫りになるよう叙述される。第19表「御家騒動の構造変容過程」で一覧化もなされ、本文で示したデータ・知見を整合、文字通り体系化・総合化し説得的である。ただしa・b・c、1・2・3（経過と幕府の対応はより細かく分類）は各指標に共通した性格の項目ではないため、これらを並べて、例えば最上騒動はa・a・a・a・a3型、黒田騒動はa・a・b1c1・a・a1型などと表しても、「家中騒動が複雑な構造」（三八六頁）をもつことは理解できるが、aが多い、1が多い、したがって如何なる性格などとはいえず、記号化（型式）するならばもう一工夫必要だろう。

二　器量の原理

著者は、抗争と秩序という概念に注目し、複数の相対立する秩序の葛藤の過程として抗争があらわれるという。本書の第二の特色として御家騒動（抗争）を解析するにあたり、主従関係・幕藩関係（秩序）に鋭い考察が加えられていることをあげたい。その観点は上位者と下位者の相互関係の究明で、（1）下位者の上位者への抵抗行為、（2）下位者の上位者への主体的対応行為、（3）上位者による下位者の保護・私儀の認知、という問題群が解析される。かかる著者の見方は、幕藩制構造論から国家論のなかで上意権力の圧倒的優位の性格が分析されてきたことに対し、とくに一九八〇年代以降、国家・領主権力の暴力性から公共性、社会集団の自律性などが論じられてきた研究動向と無縁ではあるまい。

（1）を正当化するものは器量・器用の原理であった。器量とは中世期、家を存続させる個人的能力や生得的地位を指したといい、相伝の自専化を否定する機能をもつ家筋を前提とする原理であったが、これに家中に対する統率能力、領民に対する領内統治能力などの要素が加わり、機能の多様化が器量と家筋の乖離を生み、戦国時代の能力主義はその乖離を決定的にした。器量の原理は下位者が上位者に対して主張した場合は主君廃立の論理となるため、近世期、下位者が上位者の器量・器用を問うことは凍結され（象徴的事象として武家諸法度元和元年令「国主可撰政務之器用事」規定の寛永一二年令以降の削除を指摘）、家筋の原理に回帰した。ここに、家臣が絶対的に帰依する大名「御家」が確立する環境が生じるが、戦国期に展開した能力主義的要求は社会のあらゆる局面で潜在化しており、家臣との関係での器量、領民との関係での器量は、大名（主君・領主）の「役」として幕藩領主制下でも求め続けられ、その「役」を担えない場合、家中騒動や一揆という抵抗が引き起こされる。幕藩制的秩序の柱の一つは器量から家筋へ落ち着いたもの、それは器量の原理を内在化したものであったとみ、ここに下位者の上位者に対する抵抗の論理を読みとるのである（第一章）。

ここでは家筋と器量の論理の近世武家社会での絡み合いを今少し議論して欲しかった。例えば近世期、主君押込慣行のような主君廃立行為があったとされるが、それは戦国期の下剋上的廃立行為とは相違し、家中の帰属集団である「御家」の安定的な相続を志向するものであろう。そのための無器量な主君の廃立だとすれば、家筋と器量の原理は融合していたとさえみられる。また主君は器量の原理で新参家臣取立を志向し、逆に固定化した領知高のなかで家筋の論理に固執して自家の相続を願う譜代家臣という構図（六七〜八頁）が描けるとすれば、家筋と器量の考え方が主君と家臣（譜代）で交差・逆転する様相さえみてとれる。この問題は民間社会からの人材登用（士分取立）に繋がる議論でもあろう。いずれにしても主従制の双務性と片務性、身分制の本質の考察などからも器量・器用の原理に注目する必要性が読みとれる。

（2）の問題としては、統制されるだけではなく幕府が求める「幕藩公儀」の一員としての大名が「器用」者へ主体的に自己変革しようとする姿が、黒田氏（福岡藩）を事例に解析される（第二章）。それは「武将から名君への自己陶冶」（深谷克己「名君とは何か」『歴史評論』五八一、一九九八年、七頁）、「軍団の長から行政の長へという変身の努力」（同八頁）というように、近世初期のとくに外様大名に共通する姿勢と理解されよう。著者は礼秩序重視の過程で、学問・行跡および軍事の面に着目する。ただ「諸大名らが妥協できる範囲での幅を持った秩序が形成されてこそ、幕藩制的秩序は安定化」（三〇頁）するという見通しに立つとすれば、「典型的な上方大名」黒田氏は鍋島氏・島津氏のような「国衆大名」と相違するのであるから（一一二頁）、外様大名の多様なあり方に留意した考察対象の選択と理論化も望まれよう。いずれにしても近世大名の自己変革の姿勢は、御家騒動に際し、幕府の調停機能に依存する形で幕府の支配秩序を受容する動向（一九二頁）へも展開することになろう。

（3）は幕府が大名（藩）権力の安定化、さらには幕藩制秩序の安定化を目指すことを示すものであり、幕府の大名家への調停・介入はその私儀の認知の上に権力強化を目途とするという見方である。「幕藩公儀」の安定は大名権力の安定を前提とするからである。御家騒動の調停や大名継嗣問題への介入もこのような観点からされた。そもそも御家（家中）騒動は大名家の私儀で幕府が積極的に介入すべき事柄ではなかった。幕府による御家騒動への調停・介入は、多くは大名・家中や一門（大名親族集団）などの要請により、騒動が「幕藩公儀世界」の秩序維持を揺るがす重大な問題を孕んでいた場合であった、と見通す（第六〜八章）。大名継嗣問題も家筋優位の立場で介入しつつも、幕府は大名・家臣・親族集団の意向の大勢を見きわめながら、嫡庶長幼の序列をめぐっては臨機に判断された（第九章）。

このように器量の原理による下位者の抵抗とこの原理の潜在化・内在化、大名・家臣の幕府への主体的対応・調停依頼、幕府による大名権力へのテコ入れと家督相続への柔軟な対応などの指摘は、とくに近世前期での上位者の下位者に対する圧倒的優位の関係性の秩序確立という観点に対し、上下の抗争過程で秩序が両者の合意・妥協を踏まえながら形成される観点を対置させ、近世の武家社会像、国家像を考える上で一つの見取り図が提示されたといえよう。

ただ、近世大名（家）にとって幕府がどのように認識されていたのか気になる。「ほとんど剥き出しの暴力によって創始された徳川の支配は、一旦発動されたならば即座に何者をも踏みつぶす恐るべき実力のイメージを背後に持つ」（渡辺浩『東アジアの王権と思想』東京大学出版会、一九九七年、四一頁）からこそ、例えば黒田騒動において「改易の危機に直面した黒田家臣団は『御家』としての黒田家を意識し、黒田『家中』として統合されることに合意」（二七〇頁）するのではなかろうか。黒田「御家」の存続が全家臣団の利害関係を越える問題として意識されるためには、「藩外からの調停が必要」（二六八頁）なのでありその行使は主に幕府によってなされる。もちろん大名（家）にとっての幕府認識は時期や立場・出自などにより多様だろうが、その評価の難しさが越後騒動をめぐりでているように思われる。つまり、将軍家家門ですら改易となった厳しい処罰は、大名、家中や大名親族集団の側に家中騒動を公儀評定に持ち込むことを回避させる契機となり家中騒動イコール改易という観念が成立したという（第八章）。ここには幕府の恐るべき実力のイメージが想定される。他方、著者は越後騒動で、調停のあり方が公儀取次役による指南から大名親族集団による調停機能へと次第に移行したことをめぐり、その背景として寛文・延宝期に大名「御家」が確立することにより、「御家」の構成員の家中から、紛争解決の手段として家編成の原理に根拠を持つ大名親族集団による調停機能が支持されたことのあらわれともする（同章）。

ここに、家中騒動＝改易という幕府権力に対する畏怖と「御家」観念の形成に基づく他者＝幕府権力の介入の忌避という二つの認識が想定できるとすれば、前者は幕府権力の強大性の自覚、後者は幕府に対する相対的独自性の自覚と考えられる。大名権力を強化・補助する存在、改易もされる畏怖の対象としての存在、「御家」観念により相対化し得る存在など、御家（家中）騒動でこのような多面的な大名側の対幕府意識が検出できるのであれば、その関係性を時期や大名出自などの諸条件を勘案の上検討することは必要なことだろう。

三　幕藩制秩序下の「御救」の意義

著者は幕藩領主制のもとでの政治的な「抗争」を領主世界の家中騒動（御家騒動）と民衆世界の一揆の二形態とし、本書では幕藩制確立期に焦点をあて、前者の「抗争」のあり方を考察するとした（二五頁）。しかし、君臣関係や幕藩関係を狭義の武家社会の問題として捉えず、幕藩制的秩序が生命維持を秩序原理として取り込むことで安定したとする観点から、「御救」に着目し、これを通じて主君と家中、領主と領民との関係は秩序づけられた、とみる。領民に対する「御救」の実現を「奉公」と認識する主従制的編成原理が、将軍と大名、大名と家中との間に重層的に成立したというのである。

本書の第三の特色は抗争（御家騒動）と秩序（幕藩制秩序）の問題を「御救」に注目し民衆世界まで射程にいれ考察する立場をとることである。ただ実証的考察は十分とはいえない。例えば福岡藩の「御救」政策を批判した貝原益軒の政治的献策をめぐり、彼が政治から一歩距離を置く慎重な態度で献策を繰り返したことは、数度の政変劇が彼の進退に及ばなかったところに象徴（第四章）されるというが、これは被支配身分との関わりのなかでの御家（家中）騒動の可能性が同藩にあったことも示すものではないのか。また被支配者集団と関わる「広義の藩政」の実現過程で生じる前期御家騒動とされる越後騒動分析が継嗣問題に限定され（第八章）、御家騒動の一般的な発生原因が継嗣争い（第九章）という見通しも、かかる立場からの考察を制限している。加えて御家騒動の文芸化を荒唐無稽と論断（序章）する前に、その「語り」の形成にも注目する必要を感じる。そこには被支配者集団・民衆を巻き込んだ領主像をめぐる「語り」の展開を評者は想定するからである。

とはいえ著者の「御救」の捉え方は示唆に富む。これは通説のような経営の成立《なりたち》のレベルより深いところで領主による領民の生命維持という考え方があった（この思考は豊臣期に生まれたと推測する）と想定し、「御救」はこれを限界条件として困窮の度合いに応じ経営成立を最終目標とするような構造を持っていたとする。領主が生命維持に責任をもつ対象は、狭義の百姓・農民に限らず都市民や家中（武士）、さらに何らかの役負担の遂行ができない貧民・乞食層までの広がりを持っていたという。しかし享保飢饉後、「御救」は財源の貢租化、さらに民間の富裕者の自発性や村の救済機能に責任を転嫁することで、質的に転換を遂げ、総じて享保期につき幕藩制が安定化の秩序原理を喪失する画期とする（第三〜五章）。ただ、益軒の思想分析なども踏まえながら、享保飢饉後の危機が「仁政」を政治的中核に据えることで「武威」の秩序のゆらぎを補強したこと、すなわち「御救」政策が「仁政」イデオロギーをまとうことによって補強されたとも評価するが、「御救」の質的転換による幕藩制安定化の秩序原理喪失という見方との整合性が理解しにくい。

著者は「人命を尊重する動きは近世初頭から」あり「人の生命を奪ういっさいの事象—裁判・戦争・飢饉・疫病—に対しても『御救』の機能が広く求められるようになった」（一四一〜二頁）という。だとすれば生命維持を限界条件とする「御救」は人命尊重の観念の成立を前提にしているのであろうか。しかし殺生をそもそも生業としながら戦闘の抑止を目的とする近世武士が「太平」の実現のなかで自己矛盾にありつつも（黒住真「儒学と近世日本社会」『岩波講座日本通史』一三巻、一九九四年）どのようにしてかかる観念を獲得するにいたったのか、本書のなかでは判然としない。領主側に領民に対する生命保護の自覚があったとすれば、それは益軒が言う「天道の御にくみ」（一七四頁）あるいは「天道恐るべき事」という恐ろしい天道観（一八九頁）を背景としたものであり、これが「仁政」の内実なのであろうか。生命尊重の観念がどこまで幕藩領主層に定着し、秩序の要件たりえていたのか。また「御救」の限界条件を生命維持と捉えることは、貧民・乞食層などまで領主の視野に入ったと評価しえても、生かしさえしておけばよい、という発想も感じられる。領主としての責務認識に水準があるとすれば著者の「御救」観ではどのように測定できるのであろうか。

戦闘者・領主・治者としての自意識や人間観・生命観などが近世武士のなかで如何なる関係性にあったのか。著者の課題意識を越え、かかる重たい問題も本書は提示しているように思える。

（校倉書房、一九九九年刊。『歴史評論』六〇八、二〇〇〇年初出。収載に当たりタイトルおよび項目名付与）

5節　大名家の「政治」とは何か

はじめに

本書（三宅正浩著『近世大名家の政治秩序』）についてはすでにいくつかの書評稿（福田千鶴『日本史研究』六二九、二〇一五年、藤尾隆志『ヒストリア』二四六、同年）があり、的確な紹介や評価がなされている。拙稿評では、評者の立場から二・三の柱に整理しつつ本書の意義や課題を述べ、議論の一助としたい。なお評者は著者・三宅氏による日本史研究会大会報告（二〇一〇年。本書第七章「幕藩政治秩序の成立：大名家からみた家光政権」。以下、初出に限り章名付記）のコメントをし（『日本史研究』五八一、二〇一一年。本拙著第Ⅰ章1節収載）、中世後期・戦国期から近世大名成立の歴史性（社会変容や領主結集など）にも留意すべきと指摘した。併せ参照されたい。

一　藩研究と大名研究

近世日本の政治社会は幕藩制と称される。幕府と藩からなる武家政権により社会統合がなされた時代、という程の意味があろう。近年は、天皇・朝廷が政治・社会・文化のなかで占める位置やその特質が、実証的に解明されつつあるが、朝幕藩制などとは呼ばない。近世日本は武家政権を政治の主要な構成要素とする。このなかで藩はいかなる特質を持つのか。封建制の特質解明また地方史研究の機運の高まりもあって、とりわけ戦後、農村史研究とともに多くの成果が蓄積された。藩研究は本書のなかでも指摘されるように（第五章「藩政改革の政治構造：藩政史認識形成の観点から」）、すでに近世（江戸時代）中期以降から史的な分析が始まる。藩政改革が目指す先例を調査する、このような目的からだ。だがそれは専ら大名の家史ないし各当主（藩主）の年譜や史料編纂、などのスタイルをとる。つまり、藩とは人名の「家」相続を軸とした。本書タイトルが「藩」ではなく「大名家」を措定するのは、かかる藩と大名（家）との関係性が背景にある。

　ところで藩研究と大名（家）研究は膨大でかつその関係は複雑だが、評者はその整理を江戸期から明治以降、つまり近世より近現代にかけ試みた（拙稿「大名と藩」『岩波講座　日本歴史　近世二』二〇一四年）。江戸期の大名家史編纂は、その顕彰的な意味と勤王の姿勢を重視する立場から明治期の大名研究に継承される。それは近代天皇制国家の成立・展開、旧大名＝華族という時代性が要請した歴史認識でもあった。しかし、明治期より「藩史」という大名家に留まらない総合的な史料編纂事業などもなされた。藩が江戸期の人々の生活や帰属意識へ及ぼしていた規定性の大きさが窺える（評者はその概念化〔「藩アイデンティティ」〕を試みる。拙稿前掲「大名と藩」）。著者が藩権力・藩政機構・藩領国に領民などを組み込んでいるという「広義の藩概念」と称するものは（序章「近世大名家研究と本書の構成」）、かかる藩のあり方に繋がろう。しかし、やがて、権力内部自体の構造に特化した国家論研究の進展などで「広義の藩概念」は解体し、大名（家）や武家集団構造を主内容とする「狭義の藩概念」になったとする。近年の「藩世界」・「藩社会」概念などによる藩研究は、評者の立場からは明治期以来の藩の「総合」的な視角の再版にみえるが、著者の立場からは、「広義の藩概念」の復活だろう。

大名権力や領主制研究から出発した評者は、武家政権の支配を受容し請負いつつもその相対化の動きもみせるようになる生活者（民・諸社会集団）・地域社会との関係性や生活者・地域社会相互の関わり方、このようなものの解析には藩研究の総合化が必要とみる。江戸期の民は、大名そして幕府・公家など、武家を中心にした領主支配の元にあり、武家も含めた領主と民の関係分析が政治社会研究の一つのあり方と捉えるからだ。一方著者は、これらの藩研究が一元的には権力に編成されていない社会・世界を想定しつつ、なぜ藩という権力体・支配体系を結節点とするのか、という疑問を提示し、歴史的諸段階の把握も不十分とする。かかる研究史認識の上で、むしろ、権力体・支配体系（狭義の藩概念）の形成過程などの掘り下げた分析が必要という。

本書は以上の如き問題意識を背景に、阿波・淡路の二ヵ国（二五万石）を拝領した蜂須賀家（徳島藩）を中心に据える近世大名研究である。藩研究が大名（家、当主）を枠組みとした家史や史料編纂として、江戸期大名家の人々によりスタートした点を勘案すれば、藩の中核（大名家）を対象に、一次史料・記録類を軸に史料批判やアーカイブ研究（補論一「「秋長」書状の年代比定をめぐって：関ヶ原合戦と蜂須賀家政」、第六章「蜂須賀家文書「草案」の構成と伝来」）も行いつつ分析する本書は、今後の近世政治史、大名研究の範となろう（福田前掲書評論文）。

二　幕藩制へのアプローチ

幕藩制と称される政治社会をどのように理解するか。とりわけ、幕府（将軍）と藩（大名）、幕政と藩政の関係の捉え方は、近世日本史研究の主要なテーマの一つであった。それはすでに江戸期の人々にとって難しい問題だったようで、中国の国制に準え、郡県（集権）・封建（分権）の見方が併存した（浅井清『明治維新と郡県思想』一九六八年、一九三九年復刊本。張翔・園田英弘共編『「封建」・「郡県」再考』二〇〇六年）。戦後においては、幕藩制研究に大きな足跡を残した伊東多三郎（『幕藩体制』一九四七年）などの影響もあり、戦国期（戦国大名）からの比較で集権論的見解が強く（佐々木潤之介『幕藩制国家論　上・下』一九八四年）、藩・大名の多様性や歴史的個性に留意しつつもむしろ共通性を見いだす研究動向も生まれた（原昭午『加賀藩にみる幕藩制国家成立史論』一九八一年）。しかし、一方で、大名の実体を史料に即しえぐり出す試みも重ねられ、大名の類別や藩呼称そのものの見直しなど（松尾美恵子「近世大名制の成立」『学習院史学』三三、一九九五年、青山忠正『明治維新の言語と史料』二〇〇六年）、総じて、理論や法則性などに依拠しない同時代性を追う成果も生み出されている。

本書は幕藩制に集権的な性格をみる立場といえるが、これを大名側の視点に立ち、多様な大名の共通性を、幕府と大名層に共有される政治秩序形成の解明、という姿勢から大名家の分析を進めた。集権的な政治秩序の形成を、幕府の強権性のみに注目するのではなく、大名と幕府に通有する問題（第七章）として、実証的に検討する。そこで著者が注目するのは家老政治（第一章「近世蜂須賀家の「家中」形成と証人制：大名家における家老の位置」、第四章「近世蜂須賀家における家老政治の成立と展開」）や隠居政治（第二章「近世初期大名隠居政治考：蜂須賀蓬庵の場合」）・親類大名（第三章「近世前期蜂須賀家と親類大名井伊直孝」）で、基軸として家老政治を重視する。

隠居政治（蜂須賀家政〔蓬庵〕。初代至鎮、二代忠英を補佐）は、若年藩主を指導し家老政治を育成する形態、親類大名（家政女・阿喜を室とした井伊直孝〔彦根藩主〕）は家老政治の形成と連動する存在であり、隠居・親類大名ともに、幕政の意向や他大名の動向の斟酌、つまり大名の外交面を媒介し、幕府との関係や威光を背景に家中統制を行った。また遠縁の旗本（家政と義兄弟に当たる坪内家定の子弟）も幕府交渉の相談にのるが、親類大名（井伊直孝）の存在は大きく、有力譜代として幕府中枢に深く繋がって大名家の対幕府交渉の全体に関わるようになり、隠居（蓬庵。阿喜の早世にもかかわらず直孝は義父と認識）亡き後は、親類大名が家中（家臣）問題にも与る立場であった（第二・三章）。

家中形成は近世初期の大名家にとり重要な課題だが、その鍵は大身家臣の取り込み、大名家（「御家」）へ包摂（「家中」化）である。独立領主という由緒や誇りを持つ彼らの家中化は、大名家が彼ら自身の帰属集団としての「御家」という意識形成と表裏の関係だが、著者は幕府との関係を視野に、近世初期の証人制に注目する。これは大身家臣・重臣の子弟を幕府への人質として江戸藩邸におく制度で、幕府の認知度の高い重臣子弟の差し出しを指南する有力譜代の親類大名により進められた。幕府との繋がりやその承認は大身家臣の特別な由緒意識を満足させたろう。一方、大名が幕府の権威を背景に大身家臣を統制する手段ともなる。そして彼ら大身家臣は「家老」として、一般家臣と区別される階層に位置づく。寛文五年（一六六五）の証人制廃止は家老の家中化の実現を意味し、家老が実質的な諸政務を統括する家老仕置制が成立した（第一・三章）。

家老政治の形成、それと補完的な関係にあった隠居政治・親類大名（旗本）の動きが、幕府や他大名との関係性のなかで展開すること、いわば幕藩制と称される政治社会体制の形成過程を、幕府・将軍の権力・権威を強調する従来のややステレオタイプな幕藩関係論の見方から、近世初期の大名・蜂須賀家の具体的な政治のあり方を通し、一次史料・記録類の吟味の上に描き出したのは本書の大きな収穫である。

三　「政治」とは何か

幕藩制と近世大名の政治形態の関係を問うなか家老政治の形成に注目する著者は、それが藩主親裁と対立的ではないとみる。寛永一六年（一六三九）以来の凶作・牛疫という危機的状況への対応のなかで、藩主（忠英）は、それまでの家老（初期仕置家老）にかえ有力な複数家老を地方支配の上申ルートに位置付け、もって藩主の国許不在時の責任者とし、惣家老（家老全員）から仕置家老（有力家老）を一名任命する体制が形成された。大事な案件は仕置家老より江戸（藩主）へ報告、日常的な案件が委任され、家老中で合議される。このような家老政治のシステムは、三代藩主（光隆）、万治二年（一六五九）頃に成立、幼少で就いた四代藩主（綱通）が当初七年間ほど江戸在府という背景で、藩主の参勤交代による国許不在時に拘わらない家老政治が確立したという（第四章）。つまり家老政治は、参勤交代の藩主不在時の責任体制として形成され、これが藩主在国時にも機能した。

しかし、江戸在府中の藩主へ家老より上申された家中支配・人事に関する案件と藩主の帰国をまってまとめて処理された領国統治に関する案件が存在した。前者は主従制的関係であり、機構が確立しても藩主しか決裁できないが、後者は仕置家老以下の藩政機構が制度的に確立、これが機能していたことを示すという（第四章）。

かかる家老政治は在府・国許を問わず、藩主決裁が必要な藩主を頂点とするシステムである。その意味で家老政治と藩主親裁（直仕置）は対立的ではない。しかしこれが「藩主の権威化」を促進、やがて「政治運営からの藩主の実質的遊離」を生むという（一八三頁）。

それでは、著者がいう「政治」とは何か。本書タイトルにある「政治秩序」について「近世の政治（幕藩交渉・家中統制・領国支配等）のあり方における、それを担う人々の意識や志向性等、政治構造を規定する規則性」（三二六頁）と述べる。その際、著者が留意するのは家老の位置であり、「家老こそが幕藩政治の結節点」で、大名家の家老を基軸にみようとするのは、「幕藩領主全体に通底する秩序、幕藩政治の共通性」だ（二九三頁）。「幕藩政治」の「政治秩序」形成の解明、本書の目的はこのようなところにある。

したがって、「幕藩政治」をめぐっては、武家諸法度に奢侈の禁止、領内統治の義務化があることを指摘、さらにキリシタンに対する領主層の危機感を背景とした禁令への対応などが、蜂須賀に加え山内（土佐藩）・浅野（広島藩）・毛利（萩藩）・島津（薩摩藩）なども含めた西国の外様国持大名を対象に、その「共通性」が指摘される（第七章）。ここで示される「政治」は武家領主階層、いわば主従制の枠組みを越えた民・諸社会集団に及ぶ事象である。幕藩制は武家領主層のなかで完結しない。対外問題（キリシタンはこれに相当）も含めた民・社会諸集団との関係性は、幕府や藩相互の「共通性」を実体化する主要なもので、大名家はいわば「外聞」（「世上の聞え」）を前提に「政治」を行う。

しかし、本書は「近世の政治」のうちの幕藩交渉や家中統制の問題に絞った分析に終始した。それは権力分析を重視する著者自身の研究史認識からすれば（先述）、当然ともいえる。だが政権運営の形態につき、①「御手仕置」（藩主直仕置）から②家老仕置と両立する「御手仕置之格相」、さらに③まったくの「御家老御仕置」の段階、として「藩政の変遷」が展開する「藩政史認識」が、近世中期（宝暦〜寛政期。一〇代重喜・一一代治昭就任時）に形成、定着するとし、このうち、藩政改革の理想とされた②の段階を、「藩政確立」段階と捉えるのを提起する（第五章）。であれば政権運営の形態変化が「藩政」の内実なのか。著者は「狭義の藩政」（大名権力や武家集団・機構）に注目する立場で（先述）、一定の説得性を持つが、「政治秩序」の「共通性」を民などの対キリシタンを含む領国統治の問題を射程に考察する立場（第七章）との矛盾も気になる。改めて藩・大名の総合的分析の上に、「藩政」を考察する重要性を思う。改革は社会変動への対応に無縁ではなく、政権運営は、民・諸社会集団の変容への政治課題に応じ、その形態が選択される。

参勤交代により、江戸での大名社会の比重や江戸の国許に対する優越性が高まるなか、「大名が国許の政治から遊離」し、家老が「大名家の政治運営」に不可欠な構造において（三一八〜九頁）、幕藩領主の「政治」とは何かを問うべきだろう。先述のように、主従制案件が即時的に江戸の大名と繋がるのに対し、民との関わり（領国支配）が必ずしもそうではないのは、大名の「政治」が「御家」相続・主従制を核にするのを示すのか。だとすれば、東アジア世界の儒教・仁政観念が近世日本の武家領主層にも共有されたという「政治」の質の評価（深谷克己『東アジア法文明圏のなかの日本史』二〇一二年）は再考を要しないのだろうか（拙著『大名の相貌：時代性とイメージ化』二〇一四年）。

大名の血筋が、「御家」さらに改革の正当性確保の条件という傾聴すべき見解（補論二「「御家」の継承：近世大名蜂須賀家の相続事情」）なども合わせ、著者には優れた実証的成果を基礎とした近世日本の「政治」をめぐる総合的なビジョンも是非期待したい。

（校倉書房、二〇一四年刊。『歴史学研究』九三六、二〇一五年初出。収載に当たりタイトル付与）

6節　大名の「資格」とは何か

前近代の政治権力は、王制に典型的なように親族（血統）を軸に成り立つ。本書（野口朋隆著『佐賀藩鍋島家の本分家』）が対象にする近世日本（江戸時代）の武家領主である将軍家・大名家などもそうであった。著者は本家・分家という視点から、江戸時代の大名家の性格を描き出す。

対象は北部九州、現在の佐賀県と一部長崎県に所領を有した鍋島氏である。同氏は関ヶ原合戦時に西軍方に組みした。前領主（竜造寺氏）の家臣筋の立場から交代し大名化した鍋島氏は、合戦後の徳川氏との関係で、万一の改易（取りつぶし）や転封（領地替え）の不安も持ったろう。事実、西軍の総大将であった毛利氏は大幅な領国削減措置をうけ、その後、加藤氏（熊本）・福島氏（広島）など、豊臣系の大名家も改易された。

このような政治的緊張関係のなか、徳川氏・江戸幕府への事実上の人質を提出する。これは鍋島特有ではなく幕府の強制もなかった。しかし西軍方大名として鍋島氏はその忠誠の証として数名を送り、これが分家の創出、またその旗本化（餅木鍋島家）や大名化（小城・蓮池・鹿島の三鍋島家）にもつながり、幕府や大名（本家）との複雑な関係性が生み出される。その経緯を本書は丹念にたどり様々な知見を教えまた考えさせてくれる。

紹介者が注目する本書の主題ともいうべきは、江戸時代の「大名」とは何かということだ。教科書的理解では、将軍と主従関係を結ぶ一万石以上で参勤交代する直臣となろう。ただし、このようなことが制度化されたのは、江戸幕府が成立して三〇年以上もたってからだ。それではこれ以前に大名はいなかったのかというとそうとはいえず、幕府法令には「大名」「小名」「領主」など、後に規定される「大名」階層がみえる。

さらに難しいのは、領知（領地）を与え安堵するという証文が将軍から分家に与えられていないことだ。これは将軍との主従関係を示す最も大事な証拠史料として、各大名家では保存（アーカイブ化）された。ただ鍋島家の分家大名のような事例は、本家が将軍から拝領される石高のうちに含まれる内分分家として他大名家にも存在する。鍋島家が特異なのは、通例の内分分家の場合、分家領石高が記されるのに、それがない点だ。

このような分家を果たして大名と呼べるのか。従来は大名と捉えない考え方もあった。しかし、本書著者は参府した江戸でのあり方に注目する。つまり、将軍直参ではあるが、旗本には許されない江戸城内の儀礼（殿中儀礼）に鍋島家の三分家が参加している点に留意する。ただ、一七世紀半ばごろ、幕府が嫡子（家督相続者）と庶子の区別をして鍋島家の三分家は庶子扱いとなったので、一般大名と同じではない。著者は鍋島家の三分家のように、庶子扱いの大名を「部屋住格大名」と呼ぶ。

「大名」はもともと「大名田堵」など土地の開発領主を歴史的起源にしているといわれる。支配地の存在やそれとの関係が大名としての立場を作るのだ。「領主」も「領地の主」である。しかし、近世の大名は領知・支配地を持つか否かよりも、将軍との関係が重視され成り立つことが、大名分家の江戸でのあり方から析出される。公式書類に分家領は示されず、また庶子扱いなどの制約があっても大名化した。一見、例外的とも思われる鍋島家の分家を通して、江戸時代の大名の特性を本書はあぶり出すのだ。

部屋住格大名は公儀役（江戸城門番など幕府への軽微な勤め）が命じられず、大名特有の殿中儀礼参加も許可されなくなる。鍋島家の三分家はやがて大名としての身分格式を失うのではないのかと危惧した。そこで一般大名並の格式を得るため公儀役負担を願い出、さらに本家に相談せず独断で幕府側へ殿中儀礼に参加の希望を伝えた。前者については、一七世紀末に徳川綱吉政権の政策で実現したが、後者は本家により問題視され、本家藩主の光茂は「三家格式」の法制定をした（一六八三年）。

これには親族ならではの背景がある。光茂は初代藩主勝茂の嫡子であった忠直の子だが、忠直が早く亡くなったので勝茂の孫ながらその跡を継いだ。一方、三分家創設時の当主はいずれも勝茂の子である。したがって本藩主となった光茂にとり、三家の当主は叔父や従兄弟ということになる。叔父たちは若い光茂を盛りたてる気持ちがあったろうし従兄弟にしてもそれは引き継がれたかもしれない。またそのような親族関係のなか、本藩主ながら光茂に分家に対する遠慮もあったろう。

しかし三家格式制定の時代、代替わりは進んでいた。光茂嫡子で新世代の綱茂は三家を疎んじ、三家の若い当主たちもそれに反発、これが殿中儀礼参加を独断で申し入れる直接的な契機となった。血縁とはいえそれが薄くなり、これにともなって疎遠の思いが強くなれば、本家は分家を下にみて分家はそれを嫌うことだろう。

著者は「三家格式」またその直前に三家側が出した綱茂の態度を問題視する史料を勘案し、分家は大名として将軍と主従関係を持つが、本家の支配下にもあり、本家・分家ともに「鍋島家」の存続に努力すべきことが示されている、と評価した。従来の研究史が本家の三分家に対する強い統制傾向と捉えていたのに対し、それを見直す説得的な考え方だ。光茂は共有される目標を示し、三家に相応の妥協をしたといえようか。

そもそも、江戸時代の将軍（幕府）と大名（藩）の関係は、前者の後者への強圧性がいわれてきた。室町幕府と守護・戦国大名との関係に比べれば、江戸幕府の統制力は明白だ。しかし、人や組織は強制だけでは長続きしない。幕府は大名の独自性を認める柔軟さも持つ。武士の名誉心や恥の意識という伝統的な心性を同じ武士として徳川が重視したのを示そう。織田や豊臣の強権的な政治に大名たちは面従腹背だろう。それは大名の本家と分家の関係にもいえることだ。本家と分家は「鍋島家」という大名家存続を共通目標にして、幕府が介入するようになる分家の婚姻に対応していたことも本書は跡づける。分家にまで掘り下げた婚姻をみることで、幕府や大名家相互の繋がりが、具体的かつ立体的にみえてくる。

複数の大名家を対象にした前著『江戸大名の本家と分家』（吉川弘文館）は一般向けに書かれ重版の人気を博す。本書は佐賀大学の企画成果だが、鍋島家に絞り込み厳選したデータを肉付けし興味深いストーリーを描く筆致には引き込まれる。読者が前著同様に再び江戸時代の武家社会の世界に思わず誘われるのは間違いない。

同業者ゆえの研究面のおもしろさに魅せられいささか堅いお披露目となったのは勘弁願うとして、佐賀藩鍋島家の分家を通した江戸時代武家社会のパノラマ、どうぞお楽しみいただきたい。

（岩田書院、二〇一三年刊。『学苑』〔昭和女子大学〕九一〇、二〇一六年初出。収載に当たりタイトル付与）

7節　譜代藩政治機構の基礎研究

近年、藩のイメージをめぐり、藩領内外の諸社会集団を視野に入れ、あるいは支配構造・地域社会・文化構造などの総合化を目指し、「藩世界」「藩社会」などの表現を使いながら豊かな歴史像を提示する試みがなされている（『藩世界の意識と関係』『尾張藩社会の総合研究』など）。ただ、藩はそもそも大名家が作り出す政治機構（藩政機構）をその基本要素として持つわけで（機構としての精度は藩により多様だろうが）、その検証なくしては一見豊かにみえる藩の歴史像にも偏りが見られるやもしれない。本書を手に取りそのような感慨を抱くのは紹介者のみではあるまい。

本書（藤井讓治編『彦根藩の藩政機構』）は、彦根市に寄贈された井伊家伝来資料（「彦根藩資料」）のうち主として彦根藩政時代の古文書資料「彦根藩井伊家文書」が国の重要文化財に指定されたのを機に組織されたいくつかの研究班（「彦根藩調査研究委員会」が企画）のうち、「彦根藩の藩政機構研究班」（班長・藤井讓治）による成果で、彦根藩博物館叢書の三冊目にあたる（朝尾直弘「叢書刊行にあたって」）。

構成は三編からなる。論文編におさめる藤井「彦根藩前期の知行制」、東谷智「彦根藩筋奉行の成立と機構改編について」、母利美和「彦根藩目付役の形成過程」、東幸代「彦根藩の水運政策と船奉行」、塚本明「彦根藩と京都町奉行所」、渡辺恒一「近世後期彦根藩地方支配機構の改編について」、宇佐美英機「彦根藩法制度史に関する素描」の七本は、いずれも彦根藩研究の基礎的論文として貴重である。しかし、研究面で「当該藩が最大の譜代藩であるにもかかわらず、最も立ち後れているといっても過言ではない」（藤井「本書の構成について」）という認識からすれば、史料編と彦根藩役職補任表こそ本書刊行の主目的というのが関わった方々の共通理解ではなかろうか。

このうち史料編は、各役職の職掌内容を示すもの（役職に就任した家臣が提出する「役職誓詞」、礼式・勤方・咎め方などが知られる「被仰出候事共之留」、筋奉行や士代官の職務内容を示す「筋方用務留」「掌中雑記」、役職就任者の一覧である「彦根藩役付帳」）、家臣からの上申文書（家臣が藩に提出する願書・届の雛形集「諸事願書留記」）、藩財政に関するもの（元方勘定の一年の業務記録「元方勘定方記録」、蔵入地の年貢収納・払方の記録「御代所入仕出シ諸事留」）、各役職の切米・扶持米規定（小姓・中小姓などの「彦根藩切米扶持書上」）など、近世中期から幕末期にかけての彦根藩の藩政機構や役職の性格が窺える九つの史料が翻刻され簡便な解題が付される。さらに補任表は、家老役・中老役・用人役・側役・町奉行・筋奉行・目付役（評定目付役・槻御殿目付役）・勘定奉行（元方勘定奉行）・大津蔵屋敷奉行・船奉行・用米蔵奉行・松原蔵奉行・皆米札奉行・代官役・川除奉行・内目付役など彦根藩の主要役職について、姓名・当該人物各家での代数・就任および退任年月日・備考（前役・後役・知行高等）の諸項目単位に整理され、それぞれ詳細な役職解題が付される。

藩研究は前述した多面的な視角とともに本書に示されるような基礎データの集積がその前提になるのは言うまでもない。本書は彦根藩研究の本格的な出発点という性格をもつと同時に、総合史としての藩研究を目指してきた紹介者にとって、根気が必要な基礎研究の大切さ、その実現のための組織的研究の有効性を改めて教えてくれた一書である。

（サンライズ出版、二〇〇三年刊。『日本史研究』五〇七、二〇〇四年初出。収載に当たりタイトル付与）

8節　政治文化論としての「藩」言説の意味

「民」や「異国」との関係性において、知的環境が変化した武士たちに、東アジア近世に通有する「士」としての変貌の可能性はあったのか。近世史部会報告（二〇一五年度歴史学研究会大会）を聞いたおおまかな印象だ。本年度は、近年の「近世日本を東アジアの共時性のなかに位置づける議論」で焦点となっている「政治文化」に注目し、「大名が公儀の委任に基づき一定の自立性をもって領域統治を行う「藩」は、国家と社会の緊張関係が顕著に顕れる場として、現在の政治文化論に連なる論点を提供してきた」という認識のもと、「藩」関連の「言説・イメージ」に「反映」された「諸階層の「藩」をめぐる意識を読み解くことで、一八世紀における国家・社会の変容に規定されて表出する、政治文化の特質を探」ることに眼目がある（運営委員会）。これを報告批判者（以下、評者）なりに整理すれば、①東アジアという地域性、②「近世」や「一八世紀」という時代性、③イメージ・言説への着目という方法論、かかる柱が、「藩」を通し「政治文化」の分析を目指す報告を支えるといえようか。

小関報告（小関悠一郎「明君像の形成と「仁政」的秩序意識の変容」）は、上杉米沢藩を考察対象とし、学問（儒学）を介した仁政意識（①）が、一八世紀以降の経済・社会状況（②）に応じ変質する「風俗」に対応すべく変化し、大名「明君」像（③）が形成・変容、との文脈からなる。吉村報告（吉村雅美「近世日本における対外関係の変容と「藩」意識」）は、宗対馬藩・松浦平戸藩を分析、東アジア世界との関係（①）が、一八世紀末・一九世紀初頭にかけてのヨーロッパ・ロシア認識を介し変容（②）との見通しから、対外関係を背景とした「藩」意識の構造変化に注目（③）する。ともに、従来の仕事のうえに、時間軸をのばし（小関報告。一九世紀まで視野）、複数藩をみる（吉村報告。海域地域だが、異なる歴史性）、意欲的報告だった。

両報告は、専ら藩の組織・機能や構成（地域・領民も含め）などに関心を払う従来の藩（藩政史）研究とは異なる印象をうける。それは近年の研究状況の変化を背景としよう。

一つは、書物が史料として重視されるようになったことだ。従来の藩研究は、大名家文書・藩政文書・家臣史料や在方史料などの分析が基本で、中心は文書史料や記録・帳簿類だった。しかし、両報告はそれらを素材としつつも、書物・著作類の分析を基軸に据える。

小関報告は、奉行から郷村出役にいたる様々な階層の家臣が著した、藩政の方針（莅戸政以「冬田農談」「子愛篇」）や農政内容に関する著作（今成吉四郎「農政全書国字」「農事常語」）、さらに教諭書（北村孫四郎「北条郷農家寒造之弁」）、明君録（服部豊山「餐霞館遺事」）などの性格を分析する。これらの著作について、他の著作（明の徐光啓編「農政全書」、福岡藩の宮崎安貞編「農業全書」や太宰春台などの経世書等）に依拠したり村役人・在村医などの蔵書に含まれて民間に受容されたと指摘しながら、書物相互の関連や藩政展開のイメージ形成に言及し、明君像・藩政像が米沢藩見聞録として書き留められる（一九世紀）様相も示した。

吉村報告は、「藩」という表現の形成や、対外関係の変容認識について、やはり書物を通じ理解する。

文人としての資質が高い平戸藩主・松浦静山（清）とも交流を持った儒学者・皆川淇園が諸藩主・家臣に送った詩文（「淇園詩文集」）や静山が淇園に依頼した藩の文庫記（「楽歳堂記」）、平戸町人の記録類なども利用した松浦家編纂家譜類（「家世伝」）などの分析から、対外的・国内的・領内的という三つのレベルの「藩」意識の形成などを指摘、かかる意識が、「風化」「文武」「華夷」などの認識や大名家・家臣・領民や支配領域などの意味を持つことを解析する。さらに平戸藩文庫の蔵書を通し、洋書類などにも学んで徳を広める領主像を持ち、「藩」＝守りに留まらない外部世界をも志向する、そのような大名（松浦静山）の自己認識を読み取る。

今一つは、書物が重視されてきたのと関連するが、東アジア近世との共時性、共通性の認識であろう。これは、近世朝鮮史研究者（宮嶋博史「東アジア世界における日本の「近世化」」『歴史学研究』八二一）による、日本史研究者が「近世」という問題には無自覚のまま「日本近世史」を語っていること、そして、その日本近世と東アジア近世が、前者の武威・武力に対し、後者の儒学・仁政と、際だった相違がみられること、などの指摘に対し、近世（江戸期）に隆盛となった書物流通という知的環境なども媒介に、儒教文化（儒学）圏として同質の政治文化が形成されたとみる見方（深谷克己『東アジア法文明圏の中の日本史』岩波書店など）を軸とする。日本社会への儒学の浸透ないし変質については従来から議論があったが（渡辺浩『日本近世社会と宋学』東京大学出版会など）、近年の中国・韓国との微妙な国際関係を考慮し、これらの地域との同質性の主張は、近現代の問題にリンクすると考えられている。

小関報告は、「明君」像の形成のなか「風俗」の是正を「教化」しつつ実現する「仁政」「安民」というイメージに注目し、「武士によって「近世化」が推進された「武威」に基づく支配体制が出現した近世日本の異質性が、現代に至る平和理念の不定着につながるとする指摘（略）は再考される必要」があるという立場を表明する。吉村報告は小関報告とは違うニュアンスで、幕末から近代における対外的進出論に注目、それが「「武威」のみが「むき出しの暴力」に結びつくのではなく」、中国古典を範とする「文武」兼備の理想像や外部への「風化」論・「仁政イデオロギー」の波及などを内容とする「「文」による裏付けも」、「背景の一つ」と論及する。儒学を媒介とした武威・武力支配の相対化という観点で、小関・吉村両報告は共通する。

このように、近世日本の書物出版と社会浸透、儒教文化（儒学）圏・東アジアとしての同質性、これらへ注目する研究動向が、両報告のような新しい藩研究も生み出した。しかし、評者はかかる動向やそれを背景とする両報告に啓発をうけつつ、疑問もある。

第一に「藩」をめぐる問題である。運営委員会が提示するテーマサブタイトルの「「藩」をめぐる意識」は、「藩」と言う表現のみに注目したものではなく、これをめぐる言説・イメージに注目するという（評者指摘の柱の③）。小関報告が解析する「風俗」「仁政」や「明君」像は、「藩」そのものではないが、これを構成し、言説を通した「藩」イメージといえる。吉村報告は、より直接的な「藩」表現の展開をみるが、対外関係を媒介に幕府・〈日本〉などを守護する存在、大名家をかかる見通しで捉え、やはり言説を通した「藩」イメージを追う。とりわけ、様々な意味合いを持つ「藩」やその関連呼称が、詩文集や家譜類などの丹念な文言の仕分け作業のなかで析出されたのは、貴重な成果だろう。

これまでの藩研究を顧みた場合、大名家、主従制を機軸にした武家集団（家臣団）、これより成り立つ統治組織（行政機構）、統治対象（領知・領民）など、様々な要素の複合的・総合的な実体をあらわす歴史概念として「藩」呼称があった。これに対し、公称として「藩」呼称は用いられないという批判もある。史料上は「国」（国大名・国主）、「家」（御家・家老）、「領」（領知・領分）などで表現される。しかし、歴史概念としての「藩」呼称は、それらのうちのいずれかに置き換えればすむ、というものではない、総合的な意味合いを有してきた。今年度の報告は、儒学的性格（王室の守りやそのためにおかれた地方軍隊）を持つものとしての「藩」呼称が、実際には存在・展開していた動向を踏まえ、改めて様々な意味を含む「藩」やそれに連なる言説に注目したのである。

研究史上の総合的な歴史概念としての「藩」と、同時代的な言説で大名の自己認識も内在する「藩」。評者によるその峻別への反論も想定されるが、従来の藩研究の方法論とは違うという、アプローチの差の自覚は持って欲しかった。それは藩研究をより豊かにし、同時に「藩」呼称に慎重な研究動向への問題提起にもなろう。

藩・大名には歴史性や格・石高など、幕藩政治社会での位置や個性があるが、対象藩の当該テーマ解析に持つ意義も掘り下げたい。石高の縮減が明君像に与えた性格（米沢藩）、海域を持つゆえの「藩」認識の特殊性（対馬藩・平戸藩）などさらに留意を要しよう。

第二の疑問点は、近世の政治を主として担う武家領主・武士階層は、東アジア世界でいかなる「士」なのか、ということだ。彼らが目指す基本は、「家」（大名家）の相続で、家臣も例外ではない（自身の「家」

とそれを含む「御家」相続)。かかる武家領主支配が「近世」に、「御家」相続から「国益」をめざし民を思いやる方向へ、また個別領主の立場から〈日本〉やその民を認識する方向へ、変貌がみられたというのであれば、丁寧に見極めるべきだろう。

小関報告にみる諸役人の主張は、民の働きに国の経済力と民自身の安定が依拠するのを、民に教え導き、怠惰な風俗を改め稼がせるべき、ということだ。かかる「安民」実現の教化は「治安」の「基業」である。教化を通じ民をいかに働かせ、国富・国益を増産させるか。一八世紀後半から一九世紀にかけての藩政改革の共通の課題であった。米沢藩では、「遊惰の貧窮」による年貢不納者の「世間村合の交り」を断ち、道楽・不稼ぎを恥辱とする「俗」に村の有力者を通じ導こうとした。村の共同体が政策浸透に利用される。このような政策と、儒学・士大夫が目指す「仁政」との距離はどのようなものか。武力を直接背景としたものではないところに、武士による治世の「近世」段階を見いだすのは可能だろう。ただ「安民」は、藩の経済力を高める「国富」「国益」を形成するパーツで、それは民相互の監視装置のなか「力田」「入精」し「苦労」を厭わない稼ぎにより自力で獲得するものと、教諭・褒賞を通じ浸透が図られた。「国富」「国益」は民の「家々戸々」をいかに「富マシメ」るのか。「明君」像は、「義を利」とする養蚕などの産業振興に有効だったろうが、一方で政策の弱さを藩主威光に包蔵する役割も担ったのではないのか。

「国」はこのように大名の「家」と不可分だ。吉村報告にみえる宗対馬藩の「御国は日本藩屏の地」との主張は大名家として幕府からの援助を引き出す方便にみえ、松浦平戸藩の家史編纂では大名のイメージを害するものは「不採用書目」だった。かかる武士階層の基本属性の一つが「武」ならば、同報告は次のように読める。松浦静山は、西洋の領主をも、儒学的な枠組みから「義理」「徳」で「政治」を行う存在と捉える。そしてこの学問による裏付けは外部世界への「風化」「教化」による「属地」の認識を形成、「藩」にも組み込まれている「武」を背景に対外的な進出論が近代に形成される素地があった。

東アジアの「士」（士大夫）には様々なバリエーションがあろう。「安穏」ではなく「武勇」を好む武士層が政治支配に与るところに日本史の特性（黒田俊雄「中世における武勇と安穏」『仏教史学研究』二四の一をみれば、「近世」の武士にとり、安穏・安民などの価値観はどれ程に身近だったのか（拙著『士の系譜1大名の相貌―時代性とイメージ化―』清文堂）。利害（「家」相続や名誉）をいかほどに相対化し、「公」や「民」を意識したのか（拙著『武士の奉公　本音と建前』吉川弘文館）。武士階層が自らの〈利〉（「家」「国」「藩」）を重んじ、民や異民族（具体的にはアイヌ民等）の「俗」を「風化」する「仁政」を志したならば、それは東アジア世界に共有される仁政理念を核とする儒学・「政治文化」とどのような関係にあるか。評者は少し距離も感じる。ただ武士階層が行う「政治」・「風化」を民・異民族が受容するのであれば、それがいかなる意味で諸階層に「仁政」と認識されたのか。この問いは大事だろう。

（『歴史学研究』九三九、二〇一五年初出。収載に当たりタイトル付与）

9節　武士の治者意識

一　「牧民之書」への着目

本書（小川和也著『牧民の思想　江戸の治者意識』）は近世日本の国家思想に関し考察した意欲的な著作である。著者の小川が留意するのは、国家の統治には被治者・民衆の支持・同意が必要、ということである（「はじめに」）。ただ、かかる点は本書のオリジナルな視角とはいえない。むしろ領主と被治者・民衆との合意・契約の上に近世の統治支配が実現したという朝尾直弘などの提言以来、研究史の主要な潮流となっている。問題は、その具体的な論証法であろう。評者もかつて領主と民衆の関係性をめぐり、民俗学や社会学の方法論に学び、心意統治論として提起したことがある（拙著『近世大名家臣団と領主制』吉川弘文館、一九九七年）。その際、考えたのは現実の政治支配の場における統治者・領主と生活者・民衆の具体的な関係性であり、領主が民衆の心意を生活の場でどのようにコントロールする可能性があるのかについて、除災祈願（雨乞・虫除）や対面・互酬・葬送などの諸儀礼に注目しながら、いくつかの論点提示を試みた。ただ、それは大名の家臣である給人領を対象にしたものであり、近世の領主と被治者の関係性においてどの程度通有し得るのかは、見通しを述べるにとどまった。

小川の独創性は、国家思想は著名な思想家の難解なものではなく、生活者としての被治者・民衆が身近に感じるもののはずであり、被治者が能動性をもって従うものでなければ、そもそも統治原理として機能しないという問題意識に立ち、具体的には、幕末に「牧民之書」と呼ばれる、領主が農政・民政の場で用いた一群の書物に注目し、これを時間軸に沿いながら多角的に受容の有様を分析する点にある。小川も生活者としての民衆という枠組みで捉えるが、それを近世の国家思想というレンジから「牧民之書」という書物の展開を解析することで、例えば評者が目指した方法論より、さらに広範で豊かな領主と民衆の関係性をめぐる歴史像の提示を試みる。同じような問題意識に立つがゆえに評者は大きな刺激をうけた。しかし、同時に、生活者としての民衆と治者としての領主に共有される国家思想の追求が難しい問題であることも、本書から感じさせられた。以下に、本書の概要を紹介し、若干の感想を述べたい。

二　『牧民忠告』の受容と意味

まず、「平和」な時代に治者としての自覚が求められた武士の意識を探る上で、一四世紀初め頃に張養浩という中国・元代の地方官吏が著し、朝鮮経由で近世初頭には日本に伝来したと目される『牧民忠告』およびその註釈書などの「牧民之書」と称される一群の書物を分析する有効性について、研究史を踏まえながら論じる。とくに近世思想史をみる上で、思想家や民衆のそれに関する仕事に対し、武士階層に担われた領主の思想分析が十分でなかったこと、そのようななか、「民衆の視線を意識して形成された」幕藩制イデオロギー論や「民衆の視線」を感じつつ形成された「明君録」研究の重要性が指摘され、「牧民之書」は「明君録」と密接な関係があるという見通しを述べる。その上で中国で誕生した「牧民之書」が近世日本の領主層へどのように受容されたかに、日本の国家体制（幕藩制）や国制（国郡制）のあり方が照射されるという国家システムをめぐる議論の可能性も指摘する（序章「『平和』の世と『牧民之書』」）。

具体的考察は桑名藩主松平定綱が著した『牧民後判』という書物から始まる。寛永大飢饉への対応のなか、幕閣の注目を浴びたのが『牧民忠告』で、兵法学者・山鹿素行へ勘定奉行の幕閣（曽根吉次）よりその註釈書作成（『牧民忠告諺解』慶安三年〔一六五〇〕）が命じられた。同じ時期、素行の民政論の影響をうけて成立したのが、定綱の『牧民後判』（慶安二年）で、小川はこれを『牧民忠告』の日本版と評する。それは定綱の国家意識が反映しているからだ。すなわち守護大名・戦国大名は国郡制の枠組みのなか「国民」「郡民」を統治する主体で、古代律令制を規範に、近世大名もまた中央政府から派遣される民政官僚と捉えるが、一方で、一門・譜代大名として領地を統治する封建領主の家訓的性格も、『牧民後判』には読み込めるとする。定綱の意識では大名は中央政府派遣の牧民官だが、それは家職でもある。そして平時に兵学を治世に応用する兵法的性格も持つ『牧民後判』には武家が治世の統治者に変貌する、過渡的性格があるという（第一章「『領主』の思想」）。

綱吉政権発足直後に、いわゆる「天和の治」を担った老中堀田正俊が発布し、儒学的理念が盛り込まれるという条目（「民は国の本」条目）と『牧民忠告』の関連が、次に探られる。まず正俊の「民は国の本」という農政・民政思想が、大名・藩主の立場として形成された可能性（具体的には下総国守谷藩主・上総国安中藩主など）が指摘される。また、交流があった林鵞峰は正俊の依頼で『牧民忠告諺解』（延宝七年〔一六七九〕）という註釈書を著し、それは正俊の民政思想・民政官像と共通性が認められるという。つまり、正俊の民政観には修己治人という儒学的な統治主体性が重視され、人欲からくる奢侈が天下を乱すとして、その「静」を保つことが社会秩序を安定させる「誠」の要諦であり、その政治的責任を君に、またそれを実現するのは牧民としての家臣とみた。主従関係が社会関係を「静」に保つ治国安民の立場から問い直され、君と民に介在する牧民は大名ではなく家臣として、国家思想の担い手をより広く下降して捉えられるようになった（第二章「あらまほしき将軍の治」）。

次いで、近世中期の『牧民忠告』の受容をめぐり、朝鮮渡来の同書受容の特質が、元禄期にはじめて刊行された訳註書（『吏民秘要諺解』）および農書・救荒書として著名な『民間備考録』の二書を対象に考察される。まず日本伝来の『牧民忠告』には朝鮮本（密陽本）と中国本（天保期刊行）があり、近世初めに渡来していた前者の影響力が強かったのが論証される。密陽本は近世国家に大きな影響力を持ったという。指月堂なる人物による『吏民秘要諺解』（元禄一〇年〔一六九七〕）は、儒学の知見をもとに、人間としての平等観の上に気質の違いの肯定から職能による身分制を認め、修己治人の観点で為政者批判を行う。これに対し『民間備考録』（宝暦五年〔一七五五〕）は、『牧民忠告』が持つ明君録の性格やその意味での藩という枠組みを『牧民忠告』に関連させたものとみる。張養浩などを理想的な牧民官とし、近世日本の代表例を『牧民忠告』にならい備荒政策を行った会津藩主・保科正之としたのである（第三章「朝鮮本の影響」）。

藩政改革期、二藩（長岡藩と尾張藩）でなった「牧民之書」が次に検討され、「牧民之書」が藩という文脈のなかで新たな展開を遂げたと見通される。まず長岡藩家老・山本老迂斎が著した『救荒余談』（天明二年）に注目し、植林による商品生産や社倉、貧窮の士救済などの富国を目的に、『民間備考録』上巻の生産性・貯蓄性に着目し抜書されたものと評する。また『民間備考録』は藩（建部清庵は一関藩医）の意識に基づき書かれ、長岡藩家老の老迂斎もそのような意識で抜書を作ったが、飢饉・財政窮乏など、藩が単位となって改革に取り組まなければならない状況が、老迂斎をして『和語牧民忠告』（天明二年〔一七八二〕、刊行同六年）を『救荒余談』とともに著しめたとみる。そして近世中期までの「牧民之書」の国家観が、藩を軸に転換したと論じる（第四章「藩政改革の思想」）。

天明二年（一七八二）、尾張藩でも「牧民之書」がなった。ここでは、藩主（九代宗睦）の明君化と『牧民忠告解』が藩政改革と如何に関係があるかの検討を通じ、藩主（明君）と牧民官の関係が考察される。まず、宗睦の徳とそれに感応した民の自普請を描いた『御冥加普請之記並図』が明君録として検証され、作者の領民庄屋が藩侍講（細井平洲）による明君（細川重賢・上杉鷹山）の講話を聞いて著した可能性を示唆する。しかし、『牧民忠告解』では明君の果たす役割を、家臣が担っているという。この書物は宗睦のもとで天明期の藩政改革とくに農政・民政を牽引し江戸儒官の血を引く人見弥右衛門が『牧民忠告』に注目し、会計・地方役人の藩士・樋口好古に訳註を命じたものという。それは長岡藩と同様に尾張藩も深刻な凶作・饑饉と騒擾の可能性に直面していた背景があった。ただし長岡藩では割元・庄屋を藩権力に引き入れることで解決が図られたが、尾張藩では所付代官制という藩の直接統治へと転換された。所付代官を通して、徳を以て「民」の「風俗」を「改革」し、訴訟を未然に防ごうとしたという。『牧民忠告解』はそのような役を担う代官啓発の書であった。「仁政」理念は民政・農政を受け持つ家臣団に担われ、いわば明君像を支えたと評価する（第五章「代官の政治」）。

幕末期には『牧民忠告』の訳註書とは別の「牧民之書」が板行された。一五世紀初頭頃に中国・明の牧民官・朱逢吉が著し、日本では寛政一一年（一七九九）に官板されていた『牧民親鑑』の訳註書『牧民親鑑訳解』（長井旌峨、嘉永六年〔一八五三〕刊。長井本）・『牧民親鑑解』（平塚飄斎、嘉永六年刊。平塚本）がそれである。『牧民親鑑』は『牧民忠告』に続く民政書として刊行され、日本でも『牧民忠告』とともに民を牧《やしな》う地方官が読む「牧民之書」とされていた。長井旌峨は、深刻な饑饉を二宮尊徳の報徳仕法で乗り越えようとしていた陸奥中村藩主・相馬充胤の依頼をうけ長井本を書いたが、これは報徳仕法を実践する官吏に配布されたという。平塚飄斎は幕吏で京都東町奉行所の与力である。『牧民忠告』と並ぶ「牧民之書」でありながら、訳註書がないという動機から民政に携わる為政者すべてが読むべきものとして、平塚本は刊行され、為政者のみならず民衆を教導する者すべてを対象に販売され全国的に普及した。小川が注目するのは、両書ともに日本全体への視点で書かれ出版されていることである。幕臣の平塚本はもとより、長井本は藩（陸奥中村藩）を基盤にするものの、序は外交折衝や徳川実紀編纂という国家的事業に就いた幕臣（筒井政憲、成島司直）で、そこでは「皇国」「皇邦」と日本を称した。幕末期の「日本」認識の昂揚が二書の「牧民之書」にも看守できる（第六章「『興国』のために」）。

最後に、牧民思想の担い手の問題が近世の国家認識に関わっているとの観点から、これまでの議論を整理するとともに、例えば「牧民之書」が、福沢諭吉により、その虚偽性、つまり牧民とは人民を牛羊のように養うことで、国君を民の父母、民をその赤子とし、小細工に仁政を用いるに過ぎない、という見方が示され、大方の支持（『学問のすゝめ』の流布）にもかかわらず、近代になっても太平洋戦争期まで、様々な局面で刊行され続けた事実が紹介される（終章「『牧民之書』と近代」）。

三　国家思想形成の回路との関連

本書の関心、すなわち民衆の眼差しを組み入れた国家思想・民政思想の研究は評者の問題関心とも重なるが、そのような立場からみれば、本書にとり核心的な回路が十分明らかになってはおらず、それは小さくない問題という印象も拭えない。

それは国家思想の形成の回路という問題である。本書では「民衆の視線」を基軸に据えたという国家思想が所与のものと捉えられているようだ。近世の国家思想の具体相がたまたま中国で誕生し朝鮮経由で近世初頭に渡来した『牧民忠告』などの「牧民之書」にあらわれており、かかる「牧民之書」の性格ゆえに、国家体制の相違（中国＝郡県制と日本＝国郡制ないし封建制）にもかかわらず、為政者・武家領主層に受容されたという構図にみえる。だが近世の国家思想といいながらも、民政に直接関わる主体がかかる思想の母体ないし担い手だったのも本書は明らかにしている。松平定綱は、久松松平の家系で徳川家康の甥にあたり、彼が著した『牧民後判』において大名は中央から地方に派遣される地方官僚・牧民官として描かれたが、定綱は同書を子孫に与えるいわば〝家訓〟として叙述、大名としての立場が考慮された。堀田正俊は大老の立場で「民は国の本」条目を策定したが、その前提には大名・藩主の立場として形成された可能性があった。天明期（一七八一〜九）に饑饉に対応する藩政改革の一環として長岡藩・尾張藩で作成された『和語牧民忠告』『牧民忠告解』には藩国家意識があり、宝暦期（一七五一〜六四）『民間備考録』にも藩意識（陸奥一関藩）がみられる。幕末期の『牧民親鑑訳解』刊行には「日本」意識が背景にあるというが、やはり藩意識（陸奥中村藩）が基底にあった。

このようにみれば、領主、民政の担い手の思想がいかなる回路で国家思想に展開するのかという論点が必要ではないか。小川が「国家思想」を所与のものとみるないしはその形成に関心が薄いのは、国郡制という国家システム・歴史認識を重視しているからかもしれない。小川は「牧民之書」の近世期を通した分析を踏まえ、近世前期では個別領主・大名が、中央から地方へ派遣される国家官僚（牧民官）として描かれるものの、中期以降は、饑饉などへの主体的対応（藩政改革）から大名・藩主の明君録の形成とあいまって、その家臣が牧民官に位置づけられ、藩は国家として一定の完結性を持つ領域と認識されるようになったという。しかし幕末期には藩意識とともに日本という国家意識が併存したとする。その上で、明治維新期に個別領主制が短期間のうちに抛棄された理由について、国郡制原理が「かくれた形」として幕藩制国家権力者の秩序観に隠然たる影響を与えていたからとみるのである。「牧民之書」を介した鮮やかな国家像の普遍と変遷のイメージ提示だが、そこには民衆を内在させた「国家思想」の形成という認識が後退しているようにみえるのである。

評者は、近世国家の中枢部にある定綱や正俊でさえ、本来は領主・大名という立場であり、かかる認識が民政思想の前提としてあったことに注目したい。したがって本書の研究史認識の柱である幕藩制イデオロギー論（深谷克己・宮沢誠一）や政治常識論（若尾政希）などとともに、少なくとも在地領主制が大名領国制の段階に達した戦国期の領主思想、民政思想は本書の前提とされるべきでだろう。

戦国期、すでに「百姓をあはれび、憲法たるべき事。民の飢寒をおもひ、苦悩貧富をしるべし」、「威勢をもって人を晃時、其身をしたがゆれども、心はしたがはず。正直をもつて、民を随ゆる時は、身命をかろんじて、心をそむく事有べからざる事」「家をおさむるほどの者は、国を治めべし。たゞ民を憐む者をもつて、君の器となすべき也」（島津義久教訓）というように、百姓・民の生活を知りその心を思慮する者が君の器であるという考えがあった。もちろんこれは近代的な人権観念からくるのではない。主人は屋根、親類は梁、乙名・代官は柱、百姓は畳敷板であり「イヅレカケテ其家スナヲ（素直）ナランヽ」（多胡辰敬家訓。辰敬は尼子氏家臣）との言に示されるように、民・百姓も含めて領国は成り立っているのであり、「百姓に無理なる役をかくる」ことなく「倹約を守る時は下民を痛めず、侍中より地下人百姓迄も富貴なる時は、大将の鉾先強くして合戦勝利疑いなし」（北条氏綱書置。氏綱は早雲嫡子）と、領国の民を構成する百姓を痛めれば、合戦での勝利も得られないという、いわば合戦・総力戦を想定してのことだろう。兵法にみる民政観ともいえるかもしれない（史料引用は小澤富夫『増補改訂　武家家訓・遺訓集成』ぺりかん社、二〇〇三年）。

しかし、民・百姓の生活・心にかなった領主の器とは、小川が強調する「民衆の視線」を斟酌した民政認識ともいえよう。このような領主の認識・思想がどのような回路で「国家思想」となりえるのか。そもそも小川がいう「国家思想」の「国家」には、戦国期に合戦・総力戦を担う百姓の支配思想を生み出した「領国」が想定される可能性を考慮する必要もありはしないか。それが近世の文字通りの国家思想へと展開するのではなかろうか。民が直接に見えないところからは民政観は生まれない。

四　「民の視線」と日本的性格

これらに関連し、二つの問題を指摘したい。一つは、民政における戦時から平時への問題である。換言すれば小川が研究史認識として注目する「民の視線」についてである。先述した戦国期領主の家訓などからも、領主層が「民の視線」を意識していたことは想定される。とくに民の「心」のレベルまで考慮しようとしているのは注目される。ただ戦国期のそれは、合戦・総力戦が想定されていた。民が「侍中にたをされ家を明け、田畑を捨てゝ他国へ逃走り」ては「国中悉く貧にして大将の鉾先弱し」（北条氏綱書置）なのであり、したがって「対百姓定所務之外、不可為非分事」（武田信繁家訓。信繁は信玄異母弟）は民政の基本とされた（小澤前掲書）。合戦、就中、総力戦がいわば不可避であった戦国期領主の民政観に民の有様が想定されるのは、ある意味、了解され得る。しかし平和な時代・近世ではどうなのか。

小川は先学の仕事に拠りながら以下のように整理する。すなわち、宗教的権威のもとに抵抗する民衆（一向一揆）と織田信長は戦いながら、天下布武（武家が士民・百姓まで包み込む）の理念をかちとる。豊臣秀吉は刀狩令で農耕専従者の生活者としての将来を保証し、期待を抱かせ、「平和」の世を希求する民意に応える。このような民衆の領主に対する眼差しは、領主の意識・思想を変化させる。それは天道観の変化としてあらわれ、国家秩序を乱す下克上を肯定する原理ではなく、統治支配の授権関係や領主の仁政を監督する支柱になったとする。領主は民衆の動向・眼差しを感じ取り領主の意識変化が生じ、自然災害から守り、善政・仁政を施すように心がけねばならないと認識するようになった、このような流れである。「民衆の視線」は平和な時代だからこそ意識されねばならないという見通しである。だとすれば、やはり戦国期の民への意識と平和時（近世）の民への意識は、先述のように同質性を持ちつつも、その拠り所は、逆の位相（戦時と平時）ということになる。ここにも、「国家思想」の形成の重要性がくみ取れよう。

今ひとつは、牧民の思想が「日本」的な性格を帯びる問題である。これも先述の回路と関わるが、幕末における牧民思想の「日本」的広がりは、「皇国」認識にも即した国郡制の「かくれた形」としての潜在というよりも、饑饉など危機的状況に遭遇し中期藩政改革などを経験した領主層・藩・民が、幕末期に西洋と邂逅し、それまでの生活のサイクルが異国品の多量流入などで攪乱、社会不安が藩というレベルを遥かに超えるという「生活」の危機意識が軍事的危機意識ともあいまったという時代層が考慮されねばならないのではないのか。国郡制的枠組の潜在性認識は評者も同感だが、それを「かくれた形」というよう表現で所与のものとしてみる前に、具体的な政治社会史を追いながら、まずは実体的な「日本」イメージの形成・浸透の観察も重要なのではないのかと率直に思う。

以上、「国家思想」形成の回路およびそれに付随した問題を指摘した。文字通りの的外れな論点で、しかも小川に対しては無い物ねだりに過ぎないかもしれないが、問題関心に共鳴し学ばせてもらったがゆえに申し述べた次第である。ご海容願いたい（以上、拙著『藩国と藩輔の構図』名著出版、二〇〇二年、同『近世領主支配と地域社会』校倉書房、二〇〇九年、拙稿「幕末期浦人の〈西洋〉認識と自己像」『比較社会文化』一四、二〇〇八年、同「『世界』と『神国』」『境界とアイデンティティ』岩田書院、同年など参照）。

（平凡社、二〇〇八年刊。『人民の歴史学』一八〇、二〇〇九年初出。収載に当たりタイトルおよび項目名付与）

第Ⅱ章　近世武士論

1節　武家社会の歴史的意義

はじめに

武士の発生や集団としてのあり方がどのように近世の国制や武士の性格につながるのか、そして現代の社会のあり方に如何なる歴史的規定性を与えているのか、それらをヨーロッパや東アジアとの比較史的な観点をも踏まえ明らかにする、およそこのような問題意識が、本書（笠谷和比古著『武家政治の源流と展開―近世武家社会研究論考―』）が編まれた背景にあろう。評者なりに本書を概括すれば、長期の武家政治の総合的評価を近世に軸芯をおき比較史の観点を踏まえ試みたチャレンジングな論集といえる。本編は既発表論文から構成されるが、それらが編集されることで、著者の問題意識が立体的に明確となり、その武家政治や社会の諸問題を一貫した視点で捉える開拓性に新たなインパクトをうける。実証面では、総論的すぎ物足りなさを感じる部分がなくもないが、著者の見通しのクリアさと諸問題が自ずと関連する考察には学ばされる。

本書の具体的な内容は、武士の起源、「家」の形成過程、大名制度の諸相、朝幕関係と王権、封建制度の日欧比較、武士道と儒教、徳川社会の近代化に果たした武士の役割などの主題を軸に、Ⅰ武家社会の特質（第一～四章）、Ⅱ徳川幕府の諸政策（第五～七章）、Ⅲ武士道（第八～十章）にⅣ書評（五編）を加え、武家政治や広く武家社会の歴史的意義について、論じたものである。

以下、評者なりに汲み取れる相互に関連する論点を四点に整理、抽出し、疑問や要望を加えながら進めていきたい（初出時に章名を記す）。

一　領主制

論点の第一は、領主制への着目である。そこには武士の発生をめぐる著者の見解が背景にある。戦後、石母田正氏が「中世的世界」の形成を武士層に見いだそうとして提示した領主制論が通説化し、武士の発生を農民層の武装化に見いだす考えは教科書にも載る。このような見方に対し、農民が殺生を属性とする武芸を如何に獲得するのか、という如き批判が出され、武士の武芸に注目する立場から軍事職能論（芸能人論）などと称される見解が提示された。武芸を専門職務とする階層（軍事貴族）の地方進出や京での新たな形成という動向に注目する議論であり、武士発生の説として有力視されている。著者は、近世の大名家（藩）の組織的特性を踏まえ、武士発生をめぐる二つの説を家産の一体的継承および家業の父子継承の二つを両立的に把握すべき、という武士の「家《イエ》」（中国・朝鮮の血縁重視の「家」と養子是認の日本のそれとを区別し、「イエ」のルビあり。以下、本節では省略）を重視する立場から統一的に捉えようとし、改めて、有力名主層、地方豪族層の根本私領の形成、それにともなう武装化と武士団の形成の動向、すなわち武士の

「家」を武芸の保持組織とともに家産である所領の統治機構としてみる武士領主制に注目するのである（第一章「武家社会研究をめぐる諸問題」）。

著者はこの武士領主制を中世日本の国制とリンクさせ捉えるが、その際、在地領主制と大名領主制の二つを想定する。前者は軍事・警察の役割が付与された地頭領主制の機能を強化する方向で国家に位置づけられるのに対し、後者は、御家人（在地領主）の統率権を有する守護制度が契機になるとし、南北朝内乱期を通して土地の給付権、処分権など封建領主としての資質を獲得、やがて国衙在庁機構の機能も吸収しながら、在地領主の主従制的編成と人民・地域に対する統治権的支配権を確立し、領国に君臨する大名領主へと転化すると見通す。戦国大名にも継承される守護職の権能は律令国郡の支配者であることと裏腹の関係にあり、戦国期の領土紛争が「国分け」を基軸になされることに象徴されるように、領域形成は律令国郡にそうかたちで進む（第一章）。

この守護権能と律令国郡制に注目した大名領主制形成の見通しは、近世の国制、就中、大名類型の通説的な考え方に疑問を出す。すなわち、外様、譜代、親藩という三分類方式では近世の政治秩序を正確に把握しえず、大名の一範疇の「国持大名」の独自性を主張する。国持大名は律令国郡制の規模の領地を有し、守護制度に由来する固有の支配権限を継承した大名という。先述した歴史展開を通し形成される大名領主制の範疇に重なる。これらは、徳川家と同輩の関係であり、徳川幕府成立後でも大名群で抜きんでた存在で、高い官位叙任、幕府内における特別な礼遇で位置づけられる。他の大名との比較や将軍権力との関係で異質の存在であるがゆえに、近世の国制を考える上で重要という主張である。後の「雄藩」もこのような大名層に当たる（第三章「「国持大名」論考」）。

評者も幕藩秩序を考える上で国持大名の重視は大事な問題と考える（拙著『藩国と藩輔の構図』名著出版、二〇〇二年）。ただし、近世には一方で多様な大名層が生み出されたという事実もある。拝領高、所領形態でいえばむしろ国持大名は例外的な存在であり、出自も、織豊大名（いわゆる外様）や徳川分出の新しい大名層（家門、譜代）が圧倒的に多い。かかる近世的な動向と合わせ、幕藩秩序の問題として文字通りの総合的評価が必要だろう。また、律令国郡制が大名領主制形成に深く関わったとすれば、その意味するところは充分な説明がなされてはいない。律令制は古代より形式的であっても近代まで続くというが（島善高『律令制から立憲制へ』成文堂、二〇〇九年）、それと武家政治との関係は、天皇の儀礼的立場を将軍より上位と著者が考えるのであれば（第四章「禁裏と二条城」）、天皇・朝廷との近世的な関係も含め、充分に留意する必要もあろう。

二　自立性

論点の第二は、武士の自立性である（評者は、他者従属がない独立性を基本とする自立性と、自世界を基本とする自律性を区別するが、本書ではかかる区別はなく評者が想定する両者の意味合いが混在する）。本書では、a大名の自立、b家臣の武士としての自立、c意思決定をめぐる自立、の三つの武士の自立性をめぐる問題が論じられる。

ａは、参勤交代に関するものである。寛永一二年（一六三五）武家諸法度の参勤交代規定は、すでに実施されていたのを制度化したものとする。また、当初みられた合力米支給に将軍と大名の相互主義的性格を見いだす。参勤交代制度はヨーロッパ封建制にもある「主邸参向」の一種で、領地の分与・恩給と主従関係で政治社会を秩序づける封建制度では、従臣が定期的に君主のもとに赴き臣下の礼を捧げるのはむしろ普遍的な現象と指摘する（第五章「参勤交代の文化史的意義」）。また、藩法にも大名の自立的側面の指摘が窺える。幕府の全国法令を遵守して制定したものがある一方で、独自制定もあり、江戸の留守居役相互の情報交換で新たな法形成（藩法）がなされ、幕府全国法令でも大名側による独自判断の余地もあった（田畑永代売買禁止令）。さらに刑事事件に関し元禄一〇年（一六九七）に、一万石以上の大名領内では、吟味権・刑罰執行権は幕府の許可なく行使が認められた（自分仕置令）。民事訴訟でも同様の傾向があるという（第七章「習俗の法制化」）。

このような近世大名の自立性には、いかなる背景があるのか。著者によるそれに関わる議論はなく、むしろ評者のかかる論点提示に違和感を覚えるかもしれないが、治水をめぐる国役普請の実施形態の検討を通し、「私領の自立性を尊重する態度」「藩領の相対的独自性」を指摘している。しかし、著者は国役普請をめぐり、大名・藩領の自立性・独自性を克服する対象と捉えており（第六章付論「国役普請の実施過程について」）、本書では、大名領主制形成の帰結である近世大名の特質として、自立・独自的側面に積極的な評価は与えられない。ただ、大名の自立・独自的側面が近世を通じ存在するのも事実で、幕藩制の崩壊の一端はそのような大名の特性に由来するとも考えられ、大名の自立的側面の背景についての考察は本書でなされるべき課題ではないだろうか。

これに対し、ｂに関してはその背景と近世での性格変容を明言する。地頭職に依拠する御家人としての在地領主は、自己完結的な「家」支配権を確立し、幕府でも「家」の内政に介入できず、そのような領主制に基盤を持つ武士の「家」の自立的あり方は中世期を通じ保持された。しかし、それは近世への移行のなか変容する。自力救済（武士道上の名誉侵害、領地境界争い、水争いなど）の権能は、戦闘者としてのそれとともに制限される。所領支配も石高制の導入、所替などを通じてかわり、知行所の分散相給化が進む。知行所に対する自己完結的支配は否定（裁判、行政への関与否定、農民使役の公定化）され、地方知行は名目化、大名家（藩）の一元的な領国支配のなかに包摂される（第一章）。

しかし著者は、武士の自立性は戦闘者の本性に由来するとも指摘する。一見、矛盾するような見解だが、武家領主制が「家」に依拠していた自立性、不可侵領域性という国制上の重要問題に留意すべきとし、戦闘能力・自力救済の権能は武士の政治的自立性の根拠という。それは中世の「家」のアジール的性格、武家屋敷への駈込慣行（武士の喧嘩などで、相手を討ち果たした人物が庇護を求めて駈け込んだ際に、屋敷の主はこれを匿う）からも確認できる。持続的平和状態のなか、武士の戦闘者の側面は、喧嘩決闘、武家屋敷駈込慣行、敵討ちなどに現れるが、これらは武家社会での武士道上の慣習法で、公権力でも否定しえなかったという（第七章、第八章「武士道概念の史的展開」）。かかる武士の自立性は、例えば雨天に弱い火縄銃の存在が司令官や物頭の自立的な判断を促す、というような軍事面からも窺える。現場での自立的、主体的な判断が不可欠であり、かかる戦闘者としての属性や軍事的な場面で要求される武士の自立性は、権力制約、抵抗の権能として発現し、組織としての自己変容の可能性をも有するとみる（第一章）。

それに相当するのが、ｃである。近世の大名家（藩）での意思決定の構造について、藩主独裁型から藩政確立期以降では家老執政制が主要な形態であり、合議決定方式が意思決定の基本になった。合議の範囲は家老合議から、より下位の行政諸役人まで拡大（諮問―答申型と稟議型）し、家臣各人に決定力の分有がみられた。それについて、著者は拝領高を基準としたと思われる「持分」概念で説明する。拝領高・「持分」は主君との関係で決まり、個々人では小さいが、それらの総和は大きく、これが主君抑制、権力規制に働くという。かかる見通しのなか、近世日本での意思決定の特徴を家臣層の合議制に基づくボトム・アップ型とみる。これは、君主の「主権」概念に基づき、臣民の権力はその授権であったとされる絶対主義ヨーロッパの意思決定（トップ・ダウン型）との対比による見方である。このボトム・アップとトップ・ダウンという日欧の意思決定の特性は現代社会にも影響を及ぼしていると、他の研究分野の成果なども援用して指摘する（第二章「「武士」身分と合意形成の特質」、Ⅳ書評、評論「村上泰亮他『文明としてのイエ社会』」）。

多面性を持つ近世武士の自立性の評価は難しい。著者自身も矛盾含みの議論をする。武士の「家」の自立性という観点から、その領主的性格は重要と思われ、著者は研究史の整理を試みつつ議論を進めるが、近世での領主的性格の後退を強調し、他方で、同様に制約を蒙り、時代状況からみて発現する機会も限られた戦闘者的側面を重視するのは、少し偏った見方といえないか。領主制、知行制については実態に関し、今少し精査する必要があろうし、少なくとも知行制（地方知行）の考え方が理念として存在すること、本来的な武士のあり方（「古格」）と認識されていたことの意味（小川和也『文武の藩儒者　秋山景山』角川学芸出版、二〇一一年）は、戦闘者の問題とともに考えなくてはならないだろう。ただ、本書は武士の自立性、性格をめぐり様々な観点とそれらを相互に関連づけた議論をしており、このような問題について的確なビジョンを与えるのは間違いない。

三　精神性

論点の第三は武士の精神性についてであり、武士道と儒学の二つの観点が提示される。武士道については、道徳性の高さを主張する新渡戸稲造の『武士道』の存在が大きい。しかし、近世武士も戦闘者で、暴力性はあっても武士道論にいう如き道徳性を有したのか、懐疑的、否定的な議論もある。武士発生をめぐる武芸への着目は、武士を暴力性で捉える見方につながろう。著者はかかる武士道をめぐる二つの潮流に対し、武士道概念の検討を「武士道」の用語に即し考察する。

その作業を、「武士道」の初例とされ、戦場における未練・卑怯・表裏なき勇猛の働きを理想とする『甲陽軍鑑』（武田家遺臣の小幡景憲編。江戸初期）、戦場での高名手柄のみならず、慈悲、義理、身の慎み、妬み嘲りの回避などの考究の営為が「武士道の吟味」とする『可笑記』（如儡子著、最上家旧臣の齊藤親盛か。寛永一九年版行）、義＝善を実践するのが「武士の意地」とし、忠（忠勤）・義（節義）・勇（勇剛）の三徳兼備を最高の武士と位置づける『武道初心集』（兵学者の大道寺友山著。原本は江戸中期）などを軸に分析し実践した著者の見通しでは、武士道は戦闘者的側面と徳義論的側面からなるという。注目したいのは後者に関し「（武士は、引用者註）平時の行政的分野に進出し、これを担当する治者、役人としての性格をあわせ持つようになっていく。武士道はこのような状況に相即する形で、その時代に生きる武士の新しい生き方にふさわしい徳義論的内容を獲得しつつ概念的進化」（三〇三頁）との指摘である。かかる特性を持つ武士道は、治者として三民（農工商）に立場（分）を教諭する士道論と区別され、儒学的教養をベースとした通俗道徳としての武士道へ進化したもので、その進化を支えたのが、武士社会の一般的教養という（それは、教養的な武士道論としての『可笑記』とそれに学んだ『武道初心集』の関係に窺えるとする）。

しかし、徳義論的内容を持つ武士道論はやがて士道論と区別がなくなり、武士道を自分の命名と錯覚（山岡鉄舟）するほどに、士道論が優勢になったと見通す（第八章）。なお、武士道観念の重要な要素である武士の常識や価値観、規範などをめぐり、当時の武家社会を支配していた慣習法があったとの立場から、赤穂事件の評価（武士精神を覚醒させる画期的事件などではなく、当時の武士の価値規範からは自然な出来事）も行った（第九章「赤穂事件と武家慣習法の世界」）。

武士と儒学をめぐっては、武士化された儒教という観点から尊王攘夷思想を検討する。近代化に否定的な媒介項と捉える通説に対し、その現実主義的な性格を明らかにし、近代化に果たした役割を再評価する。その契機は、儒学の要諦を礼楽刑政の制度を整え治国安民の実をあげることとした徂徠学にあるとし、その後の実学重視の傾向を指摘する。そして現実を重視し実学的価値を重んじる考え方が、西洋をいたずらに排外せず、戦略的に西洋から学び開国する発想と、むしろ親和的であったと考察する。かかる現実主義的な見方は、軍事と行政の両側面において自立的な判断と行動に基づく結果への責任を重視する武士の行動原理や規範とも、軌を一にするとした。不必要な理念への拘泥より冷静な現実重視が、自らの行動に対する自覚・責任感を生み、これが新たな政治社会、国家の形成に尽力する武士ないし士族の精神の基礎をなした、そのような見方である（第十章）。

武士の精神性をめぐり、武士が道徳と現実を重視する有り様を活写する方法論は独創的である。ただ道徳には理念的な性格もあり、先述の尊王攘夷思想に対する見解からすれば、両者の重視はアンビバレントにもみえるが、評者には道徳の問題も近世武士の現実から発生しているように思われる。役人として生きる武士の対人関係の処し方、という現実である。武士道書は対人関係の処方、という性格を多分に持っており、それは、戦場を想定すればよい戦闘者とは、異質な局面といえる。多くの同輩・役人と日常的にいかに接するかということが、重視される。さらに留意したいのは、著者が「（武士が）平時の行政的分野に進出し、これを担当する治者、役人としての性格をあわせ持つ」と指摘する問題である。著者は通俗道徳と武士との距離の近さを強調するが、それは必ずしも行政に携わる近世武士の特性からくるものとはいえないのではないか。いわば行政官・役人としての道徳性、それは民政観、治世観というものにもつながろう。本書は行政・民政・治世に携わる武士の実相の検討が十分ではない。これは、暴力性そして対局をなす道徳性という、武士評価に重なるものであり、「武家政治」の本質にも関連しよう。徂徠がいう治国安民が儒学そして政治の要諦とすれば、武士はそれをどのように認識していたのであろうか。

四　統合性

論点の第四は統合性ないし近代化への動きという問題であり、国家ないし文化の統合性の契機について語られる。一つは参勤交代をめぐってである。そこでは、二側面として、諸大名に対する規制とともに、交通整備、人々の交流、領国の文化的閉鎖性の打破、全国規模での市場経済の展開、情報伝達組織の発達、それらによる幕藩制社会の政治文化の成熟がみられ、さらに幕末の対外的危機状況への対応と近代化を促したとする。参勤交代には、幕府による専制的抑圧と、先述した大名家の自立性すなわち名誉・領有権への尊重、これら二側面が両立しているが、それにより持続的平和を達成し、そのなかで徳川日本の個性溢れる文明体としての発展がみられたと指摘する（第五章）。また、徳川幕府の治水政策も国家の政治統合の意味合いを持った。とくに近世中期以降における新田開発と治水・洪水被害のための河川管理・普請で採られる国役普請の分析から、個別領主の支配領域を超え、広域的に実施されなければならない治水問題を通じて封建的割拠体制が次第に溶融し、統一行政の形成が見られたといい、治水問題は環境問題とともに政治統合にかかわる政治史的問題と位置づける（第六章「徳川時代の開発と治水問題」）。

治水問題は先述したように、個別領主権を前提に実施される性格も持ち、参勤交代とともに、政治的な統合性の形成は歴史的に生成された個別領主の自立性（大名領主制）との関係のなかで評価しなければならない。歴史学は時間軸に即した因果関係の解明という側面を持ち、近代化や統合性を近世に遡り見いだすのは有効な視点と思われるが、その部分のみのつまみ食いは時代像を危ういものともしよう。それは過去が後世にいかなる影響を及ぼしているのか、という観点にも指摘できようか。
しかし、そのような問題があるのを自覚しつつ、時代や地域（国）を縦横に行き来して、歴史の主要と思われる事象（本書では「武家政治」）の「源流と展開」を考察するのは重要であり、本書はそれを説得的に教えてくれる。

（清文堂、二〇一一年刊。『日本史研究』六〇五、二〇一三年初出。収載に当たりタイトル付与）

2節　武家社会の階層と世襲

本書（磯田道史著『近世大名家臣団の社会構造』）の特徴を評者なりに捉えれば、階層性と世襲制という分析指標を通した社会集団としての近世武士に関するすぐれた研究書といえよう。すなわち、その集団内（ここでは大名家臣団）には身分内身分とでも表現できる諸階層が存在し、とくに「武家」と呼べる世襲的な武士はこの社会集団の一部にすぎず、他方で農村部から循環的に供給される非世襲的な武士が多くあったとし、これら世襲的な武士と非世襲的な武士には厳しい格差が設けられ、さらにライフサイクルにも階層差がみられたというのがおよその要約である。大名や家臣などの武家文書に触れたことがある者ならば、このような大名家臣団内の階層性について漠然としたイメージを誰でも抱くだろうが、著者は村方文書まで含め多くの文書群の分析を行い（七八藩に言及し、うち宇和島・岡山・小田原・清末・桑名・津山・福島・松代・山形各藩の事例研究実施）、社会学的方法などを踏まえた学際的見地から、また近代まで見通しながら、その具体像を析出した。以下、序章と第一部「家格と階層秩序」（第一～四章）・第二部「階層の再生産構造」（第五～八章）・第三部「居住形態と経済構造」（第九～一一章）および終章からなる内容を評者の関心に即しつつ紹介しよう。

著者は、諸藩の多様な家臣団には、侍（家老・番頭・物頭・平士）・徒士（徒士・中小姓）・足軽以下（足軽・中間・家中奉公人）の三つの階層実態があるとした（序章）。

侍を特色づけるのは、世襲相続で相対的に高禄を拝領し士分としての威信が与えられていた点である。武功などによる父祖と主家とのつながりが地位を保証したが、とくに近世中期以降は世襲原理が濃厚になり、大名への忠節度も高まった。また禄高相応に奉公人を召抱えるが、中期以降は実質収入の減少などで削減を行った（第一章「格と礼の秩序」・第七章「士・徒士・奉公人の相続実態」・第一一章「侍層と武家奉公人」・終章。以下初出のみに章タイトル）。

徒士は近世前期では行列の威容を保つなどのためとくに身体能力が重視され、中期頃には、武芸や筆記能力などが採用基準の重きをなすが、能力重視の一代抱の編成が長期にわたり行われた点で侍階層と相違し、大名との親密度は薄く忠節度も低かった。また俸禄も侍ほど高くなく士分の威信もなかったが、漸次世襲的性格を強め、この点では侍との同質性が強まった（第五章「徒士層の編成制度」・第七章・終章など）。

そして、足軽以下の階層は世襲相続が近世を通じ一般的とならなかった点で、侍・徒士層とは違う。足軽にも譜代相続がなされたが実子は少なく、その場合も長子とは限らない。一定年限の勤続があれば跡株を与え、後任の指名を許す制度もみられるようになるが、実子には譲られず世襲化しなかった。それは足軽以下の階層の場合、肉体的な奉公能力を基準とする召し抱えが近世を通じて一貫し、微禄で長期勤続が難しいなか年齢も含め奉公能力を有した実子への相続が事実上困難だったと考えられる。くわえて農村や都市部に生活基盤を持つ御用に立つ百姓の召し抱えが大きな比重を占めていた（第六章『足軽層の編成制度』・第七章・第八章『『譜代』足軽の編成実態』・第九章「足軽・中間の供給構造」）。

このように大名家臣団の三つの階層実態が析出され、世襲制が認められる侍・徒士層と足軽以下層には格差をともなう壁が存在するとした。まず様々な処遇上での区分があった。例えば、言葉遣いや書状の遣り取りでの敬称が侍・徒士は「様」だが足軽以下は「殿」であり、袴などの着用や大小二本差しが許されるのは徒士以上、足軽は一本差で袴は許されず士分に出会った場合は下駄脱ぎや土下座などの敬礼が強制され、無礼打ちの対象となる場合さえあった（第一章）。また足軽から徒士への採用・昇格は長い勤続年数が必要とされ（津山藩では五五年）、体力が奉公能力の主要な要素で経済的理由（微禄）による長期勤続が困難な足軽層には難しかった（第八〜九章）。したがって下層家臣は体力の関係で壮年隠居となり奉公能力が年齢的にも十分でない実子への相続がみられない一方、侍・徒士層は長男子相続による世襲を基本とし養子制がそれを補完するというように、相続制にも違いがあった（第三章「格式禄高と養子」・第七章）。この格差はライフサイクルにも反映し、例えば初婚年齢は上層家臣が早く下層家臣は晩婚が多く、ために出生数も前者が多く後者が少ない傾向を指摘する（第四章「婚姻・出生の階層差」）。

以上の階層性の検討に基づき、著者は研究史のなかで大きな問題とされてきた近世武士の性格と兵農分離について見通す。前者をめぐっては、従来一括した武士イメージに立ち領主的性格と官僚的性格のいずれかを強調する傾向が強かったとの理解から、侍は身分制的で領主的性格が強いが、徒士は世襲官僚制的で足軽は官僚的専門職というよりも一時的雇用の性格が強いなどと階層別に捉えるべきとした（終章）。また後者をめぐっては、城下町居住で主に俸禄で生計をたてる侍・徒士層と農村部居住で農業などの生業を営みつつ微禄ながら奉公給を稼ぐ足軽以下層の二重構造を前提に成立していたとする（第九章・第一〇章「侍・徒士・足軽以下の存在形態」）。かかる兵農分離のあり方は、足軽以下層の通婚圏・養子圏が農（外部）の世界に広がっていたのに対し、上中層家臣は原則として階層内にとどまっていたというように、社会的交際圏の差となって現象、侍・徒士層の身分的閉鎖性を漸次強めることになった（第一章「格式禄高と婚姻」・第三章・終章）。

これらの議論の中で、武士をめぐる降嫁婚説・早婚説・低出生説また社会的流動性と閉鎖性の時代的推移などの諸通説に対し、丹念な階層性解析により修正・見直しを迫るなど、著者の問題意識と実証方法には学ぶところが大きい。

ただ、気になる点もある。例えば階層性を重視する兵農分離の理解は明快だが、九州や東北にみられる在郷給人・郷士の問題も射程にいれ論じる必要があろうが、今後の課題とする（三〇三・三〇七頁）。かかる存在は地域的特性だが、著者が本書で取上げない背景には、おそらく「従来の大名家臣団研究は、九州や東北など、日本列島の周縁部に偏りがち」（三四三頁）との理解と、したがって「列島の中央」の観察事実に重きをおいて、「一般的な結論」を展開し、次ぎに「近世武士の地域的多様性」を解明する（三四四頁）との視角があろう。前者については、大名家臣団をめぐっては藩政史研究の一環として、地域的にもテーマ的にも広がりを持った蓄積があり、いささか妥当性を欠く研究史認識のようにも思える。また後者については、地域性を踏まえた歴史認識という地平に立った場合、一地域という特性をも持つ「中央」の解析による「一般的な結論」という表現には戸惑いも感じる。問題は「中央」・「一般」という考え方と地域性との問題をいかに理解するかだろう。また近世武士の性格をめぐる議論で階層別に腑分けし特徴づける視角は説得性を持とうが、それが領主制と官僚制の枠組で検討されてきたのは、本書が目指す社会構造論・組織論という眼目もあったろうが、それ以上に日本近世の政治ないし支配の質を考えることと無縁ではなかったろう。

著者の立脚点の一つが社会学的発想にあり無い物ねだりなのは承知だが、是非武士の社会構造論を踏まえた政治・支配の問題も見据えてもらいたい。そのような意味で先の地域性の問題も含め、「幕藩体制の崩壊と近代化の過程においては、これらの地域（九州や東北。引用者註）こそが内乱の主体となり舞台となった。（略）近世武士や藩国家の存立構造の『地域的多様性』から、この謎に挑むことはできないだろうか」（三七八頁）という所信は心強くまた期待したい。

（東京大学出版会、二〇〇三年刊。『日本歴史』六七六、二〇〇四年初出。収載に当たりタイトル付与）

3節　平和な時代の「武」

一　武士の変化

戦後の高度成長期のヒット曲「戦争を知らない子供たち」にあやかれば、〝戦さを知らない武士たち〟。彼らの「武」意識をめぐる私の〝迷想〟、しばらくお付き合い願いたい。

鎌倉幕府と守護・地頭、室町幕府と守護大名に続く、武士層のいわば三期目の政権、つまり江戸幕府と藩の時代の武士たちは、鎌倉・室町期のそれといささか性格を異にした。

武士は戦うことを本業とする人々だ。年表を繰って欲しい。平安時代中頃に日本史に登場以降、京都の朝廷に対して東国と西国で承平・天慶の乱を起こし、その後、東北での前九年合戦・後三年合戦などから、源平合戦、承久の変、蒙古襲来、南北朝内乱、応仁・文明の乱、そして戦国内乱、さらに朝鮮出兵、関ヶ原合戦、大坂の陣と、京都（朝廷方）との攻防や異国（元・明や朝鮮）との戦争も含め様々に戦い続けた。鎌倉・室町から戦国期の武士は、戦さにあけくれたわけだ。それは武功をあげ、名誉・出世を得る機会ともいえる。

しかし、第三期武家政権・江戸幕府の時代は、二百年余、幕末にいたるまで、島原の乱をのぞけば内外の合戦・戦争はなかった。それは異国との交渉制限である鎖国や幕府の強力な大名統制などが背景にあったが、当時の人々は「天下泰平（太平）」、つまり平和な時代と呼んだ。合戦で武功をあげることが出来なくなった武士たちは、次第に「武」から「文」という価値観に親しむようになる。武断政治から文治政治へ。教科書にも出てきたフレーズだ。武功・軍事が現実的な意味をなくす一方で、政治・行政の実績や学校の成績などが出世の契機となる。幕府の昌平坂学問所や藩校などでは昇進試験も行われた。こうして平和な時代、戦士としての武士の必然性や彼らの政治のあり方が問われた。

二　武士への眼差し

兵法学者・山鹿素行は、武士（士）の役割は、農工商の三民の人々に規範となる生き方を教諭することとした（「山鹿語類」士道論）。いわば道徳の先生なわけで自分の身を律しないと教えは受け入れてもらえない。広島藩浅野家に仕える儒学者の堀景山は、家老から殿様の心構えについて諮問された。景山は、威張ってばかりの武士に政治を行う資質（徳）はあるのかと懐疑を示し、武士にとって学問が必要で、殿様の立場も同じだと明言する（「不尽言」）。町人出身で景山の漢学の弟子であり国学者としても著名な本居宣長もまた、紀州藩の殿様に差し出した書物のなかで直言する。平和な時代なのに、いつ戦争があるのかもわからないという理屈で、家臣を減らさないから、税（年貢）は軽くならず、民の生活は苦しいばかり。だから百姓一揆が起こるのだと（「秘本たまくしげ」）。同じく町人で西洋知識にも通じ「世界万国」というグローバルな視野を持つ西川如見は、四民すなわち士農工商がともに社会を支えるのは普遍的なことだが、武士の「勝心利心」という勝ち気は、「心理」つまり人としての本来の心を失わせるもので、民は決して見習うものではないとした（『町人嚢』『百姓嚢』）。

三　「理」と「義」

このように、とりわけ武士身分以外の人々からは、平和な時代に生きる武士の存在意義や政治のあり方について様々な眼差しが向けられた。もっとも、武士にとり「武」は自らの存在を支えるものである。だからこそ、やがて彼らのなかには、「文」（儒学中心の学問）に学び、「理」を解しながら「武」を意味づける人々があらわれた。「泰平」ゆえにむしろ「武」的な価値を究めて普遍的な真理を見いだし、そこに至るような修養、すなわち「道」を求める考え方が生まれ、武士としてなすべき「義」（君臣の義。殿様と家臣のあるべき関係）を重んじる倫理規範が形成される。

武士のルーツに関する近年の新しい説として、動物を殺生し生活する狩猟民を想定する見方がある。生き物を殺す技術やそれを難なく駆使する心性、これらを武士と重ねるのだ。映画「たそがれ清兵衛」（山田洋次監督）で、御蔵役の主人公（下層家臣）が、藩内抗争に巻き込まれ、ある使い手と刃をまじえるに際に、上役へしばらくの山籠もりを願う場面がある。これは、命がけの戦いと縁遠い日常の仕事のなかで、江戸時代の武士たちが忘れていた殺生を意に介さない〝心〟を取り戻すためと考えられ、武士の本質をめぐる新説を取り入れた演出だろう。歴史学者の端くれとしてこの説の当否判断は難しいが、江戸時代の武士たちは、合戦・殺生する機会がなく、また「文」を身につけるなかで、実戦的な「武」とは疎遠になる一方、「武」を「道」という理念に高めはじめるに至ったともいえようか。

四　「武」の「道」

平戸藩松浦家の江戸中期の家臣・真見塚源七は、意見書を藩へ提出した。殿様が「武道」に精通し、「武道」の「義」を守り行えば、「天」の秩序にかない、不思議な効用が生じる。その効用は、合戦の際には負け戦さも「勝利」に変わり、「悪事」が起こっても「善事」となり、「悪」が自然に救われる、このようなものだ。殿様が「神武」（優れた武）の「道」をもって、法を作れば、家臣や民も殿様の志に従うのである（「上書」）。もはや「武道」つまり「武」の「道」は、戦闘での技術や勝利にとどまらず、この世の基本秩序となって人知を超えた善をもたらし、政治の原則を生み出すという。

平和な江戸時代、武士が実戦を思い描くのは難しい。「武」は殺生や戦闘の技術という意味よりも、普遍的な「義」（なすべきこと）を追求する「道」、いわば精神修養としての価値を持ちはじめ、全ての基本で物事を善に導く理念と捉えられるようになったようだ。生死につながらないのが現代「武道」の特性の一つだとすれば、その源流を平和な江戸時代の「武」の「道」に見いだすのも可能だろう。「武」の本質が能動的な戦闘・合戦の技術であったとすれば、それは平和な時代の武士たちにより、修養を通し生死とは無縁ないしそれを超越し「理」（真理）を求める「道」、かかる新たな地平が見いだされたのだ。したがって、武道に技術（武芸）の巧拙や勝負へのこだわりが必要としても、執着は戒めるべきと思う。スポーツに勝負を重視する側面があるとすれば、武道はスポーツとは異質だろう。理・義・道、これらが「武」にとって大事なのを江戸時代の武士は教えてくれる。

武力行使の可能性を含む安全保障法案が議論される現代の問題。平和ゆえに存在意義を問われた武士たちが、真理につながる「武」のあり方に思いをめぐらす。かかる姿勢にも学び、「恒久の平和を念願」（憲法前文）する私たちの立場（いわば日本としての「義」や追うべき「道」）は何なのか、という観点からも、熟考を期さないといけないだろう。

（『武道』五八五、二〇一五年初出）

4節　軍制・家の視点からみた武家社会

はじめに

本書（根岸茂夫著『近世武家社会の形成と構造』）を成り立たせているモチベーションは、「身分階層の上部にいた武家の研究の遅れ、それが近世社会の解明に大きな影響」（本書一二頁）を与えているという点にある。そして著者は「近世武家社会の形成を軍制・家の問題から検討し、両者が近世社会の形成や展開に不可分であったことを論じ、従来の武家に対する常識を大きく改めたつもり」（三三四頁）と、近世武家研究に果たす本書の大きな役割を自負する。しかも本書は、幕府軍役令をはじめ徳川氏に近い人物によると思われる著作（『雑兵物語』）や徳川幕臣団・関東譜代大名家（佐倉堀田・忍阿部）および関東から東北へ転封した大名家（秋田佐竹）を対象とし、九州の旧族大名家の勉強をやってきた私とはフィールドの違いが大きい。もとより著者が掲げた大きな課題をめぐる評者はつとまりそうにないが、いささかでも近世武士に関心をもつものとして簡単な紹介と若干の感想を述べてみたい。

一　武家社会解析の指標

まず本書目次を示しておこう。なお（　）内に初出年を示した。

序　章　近世における武家の俸禄と階層（新稿）
第一章　近世における軍制の特質と武家
第一節『雑兵物語』に見る近世の軍制と武家奉公人（一九九二年）
第二節　いわゆる「慶安軍役令」の一考察（一九八〇年）
第三節　近世前期秋田藩の軍事体制（一九七九年）
第二章　幕臣団の形成に見る軍制と「家」
第一節　近世初期武川衆の知行と軍役（一九九〇年）
第二節　初期徳川氏の知行宛行と大番衆（新稿）
第三節　家光政権成立期の幕臣団（一九九四年）
第三章　大名家臣団形成の諸相
第一節　近世前期における佐倉堀田氏家臣団の展開と牢人（一九八〇年）
第二節　忍藩阿部氏家臣団の形成（一九七七年）
終　章　近世武家社会の「家」と軍制（新稿）

一九七七年から八〇年のものが四本、あとは九〇年代であり、執筆時期に一〇年の間隔が挟まるが、「武家に関するものを大幅に改稿」（「あとがき」三三八頁）し、新稿を組み入れながら本書は編まれている。

武家社会を解析するにあたり、既述の如く著者は軍制と家をキーワードにするが、それらを評者の立場からさらに腑分けして、⑴武者・戦士、⑵闘いの「家」、⑶自立と連携、⑷大名類型と家臣出仕、の四点の指標に整理し、本書内容を鳥瞰してみたい。

⑴　武者・戦士

著者は武家が本来「武者」「戦士」として存続していたとする。しかし近世武家についてかかる観点を踏まえた研究が十分になされてこなかったこと、つまりは近世武家研究の遅れを、合戦・戦闘のイメージに求める。すなわち近世期を通じて合戦がみられず軍役動員が実際には仮装の敵もいない警備（改易や転封による城郭の請取・守衛など）であり、また百姓一揆の鎮圧・逮捕・警備などでも武家は直接手を下すことなく配下を指揮するだけの存在となったことなどから、戦闘を行う下層の足軽や奉公人を武家は後方で采配するという意識が漸次形成され、近世後期の沿岸防備では足軽組織中心の傾向となり、やがて近代以降に武士を否定して国民皆兵が実現するなか、合戦における武家の役割が過少評価され足軽が集団戦の花形というイメージが出来上がったと指摘する。しかし「合戦を体験しない世代の武士が戦場で奉公人を扱ったり、奉公人そのもののための教訓的な軍学書」（一九頁）で近世前期の成立とされる『雑兵物語』を通じて、武家こそが「闘いの『家』」（三五頁）を形成する士分であり、士分以下の戦闘補助員、さらに士分に附属して合戦に参加する武家奉公人の序列があったとした。具体的な階層序列としては武家が給人（馬廻）、戦闘補助員が徒士・足軽、武家奉公人が小人・中間・小者などである。これらのうち闘いの主体はあくまで武家（給人）の一騎討ちであり、それ以外の者は補助・支援的役割を果たしていたという。かかる合戦での戦闘形態は武家の「家」、「闘いの『家』」のあり方と関わっていた。

もっとも、『雑兵物語』は机上の書である。武家の本質や合戦での役割を再評価するためには、やはり実戦をみる必要もあろう。もちろん近世ではその機会はほとんどないわけだが、例えば評者が現在史料整理に携わっている小城鍋島家文庫（佐賀大学附属図書館蔵）には「有馬陣一件」と墨書された木箱に、いわゆる島原・天草一揆に参陣した小城鍋島家（鍋島家の分家）の史料群がある。本一揆は武士階層同志の合戦ではもちろんないが、近世初期の当時の武士たちは「陣」・合戦と認識しており、闘いにおける武家の役割という観点からすれば著者の課題意識にも応えるものがあるように思われる。要するに、このような実戦分析（同文庫で言えばとくに「軍中伝達覚」・「軍配」・「手前働覚」類など）を加えれば、著者の説得力はさらに増すように思う。

とはいえ、著者の実態に肉薄する気持ちは強い。軍制のあり方を規定する幕府軍役のひとつで、近世社会の展開のなかに大きな意味をもったと評価されていた「慶安軍役令」をめぐり、緻密なテキスト批判により、法令として発布された形跡がなく幕末期に「軍役令」と誤認されるにいたった過程の分析（第一章第二節）に、著者の姿勢は象徴される。この論文は、いわゆる軍役論に対する実証的批判として注目された。また初期秋田藩を事例に「一騎仕立」の基準が、藩領内と隣国への出兵、上洛・参勤時、軍陣役時のそれぞれで相違している事実、あるいは一定の供人を持たなければ給人が戦場で一騎前の働きが不可能であるため下層過重になるものの下層者ほど「合力」が高額給付されていたこと（第一章第三節）、さらに幕臣団（武川衆）を事例に百姓から陣夫役を徴発し人数を揃えるのみではなく戦場での役割を果たせるものの人選の実施（第二章第一節）などの指摘に窺われるように、法令のみによる軍役分析では負担の実態把握にならないという提起も傾聴すべきであろう。

(2)「闘いの『家』」

武家こそが「闘いの『家』」という主張は紹介したが、その意味するところは、武家が自らの又者（従者）をしたがえて一騎討ちを行う武者としての勝負が本格的な戦闘であり、鉄砲・鑓などの足軽隊などは一騎打ちの前哨戦を担い補助部隊としての役割だったということである。両刀・具足を身につけつつも合戦参加が少ない本陣の主君の供廻りに比べ、具足を着けず脇差のみで、自分の主人・武者にしたがい戦闘に参加し首級を取ったり重傷を負う『雑兵物語』に描かれる個々の武者の従者の姿を著者は提示する。織田信長が長篠合戦で足軽鉄砲隊を編成して武田勝頼の騎馬軍団を破り、以後足軽集団戦が合戦の主流となったというインパクト・合戦像がいわば中和されるのである。

それではこの「闘いの『家』」とは何なのか。

著者は中世より近世への軍制の編成を擬制的な同族結合集団ないし地縁結合集団の解体から上級領主

（将軍・大名）を頂点とした番組制による主従制の再編過程ととらえ、番組制の基本単位が「闘いの『家』」・武家の「家」とみる。中世の擬制的な結合集団は一族郎党から戦国期の寄親寄子へと結合関係が変化するというが、それぞれの具体的な分析は、戦国期の甲斐国北巨摩郡の西半分にあたる武川筋に割拠したという武川衆がその地縁的結合集団を解体される過程のなかで触れられるにすぎない（第二章第一節）。ただ著者は、中世から近世にかけて複合的な「家」結合から直系家族を中心とする「家」が自立することが、大名や旗本の分家傾向を踏まえて『寛永諸家系図伝』の複合的な大家族の系図と、『寛政重修諸家譜』に見える嫡流中心の単一の家の系図の差に示されている」と指摘し、これを「農村における名田地主の解体と小農自立とに相当するような動き」と評価する（二二一〜二頁）。しかし、両系図にみられる分家傾向は大名・旗本クラスであり、「近世大名権力は、その下に服属した武家のかかる結合関係（戦国以来の血縁・譜代の関係、地縁的関係…引用者註）を解体し、改めて大名宗家を頂点とした主従関係に再編成していくのである」（一三六頁）との見通しは、大名家臣団の史料（由緒書・家臣系図・親類書上など）の具体的分析を踏まえることによりさらに説得的なものとなろう。

ともあれ、幕臣団分析による与力（私兵）から番衆（直臣・部下）へというシェーマ化（第二章第二〜三節）は大名家臣団にも通じる問題である。徳川氏は領土拡大する過程で有力家臣に対し、新征服地の領主層を与力として附属させ各武将の軍事力を増強させたが、これはいわば同族団的ないし寄親寄子的結合関係であり、与力は私兵化されていた。しかし彼ら私兵化された与力・下級家臣は旗本備えの再編ないし彼らの二・三男分家などを通じて独立して「家」を形成し、これらを母体に将軍の親衛隊・直臣集団である大番や小性組・書院番の番衆（構成者）が形成されたという。ここには広く近世家臣団編成における私兵化の排除ないし直臣（公）と陪臣（私）の差別化が窺える。

番ないし組（幕臣団では大番・小性組・書院番・新組など、大名家臣団では組・与など）は番頭・組頭に率いられる主君（将軍や大名）の直属騎馬軍団であり、その構成単位が著者のいう「闘いの『家』」の所属者であった。すなわち騎馬の武士でありその供廻りの従者・奉公人だ。いわば騎馬武者最小戦闘単位である。これが複数組をまとめた主戦部隊を主将（主君）が指揮し、戦闘補助員としての足軽隊などが直属した。これが騎馬武者の戦闘を補助する。主将の周囲に本陣を形成する供廻りが配され、後方に小荷駄隊（輸送部隊）がつく。およそ以上のような軍団構成をとるなか、戦闘の主体は「闘いの『家』」の中心である騎馬武者の一騎討ちであった。

この戦闘単位・「闘いの『家』」を編成するものは建前上知行地拝領の領主である。ただ現実には蔵米取・切米取など土地給付を受けない武家たちが漸次増加していくのが近世の状況であった。著者の議論にしたがうならば、評者がみてきた九州の旧族外様大名家の場合、武家領主と従者（大名からみれば陪臣）の関係は強く、例えば従者自身が「由緒」を有する「譜代」であったりした。文字通りの「闘いの『家』」が容易に見出されよう。しかし、『雑兵物語』が生み出された東国をはじめ全国レベルでみれば時代趨勢からは、「闘いの『家』」の構成者である従者・奉公人は契約的・雇用的性格が強い年季者・日用層に担われるようになり、主従制が変質しており、『雑兵物語』はかかる状況のなかでの武家に対する警告書とも著者は示唆する（第一章第一節）。近世武家を戦士・武者と規定すれば、闘いに命を掛け合う人間関係が

「闘いの『家』」のなかに内在されるはずであろうが、年季者・日用者にそれを求めるのは難しく（例えば荻生徂徠『政談』巻一）、近世武家・武士の本質について戦士・武者という視角を強調する本書の主張を受け、我々は近世武士の自己認識や他者の眼差しにも留意すべきであろう（拙稿「武士への眼差し」『柳川資料集成　月報』三、一九九八年）。

(3)　自立と連携

中世から近世の武家の複合的・擬制的な「家」結合から個々の直系家族を中心とする「家」への変化は、個々の武家が自立し「家」が成立する過程でもあり、いわゆる「小農自立」の様相を武家社会にも見いだせるという。武家社会と農村社会の「家」の変化を類似的にとらえるとすれば、両社会における近世的「家」成立と構造の比較史（例えば大藤修『近世農民と家・村・国家』吉川弘文館、一九九六年、第一部第一章「幕藩制国家と家・社会」）などを踏まえる必要も感じる。しかし、著者はむしろ、「自立した個々の『家』が家系を同一にした同族としての意識と連携を失ったわけではなかった」（三一三頁）という側面、いわば武家相互が自立しつつも連携していた状況の提示と解析に筆をすすめる（第三章第一～二節）。個々の家が支配の枠組みを越えたあるいは別の原理の世界を有していた可能性である。

その場合、主君の擬制的「家」やそこに結ばれる主従関係を「公」、同族・一門を核とした「家」関係は「私」と評価される。私的な「家」関係は場合によっては「公」を無視して抵抗するほど強固であったという。その事例として赤穂浪士討ち入りが赤穂藩内外の浪士一族に支えられていたこと、あるいは主君押し込め行為が一門・親族の大名の同意を得る必要があったことなどを挙げる（終章）。しかし赤穂事件の場合の「公」と「私」にそれぞれ何が想定されるのであろうか。論旨からいえば「公」は改易された大名家であり「私」は藩内外の浪士の一族であろうが、しかしこの場合、むしろ改易された大名家が浪士一族の精神的核であり、大名家は「公」というよりも藩内外の浪士一族とともに、「公」＝幕府に対する「私」という構造ではないのか。主君押し込め行為の事例も「公」が押し込められる大名だとすれば、大名の一門・親族が「公」に抵抗するものと位置づけられても、著者が描く論旨からすれば「私」とは呼べまい。むしろ家臣たちこそここでは「公」に抵抗する主体・「私」である。このように、評価される「公」「私」の概念にはいささかのあいまいさも覚える。

しかも、家系を同一にした同族が大名家・藩を越えてひろがっており、そのネットワークをつかって出仕の道が展開していたとすれば、なおさらのこと主君・大名家を「公」としこれに対立・抵抗する可能性もあるものとして同族を「私」と捉えるのには賛意を表しかねる。ただ第三章第一～二節で析出される藩を越えた親類ネットワークは、そこに介在する肝煎・寄親などの問題も合わせ興味深い。藩という支配の枠組みを越えた武士層独自な交流の姿をみてとることができ、その場合の江戸という空間が果たした役割の大きさの指摘にも教えられる。著者は「従来、大名家臣団の研究は、権力の下にいかに編成されていき藩権力の中核となっていったかが課題であった」（二五八頁）というが、評者自身もその呪縛にあったことを認めなければならない。ただそれは評者の九州の旧族外様大名という研究フィールドの狭さからくるものかもしれない。このような大名家の場合、むしろ他所よりの仕官は極力制限されるのである（例えば佐賀藩『葉隠』にみえる藩ナショナリズム）。そこで、著者が指摘する近世武家の同族・親族を介した連携と出仕のあり方と大名類型の関係性をみてみたい。

(4) 大名類型と家臣出仕

万治三年（一六六〇）改易された譜代大名堀田正信（佐倉）の旧臣が出仕した大名（六二家）の多くは徳川氏取立の親藩（家門）・譜代で、外様は少なくとくに旧族大名は平戸松浦鎮信・対馬宗義直や柳川立花忠茂などわずかである（二五六頁、表31）。これは旧族大名が早くから家臣団が固定していたのに比べ、徳川氏取立大名の家臣団が未だ定着していなかったことを物語る、という。また忍阿部家の寛文五年（一六六五）「御家中御親類書」（二九六名の書き上げ）によれば、阿部家に出仕してきた家臣の以前の主君（古主）をみれば、大名四八名のうち織豊取立大名が一六名、徳川取立大名が三〇名で、旧族大名は平戸松浦隆信・宍戸秋田俊季・久留米有馬頼利・本荘六郷政勝の四名にすぎない（三〇一頁、表35）。ここからとくに織豊・徳川取立大名の家臣の未定着性・非世襲性が窺え、多数の退去者を推定し、家臣の分知などにより拡大再生産をはかる旧族大名との差を示唆する。さらに同「親類書」による家臣の本国・生国の検討から、阿部家家臣のほとんどが、在地はもちろん、本国からの離脱も余儀なくされ、大名・幕臣・陪臣等の家臣登用などを経て、牢人や渡り侍となり、全国から江戸に集住した様子が窺えると指摘する。定府の阿部氏はそのような家臣を江戸で召し抱えるというのである。

このように徳川氏取立大名層における家臣団は、藩を越えた交流や親族関係などのネットワークの上に、いわば牢人・渡り侍などとして浮遊し、江戸で召し抱えられる流動的存在で、外様とくに旧族大名の家臣層との著しい差が析出される。そしてかかる傾向は阿部家家臣団の親類が、譜代大名家などに多く旧族大名に少ないという状況とも合致しよう（三二一頁）。

以上のような差異が指摘できるのであれば、旧族大名家と徳川取立大名家それぞれにおける主従関係の質、家中意識の様相は随分相違することが予想される。

二　いくつかの疑問

これまで近世武家社会を解析する指標として本書から読みとれるものを評者の立場から四点掲げ、内容紹介と感想を述べてきた。この作業を踏まえ次に本書に対する疑問ないし期待を三点触れておきたい。

⑴「藩国家」という表現

本書では「藩国家」という概念を用い、「藩国家＝主君の擬制的な家」（三三三頁）と規定する。著者によれば徳川取立大名家であっても「主君の擬制的な家」がみられれば、それは「藩国家」ということになり、事実、譜代大名である佐倉堀田家（第三章第一節）・忍阿部家（同章第二節）分析に際してもこのような規定がなされる。しかし何を根拠に「藩国家＝主君の擬制的な家」と規定するのかは明らかにして欲しかった。大名家史料のなかにいわば自己認識として「国家」と表現することはしばしばみられる。そのような意味で著者がこの概念を設定するというのであれば理解できなくもない。ただ、忍阿部家の事例で指摘されるように、同家における主従関係は不安定で一種の契約関係さえ包摂していたという。寛文・延宝期に家臣内部抗争がおきるのはその顕在化であり、かかる状況への対応として「徳川家中」意識を媒介とした藩「家中意識」が形成されるとみる。

ところが「徳川家中」意識を媒介とした藩「家中意識」に基づく「主君の擬制的な家」は、旧族外様大名家などにみられる「家中」意識、「御家」観念のあり方とは異質のような気がする。戦国期まで「家」の歴史を遡る旧族大名家の場合は、むしろ巨大な暴力装置をも備えそのような意味で畏怖すべき存在である「公儀」への対応として「御家」観念・「家中」意識が形成された側面があると評者は考える。先にみたように、家臣出仕の契機を考えた場合、近世期に成立する徳川取立大名家では渡り牢人などを多く抱え家臣団が形成されるわけで、「家中」意識、主君の「家」への精神的包摂度も、旧族大名家の場合と比較すれば違いがあろう。だとすれば、「藩国家＝主君の擬制的な『家』」という枠組みのもと、例えば旧族大名と徳川取立譜代大名をともに「藩国家」範疇で捉えられるか疑問もある。

さらにいえば、「国家」という概念をそもそも主君の「家」の問題に収斂させて設定する妥当性である。「国家」という表現がたとえ当時の史料にみられる歴史用語だとしても、「藩国家」とすることでこれは歴史学用語となる。とすれば「藩」とは何かも含め、やはり概念の吟味・練り上げが必要のように思われる。評者が「藩国家」を設定するとすれば、「主君の擬制的な『家』」という主従制の側面だけではなく、より広く領主制や吏僚制（あるいは官僚制）などの問題も射程にいれる必要があると考える（以上、拙

著『近世大名家臣団と領主制』吉川弘文館、一九九七年参照）。

もとより「藩国家」という概念の設定は藩とともに近世国家をいかなる性格とみるか、という大きな問題と連動していることを忘れてはならない（秀村選三「藩政の成立」『岩波講座日本歴史』近世二、一九七五年、水林彪「近世の法と国制研究序説」『国家学会雑誌』九〇の一・二、『同』九〇の五・六、『同』九一の五・六、『同』九二の一一・一二、『同』九四の九・一〇、『同』九五の一・二、一九七七～八二年）、笠谷和比古『近世武家社会の政治構造』吉川弘文館、一九九三年、また深谷克己「名君創造と藩屏国家」『早稲田大学大学院文学研究科紀要』哲学・史学編、四〇、『同』四一、一九九四年、一九九六年等、参照）。

(2) 自立性・自律性をめぐって

本書の主題の一つといえる武家の「自立性」ないし「自律性」の考え方については今少し整理する必要があろう。著者は「あとがき」のなかで、「二十年以前とは、近世社会に対する自分自身の見方が一変した」（三三八頁）と吐露する。その背景の一端は武家をめぐる「自由」「自律性」の検出にあるといい、笠谷和比古氏や評者の名前も挙げられる。

しかし、敢えて非礼を恐れずにいえば、本書では一種の強迫観念を感じる。つまり武家・武士の「自立性」「自律性」を検出・主張しなければならない、という意識である。その結果、評者が読み込むところでは「自立性」（複合的「家」結合からの自立）、「自律性」（その結果生まれた騎馬と従者からなる「闘いの『家』」としての合戦の場での自律）、そして再び「自立性」（支配の枠組みを越えた親族集団としての自立）、という様々な局面で「自立」「自律」が主張される。しかし、それぞれ何から何をもって「自立」「自律」しているのかは違うだろう。例えば第一の「自立」は主君（将軍・大名家など）を介した複合的な「家」からの自立であり、逆に第二の「自立」は、親族集団を介した支配の枠組み（藩や身分階層序列など）からの自立である。後者の場合を前者に合わせて表現すれば複合的な「家」を介した主君からの自立ともいえる。つまり二つの「自立性」はそのベクトルが正反対といえまいか。これを、「自立性」という同じ範疇で括ってよいものだろうか。武家の「自立性」をめぐる諸要素の検出という立場なのであろうが、様々な傾向性を「自立」というフレームで捉えてよいものか今少し整理する必要を感じる。「自律性」についても「自立性」との関連で吟味する必要があろう。ちなみに評者は、近世の武士（武家）に「自立性」（排他的な政治的立場）は認められないが「自律性」（上位者が介入できない自世界）は保持されたと考える（前掲拙著）。

(3)　近世武家研究の視角

本書は「武家の本来的な性格解明に正面から取り組もうとした」（三三四頁）ものであった。ただ「従来研究が蓄積されている領主・行政官僚としての性格について、ことさらに触れ」（一二頁）ず、「近世武家社会の形成を軍制・家の問題から検討」（三三四頁）する。序章はこの軍制への関わり方で俸禄や階層が決まることを述べ、終章では、著者の本書での主張が改めて論じられる。もっとも著者は武家の「領主・行政官僚」という方面の研究に比べ武家と軍制の研究が立ち後れているからかかる問題に焦点を絞ったのか、「武家は本来『武者』『戦士』として存続」（四頁）しており軍制（と「家」）にこそ近世武家の本質があるとの認識から課題集約をはかったのか、評者には必ずしも判然としなかった。確かに、近年は後者の視角も意識され近世武士の戦士としての性格に改めて注目されるようになっており（高木昭作『日本近世国家史の研究』岩波書店、一九九〇年、藤井讓治「平時の軍事力」同編『日本の近世　三』中央公論社、一九九一年、笠谷前掲書や谷口眞子「無礼討ちに見る武士身分と社会」岡山藩研究会編『藩社会の意識と関係』岩田書院、二〇〇〇年など）、本書もそのような研究潮流を構成するものとみることもできる。

しかし、他方で本書は、例えば佐倉藩堀田氏の分析に際し、「役方として領国支配を担当する職は貧弱」（二四五頁）、あるいは「農政が確立していたとは言い難い」（二五〇頁）などの評価もする。ところが、何をもって「行政」の充実を測定し、「農政」の確立とするのか明確には示されない。敢えていえば役所数・役人数の多さや年貢率の高下を「行政」「農政」確立の基準と著者はみているようだが、役所・役人が少ないとか年貢率が高いからといって「行政」・「農政」が未確立といえば、いかなるボーダーが確立の指標たり得るのか、はなはだ曖昧である。それは、やはり研究視角が武家（武士）の戦士的側面の抽出に偏り過ぎているためではないのか。むしろ研究史がこれまで指摘してきた近世武士をめぐる戦士・吏僚・領主などの諸側面が、様々な時代社会状況のなかでどのように立ち現れてくるのか、という観点こそ必要であろう。

近世の「武家」の社会を論じる場合、中世（鎌倉・室町・戦国期）の「武家」のあり方を念頭において、その比較の上に様々な側面を総合した「武家」社会像が描かれるべきではなかろうか。「武家の本来的な性格」という場合、超時代的なものより、本書に即すれば評者は近世「武家」の性格解析と像の提示を著者に期待する。

既述した「藩国家」や自立性・自律性の問題はかかる近世武家研究の視角とも関わるのであり、著者によるさらに豊かな近世武家社会像・国家像の教示を望む。それはまた評者自身の課題でもある。

おわりに

九州の旧族という限られた大名・藩政史料にしか接してこなかった評者にとり、本書によって幕臣団や関東譜代大名家さらに東北の転封大名家など、日頃触れ得ないフィールドの武家・家臣団の諸相を勉強させてもらった。しかし著者は実証的な得難い仕事をされる研究者として信頼するからこそ、率直に九州をフィールドとする自身の立場から述べさせていただいた。もっとも「書評」とはいいながら、偏った立場からの紹介と感想になったことを読者にお許し願いたい。また理解不十分に妄説を展開しているであろうこと、著者にご海容を乞うばかりである。

（吉川弘文館、二〇〇〇年刊。『九州史学』一三三、二〇〇一年初出。収載に当たりタイトル付与）

5節　近世武士の規範義務をめぐって

本書（谷口眞子著『近世社会と法規範：名誉・身分・実力行使』）にいう「法規範」とは、国家による成文法と社会の「生ける法」の双方から形成される法的秩序ということになる（序論「本書の研究視角」）。狭義の法令分析に終始しない強い著者の意図を「近世社会」に形成されたかかる「法規範」の析出、という本書タイトルからも読みとることができるが、著者はとくに近世日本における法規範形成の重要なファクターが実力行使をめぐる問題とみなしているようだ。もちろんその思考の履歴は、喧嘩や軍律などもっぱら武士にみられる暴力性とその統御への関心から、武士身分以外の人々（庶民）も含めた社会全般における実力行使をめぐる規範認識に広がった、というものであろうが、その視野の拡大と深化は容易に推察できる。そしてこれは西洋史や法制史・欧米学会などとの接触という学際的環境と岡山藩池田家文書の徹底した読み込み、つまり著者による方法論錬磨と史料精査の成果であろう。

ここでいう実力行使とは暴力を本質とし人命にもかかわる行為である。例えば村落間紛争や武士同士の喧嘩などはこれに該当するが、幕藩権力はこのような暴力を平和維持を阻害する行為として禁止した。その際の重要な法理が両成敗で、武士の喧嘩で理非を問わず両者に厳罰（死罪）を科す考え方は、一方に死者がでた場合に他方にも死刑が科されるというようなかたちで庶民にも適用された（Ⅰ「法と理」第一章

「喧嘩両成敗の理念とその社会的背景」）。この両成敗法は警察機能が十分とはいえない近世に平和・安定を持続させる重要な役割を果たしたという。それでは近世社会には人命にもかかわる実力行使が一切認められなかったのか。筆者はそれが認知されむしろ幕藩権力や社会がこれを要求する法規範も形成・存在したとみる。その正当性を認められた実力行使とは、自分や第三者の人命を防衛する行為、妻敵討、敵討、武士による名誉防衛の行為、などとされる。

人命防衛の行為は、酔狂者や乱心者による意図せざる攻撃や強盗などによる意図的な攻撃、遺恨にもとづく意図的な攻撃などに対する実力行使で、防衛しなければ落命しかねないケースであり現在でも認められる正当防衛行為に当たる。ただ過剰防衛や正当防衛に名をかりた殺害行為も招きかねず、その抑止のためか、防衛行為に及んだ者が遠島など処罰される場合もあった（Ｉ　第二章「正当防衛の『発見』」）。

妻敵討は妻や未婚の娘が密通した場合にその夫（本夫）や父親が密通相手（密夫）と妻（密婦）・娘を殺害する行為である。これを幕藩権力は法的に認知はしていたが、権力側は密通に関し在地（村や町）の調停能力に期待し在地社会での解決を認める立場でもあった。密通は基本的に男女の件的関係という考え方が背景にあろうが、「家」の基本である夫婦関係を揺るがすものでもあり、権力による庶民の妻敵討の褒賞もみられた（Ⅱ「法と忠孝道徳」第二章「密通仕置と妻敵討」）。

敵討は犯罪とみなされる殺人行為者が行方不明（逃亡）になった場合に、幕藩権力に原則として事前に届け出て行うものである。ただし正当防衛や妻敵討、また後述する無礼討ちなど正当性が認められる殺人行為に対する敵討は許されなかった。注目されるのは忠義（主人）のための敵討は少なく孝行（親兄弟）

を背景としたそれが多いことで、それは武士の場合も同様であった。これについては孝行ができない武士は忠義も果たせない、と解釈する武士道論もあったと指摘する（Ⅱ　第三章「敵討の諸相」）。

以上はいずれも武士とともに庶民にも認められた実力行使である。このうち妻敵討と敵討は「家」やそれを構成する夫婦・孝行やこれと関連する忠義の観念、つまり道徳が背景にある。近世の法規範と道徳、とくに忠孝道徳は密接に関連していた。これを幕藩権力が推奨し、親や主人に対する暴力行為には厳罰でのぞんだ（Ⅱ　第一章「忠孝道徳の重視」）。

ただし庶民の場合はこれらの実力行使の権利を公権力が認め褒賞することはあっても強制はしなかったようだ。これと対照的に武士にとっては以上の実力行使がむしろ義務と観念され社会（武家社会）もこれを強制した、と筆者はみる。「理不尽」な攻撃に武士は立ち向かうことが要請された。喧嘩は両成敗が原則であったが、武士としての名誉を侵害された場合にはむしろ相手に反撃しない者は「臆病者」とみなされる。妻を寝取られた武士（夫）・婚姻前の娘を犯された武士（父）は相手（密夫）や妻（密婦）・娘への実力行使を通して武士の名誉が保たれ、「家」相続が可能であった。さらに孝行行為としての敵討の正否は武士の個人や「家」の名誉にとどまらず大名家の名誉にもつながった。

つまり武士にとって以上の実力行使は自分や所属する「家」の名誉を守るために、権力や社会から義務と認識され強制される行為であったが、名誉の直接的侵害と武士に認識される行為もあった。武士の身体や刀などへの接触行為や道を譲らないなど武士への敬意を空間的に表さない行為であり、これを謝罪せず逆に悪口雑言や暴力をはたらいた者に対し名誉毀損・無礼との認識に基づく実力行使が手討ちで、このうち庶民を対象にするのが無礼討ちである。これも武士や彼が所属する「家」や組の名誉にかかわる問題で、無礼をうけた武士による無礼討ちの行使は公権力や社会によって義務と観念されていたという。しかし単なる切捨御免ではなく幕藩権力は「無礼」の具体的内容を慎重に吟味した（Ⅲ「礼秩序と名誉」第一章『無礼』の観念」、第二章「無礼討ちの諸相と身分制社会」）。

かかる姿勢は正当防衛・妻敵討・敵討など武士や庶民に認められた実力行使にもみられる公権力による共通の態度だった。権力がなす実力行使認定をめぐる司法のあり方は証拠・証言を厳密に吟味する高度な法の技術的発展があった。このような人命にかかわる事件・実力行使は公権力が裁くべきとの姿勢のもとに、近世国家は徐々に刑法原則を浸透させ、職権主義を拡大したと指摘する（結論『近世の実力行使と法規範』）。しかし著者は公権力が慰謝料などによって殺人事件を在地で解決することを認めず、武士側が無礼討ちなどの人命にかかわる事件を正式に届けでないことも認めていなかった点について、かかる刑事事件に対する公儀裁判権の介入は、人命保護も意味したと指摘する（二七六頁）。

人命が歴史的にどのように認識されていたのか。人命を梃子とした公権力の職権拡大と人命の保護思想の展開という問題群をいかなる文脈で捉えるのか。またその絶対性や平等性は道徳観との関係でどのような位置にあったのか（三三二頁）。そしてかかる人命が武士たちの名誉を守る代償と考えられていた法規範や公権力の時代性をいかに捉えたらよいのか。本書は重たい問題を私たちに突きつけている。

（吉川弘文館、二〇〇五年刊。『日本歴史』七〇一、二〇〇六年。収載に当たりタイトル付与）

6節　「月影兵庫・花山大吉」時代の武士たち

のっけからの恥さらしだが、「昭和」の四〇年代に子供時代を過ごした私は、典型的な「テレビッ子」だった。そのためだろう、子供の観点ながら多くのジャンルの作品が印象に残る。そのなかには時代劇もあり、とりわけ近衛十四郎主演の「素浪人　月影兵庫」「素浪人　花山大吉」などは忘れられない。このような作品をみた体験は私の仕事（近世・江戸時代の研究・教育）に直接つながる訳ではない。だが「お侍」・武士のイメージが、主人公の個性的なキャラクターを通し少年期の私のなかに染みこんだのも、確かである。

月影兵庫は剣の使い手、二個の胡桃をぎりぎり鳴らしながら「悪人」を倒す様に、痛快感を覚えた。ただし大酒飲みで猫を怖がる浪人者の設定。剣の使い手という点をのぞけばおよそ武士らしからぬキャラクターだが、渡世人である焼津の半次（演じたのは品川隆二）との旅は、決まった仕事には就いた風でもない印象を与え、武士の一種の気軽さを思ったりした。旅の場所々々で弱きを助け強きを挫く、そのような姿に憧れたものだ。もっとも、いささかコメディ調の番組の雰囲気は、原作者・南條範夫の反感をかった。そこで半次は兵庫と事情（兵庫はさる有力武家の甥で家督相続者）ゆえに別れ、その後、兵庫とまるでそっくりの花山大吉なる浪人と出会い、旅を続けるかたちで、実質的に番組は継続した（このような事情は最近知った)。

大吉も基本的なキャラクターは同じだ。剣の使い手だが、緊張すればしゃっくりがでるものの、腰にぶら下げた瓢箪の酒を飲めば直るという大酒飲み、つまみのおからがあれば底なしだ。妻子を流行病でなくして傷心の身となり、江戸の町道場を師範代に任せ、万相談屋家業というあやしげな仕事で金欠をかろうじて凌ぐ正真正銘の浪人である。やはり、剣の使い手という点を除けば、武士らしからぬ姿に、子供心ながらに惹かれ興味を抱いた。というよりも、当時は大人たちも喜んでおり、本シリーズは主演・近衛十四郎の体調不良という事情でやむなく終了するまで、人気を博す(これも先般知った)。

近年、「素浪人　月影兵庫」が近衛十四郎の子・松方弘樹主演でリメイクされ、また近衛版の兵庫や花山大吉は時代劇の専門チャンネルなどで繰り返し放送されているという。人気は「昭和」から現代にも引き継がれていよう。ではその背景はどういうことか。時代劇に一般的ではないだろうが、月影兵庫や花山大吉に即すれば、剣の達人とそれに必ずしもふさわしくないキャラクター設定に、私のような子供のみならず大人にも支持された秘密があるようだ。これは職場や家庭では冴えないが、裏世界で依頼をうけ、様々な殺生技で「悪」を倒す中村主水の「必殺シリーズ」などにも共通する要素だろう。

それはともかく、子供時代の刷り込みや思い入れはインパクトが強いのだろう。社会的地位とは無縁ながら反骨精神で自由に振る舞い弱きを助ける兵庫や大吉のごとき浪人に魅力を感じる思いは、「それでもお前は江戸の武士を勉強する者か」と揶揄されようが、今でもかわらない。しかし、近世・江戸時代の現実はどうであったのか。研究者の端くれとして、改めて「兵庫・大吉」が過ごした時代をみると気持ちはいささか複雑だ。

浪人（江戸中期頃まで牢人呼称が一般的とされる）は、厳しい生活を強いられ、とりわけ江戸前期には大名の改易（取り潰し）などで、その増加が問題となり、由井正雪の慶安事件（一六五一年）のような騒動も勃発した。文芸や学問など特殊な技能・知識を身につけた者は、それで身を立て、運が良ければかかるキャリアで召し抱えられたが、武芸以外の特技を持たない者は、花山大吉よろしく町道場を開き、生活せざるを得なかった。しかし主家に奉公し俸禄（いわば給料）をうけるという、浪人からみれば羨ましい境遇の武士たちも、武家集団・奉公人の世界でそれなりに苦労した。

合戦（戦争）で命を落とすことがなくなった平和（泰平）な時代、戦功による褒賞や家格・俸禄の上昇チャンスも消え失せる。商品経済の進展のなか、兵農分離という政策により都市住民化した武士・奉公人たちの生活は次第に華美となり、自分やその「家」の名誉を重んじる彼らは、面子のために、自らの経済力（いわば家計）を越えた付き合いをし始め、江戸時代も中頃以降になると、幕府・藩はしばしば倹約令を出す。市場経済の発展は皮肉にも米価の下落を招き、俸禄米の換金を柱に生計を立てる武士たちにはさらなる痛手である。

このようななか奉公する武士たちには、自分や「家」の名誉を高め経済的な優遇を手に入れるため、出世を目指す者も出てくる。名誉（武家社会でのステータス）と経済（そのステータスに見合う家計）は不即不離の関係にあった。ただ、それは容易でない。江戸時代は一面で厳格な身分制社会で、とりわけ武士・奉公人たちの世界は、格と職の相即性という秩序があった。ある職に就くためには相応の家格が条件であり、それが欠ければ俸禄増加や役職手当は望めない。もっとも足高制の如きシステムが導入され、漸次、職就任が柔軟に運用される傾向もあった。ただし、先祖の戦功を基準として固定された家格の上昇は、泰平の御代には難しく、総じて名誉と経済の向上、これらを実現する術としての出世は困難をともなう。

しかし、武士・奉公人たちは手をこまねいていたわけではなく、パフォーマンスよろしく振る舞う者もいた。自分の売り込み、そのための人間関係の構築、自分磨きに熱をあげた。財政補強を名目に民から収奪し、殿様に取り入る輩もいる。お金やコネの力も介在する。逆に、失敗を恐れひたすら保身、目立つのを極力避け職場で息を潜める者もあった。また再三の隠居願も認められず、七〇歳ぐらいまで奉公し続ける者もいる。奉公人・宮仕えはそれなりに心身を磨り減らす。

もちろん、自分や「家」の名誉などへのこだわりを捨て、相応の生活をよしとすれば、勤務の日数や時間が現代人に比べて少なかった江戸時代の武士たちは、人生を楽しみ謳歌できたろうし、奉公とは関わらない興味や趣味に生き甲斐を見いだす者もいた。種々の社会的事件や遊び・グルメ巡りなどの記録（『鸚鵡籠中記』）を残した尾張藩の御畳奉行（朝日重章）をご存じの方もおられよう。

だが、浪人も未だ存在し、主家に仕えても、人の目を気にし自尊心が強く見栄っ張りで、ために生活も苦しい武士たちが多数派だ。武士のなかには、奉公の世界から抜け出て、月影兵庫や花山大吉のように、自由気ままな旅・生活に憧れる人々もいたが、面子や「家」相続の現実を前にその気持ちをこらえるのが精一杯、これが大方の実状だろう。

兵庫・大吉は、所詮ユートピアの主人公かもしれない。しかし、武士を軸とした歴史の勉強をしつつ、若い方々には縁遠い「素浪人」二人へ無邪気なシンパシーを感じる自分を「昭和」の子供時代に重ね、しばし愉悦を覚える勝手。どうかお許し願いたい。

（『本郷』一一六、二〇一五年初出）

7節　一人の武士が生きた時代と社会の総合的復元

一　近世武士の性格を捉える方法

近世武士の性格はどのような角度から捉えられるのか。様々な見方があろうが、本書（J・F・モリス著『近世武士の「公」と「私」』）は、集権的封建制の形成のなか領主的性格が形骸化しその自律性が著しく弱まった家産官僚（水林彪『封建制の再編と日本的社会の確立』山川出版社、一九八七年、高木昭作『日本近世国家史の研究』岩波書店、一九九〇年、朝尾直弘『将軍権力の創出』岩波書店、一九九四年など）、あるいは領主的性格は弱まったものの、主家への功の証としての知行・俸禄は自律性の源泉（笠谷和比古『近世武家社会の政治構造』吉川弘文館、一九九三年）など、領主制や知行のあり方を通して自律性を問う議論にリンクしよう。つまり前著『近世日本知行制の研究』（清文堂、一九八八年）の問題意識である地方《じかた》知行研究は、拝領家臣（給人）の領主権の問題にとどまらず俸禄取家臣も含めた武士（家臣）に関する多面的分析が必要という立場の延長上の仕事で、一人の武士と彼が生きた社会・時代環境の総合的な復元を試みる。

本書で主人公とする武士は仙台藩士玉蟲十蔵尚茂《たかもち》（一七四四～一八〇二年）。知行高一五〇石五人扶持の同藩では中堅下層の彼が残した日記と記録（政策建白書「仁政篇」・農民説諭書「尚風録」）が主たる分析史料である。このうち日記は各種の公的文書記載を主目的とし、ために個人記録という性格が稀薄で彼自身の生き様やその社会の復元は大変な作業だが、著者は「公」と「私」、近世武士の根源を構成する二つの要素を分析ツールとして、その復元を情熱をもって行う。その結果、本書は、武士として自らの「家」を担い、「上下一致」「国家」（著者は「藩民国家論」と呼称）の理念で藩政に尽くすも結果的には挫折した仙台藩士玉蟲十蔵を軸としたすぐれた政治組織論研究という性格も持つ。

二　役職・財政・奉公人の三つの論点

本書の内容をキーワード的に表せば、武士（家臣）の役職・財政・奉公人の三つに集約されよう。以下、評者の立場からそれらを中心に論点整理を行いたい。

第一の役職の論点は、天明飢饉後の藩政改革の過程が十蔵のキャリアに重ねあぶり出される。改革の主眼の農村復興と藩財政の再建を柱に能力本位の基準で人材登用が民政畑と財務畑の分野で進められ、中堅下層にもかかわらず、十蔵は前者の能力が認められ昇進、郡奉行にまで登用された。しかし、財政分野を重視する動向（藩首脳部）や民政組織を支える家臣層の既得権益意識による抵抗により、その能力は十分に発揮されず挫折した。

それでは民政より財政が重視される理由は何か。将軍家への奉公を至上命題とする大名伊達家の財政を預かる者、また主家（大名家やその主家・将軍家）への奉公を全うする義務を負う武家の「家」という意識を持つ家臣層が、一七世紀末以降の譜代門閥層排除と側近政治の展開のなかで主流となり、かかる大名家と結びついた財政重視の動向は、人事昇進や役料の家禄化に際する財務関係者や側近層の優遇傾向にもあらわれるという。また、家臣層が既得権益にこだわる背景は何か。藩の支配機構が大名家や家臣層の「家」の集合体として成り立っており、民政などの公共的機能が、武士の「家」集合体という私的な存在で担われるという、幕藩制の構造的「矛盾」が存在し、ために、家臣の「家」存続に不利益となる政策には、それが公共的性格が強くとも抵抗勢力となる、と著者は見通す。

このような、主従制や「家」という「私」的な要素に、「公」的なものが取り込まれる「構造的な矛盾」打開のために、十蔵は先述の「藩民国家論」、つまり政治的運用を武士だけのものとしない政治理想を提示した。これは政策として実現しないが藩士の間に統治のシンボルの大名と被支配者との精神的一体感を強調する「国民」意識が継承された可能性があり、近代の天皇制に近似すると位置づける。

第二の財政の論点は、武士（家臣）は役職の勤め（勤役）と生活を、財政的に如何に成り立たせるかである。著者はこれを官僚と封建領主の統一的理解としてみるが、かかる見方は、領主制的枠組みのなかにあった従来の地方知行研究への批判でもある。玉蟲十蔵は地方拝領の「小領主」であり、知行百姓を支配して年貢徴収し、五人扶持（俸禄）や役料（役職手当）などとあわせ、「家」収入を構成する。そして、この三者は融資を得る手段と化していた点で同質とみる。事実、飢饉後の玉蟲家の経済は、役料などの部分支給を商人の借金の利払にまわし、ぎりぎりの信用で新たな融資を引き出すという状況だった。

ではなぜ、「家」財政が悪化するのか。飢饉という自然災害とともに重視するのは、役職にともなうコストの構造的な大きさで、消費文化の隆盛や米価の相対的低下に武士（家臣）窮乏の根本原因をみる通説を批判する。コストの構造的な大きさは、役職をめぐる「私」的要素である主従制に起因する。大名伊達家の維持、とくに主人将軍家への儀礼的な「奉公」の維持は、家臣の江戸勤番などが支える。かかる領外勤番は武士（家臣）による主人（大名）への奉仕で、それが主人（大名）の主人（将軍）への奉公を支える。しかし、行政職に比し藩による勤番（軍役）への支援は薄く、自ずと領外勤番に備えた借金が必要となる。江戸勤番などで背負う借金は、大名家の体面的・儀礼的な奉公を支える義務で、自家の財政収支の均衡を無視しても果たすべきという、近世権力の性質に根ざす構造を著者はみる。

かかる大名家や自分の「家」の体面体裁や儀礼尊重は、藩領内での役務遂行でも同様で、役宅・居宅併有の屋敷の外見が調えられ、幕府役人や家臣同士の饗応などにも投資は不可欠であった。公私混同が財政窮乏の基底にあったのである。

第三の奉公人の論点は、勤役と「家」（ないし生活）、つまり公・私の両側面をどのように支えたのかで、第二の観点と重なる。玉蟲家奉公人は、他家の譜代家中という下級武士を供給源とする家来層と武士身分に属しない労働市場から雇用される階層からなる。前者のごとき武士身分の奉公人には、家政業務や知行地支配業務などの一定の専門性と武家社会の慣行儀礼への習熟性が必要という。儀礼・格式・仕来りなどでの奉公人の越度は、主人にも責任が問われる。後者の奉公人にあたる仲間や下女などは、陪臣足軽や庶民などを供給母体とする労働者とされるが、一年内外の短期雇用（一季居）が多数を占める。労働管理上の危険性を回避するためといい、それは家来層の場合も同じ事情と著者は推測する。十蔵のように中堅下層の家臣奉公人には譜代がいない。家来層であっても、他家の譜代家臣である。家来層からすれば比較的石高が大きな家臣である本主と譜代関係を結びつつも、薄給のために十蔵のような中下層家臣と短期雇用の契約を本主の保証の上にかわすという。多くの給禄を出せない本主、長期雇用による労働管理上のリスクを抱えたくない中下層家臣の双方にとり、好都合なシステムというわけだ。

かかる奉公人が短期契約で問題があれば即時に解雇、という不安定な労働条件下にあり、終身雇用と契約観念の稀薄さ、このような日本文化論のなかで語られる日本的雇用のルーツを近世社会に想定する考え方を、著者は批判する。それでも生活費の不足を補いたい下級家臣や庶民を労働資源とする奉公人の本質は何か。著者はそれを儀礼的・体面的な身分・地位的表象を可視化する「装置」とみる。その具体的な行列の基準は家禄高（軍役）だが、役職に応じた基準、武士や藩吏僚の地位誇示のための基準など、自律的な嗜みも想定される。財政と同じく、ここでも儀礼・体面の重視が武士（家臣）に重くのしかかる。

三　近世武士の「公」のとらえ方

本書の収穫は、以上の論点整理からも理解できようが、地方知行論を起点にしつつ近世の武士論から政治社会論まで構造的に見通していることであろう。ただ、いくつかの問題も感じる。評者の関心からは、家臣の勤役・昇進意識に内在する自律的志向と主家の体面を支える被強制の構図（拙稿「武士の昇進」堀新・深谷克己編『〈江戸〉の人と身分3　権威と上昇願望』吉川弘文館、二〇一〇年）、労働市場と契約観念の形成のなかで、排除される病者や障害者の問題（拙稿「『いのち』の共同性・社会性をめぐって」『七隈史学』一二、二〇一〇年。本拙著第Ⅳ章6節に収載）、知行と俸禄・扶持を生活資源として同質とみる捉え方の妥当性（拙稿「武功顕彰と『黒田二十四騎』」『黒田長政と二十四騎　黒田武士の世界』同実行委員会編集・発行、二〇〇八年）などだが、ここでは、本書のタイトルにもある近世武士の「公」の捉え方（それは「私」概念に連動）をめぐり、関連する三点を指摘しておきたい。

一つは、主題の一つの知行取給人に即した「公」をめぐる議論の掘り下げである。著者は、勤役・奉公が「公」的、「家」が「私」的で、前者は後者に取り込まれて始めて成り立つ構造と指摘する（八頁）。このような見方は、家臣の勤役が「公」の領域の主君に対する奉公であり、その奉公の公的性格に対し知行地支配は「私的な」領域に属するものとして家来（奉公人）などに任せられるべき仕事（一七九頁）という、知行地支配をめぐる捉え方に連なる。そしてこの私的な知行地支配は大名支配も含め、公的な機能をも担い、「私領」と呼ばれる私的な空間によって公的な支配の一翼が担われると（二〇九頁）、「私」に「公」が支えられる見方が主張される。

しかし、「公的支配権（検地権・行政権・刑罰権など。引用者註）と『私的な』年貢諸役徴収権の分離」（一七九頁）した「私的な」知行地支配が担う「公的な機能」「公的な支配」（二〇九頁）とはどのようなことなのか。知行地支配をめぐり明確な説明を評者は見出し得ない。著者の想定は公権力の下請けという意味合いではないだろう。評者は知行地支配をめぐる公共性（機能）に関わることと考える。領主の「家」を最優先するのではなく、領民の生活を領主が保障（救済）するという、そのような意味での公共性であり、評者が提示し本書でも紹介される年中行事を軸とした「心意統治」論は、公共性の幻想といえよう。したがって、十蔵が知行百姓の私的財産を「家」の借財返済にあてた際に、「心意統治」の構図は破壊されるのである（二二〇頁）。このように、「私的」な知行地支配に「公」的な要素があるとすれば、公共性の問題であろう。

二つは、この公共性をめぐってである。評者は近世の武家権力が「公」的側面を持つとすれば、この公共性に関わり、武家領主側と民衆側にどのように共有されてきたのか否かは重要と考える（拙著『近世日本における武士像と道徳性と政治意識の相関性に関する史料復元的基礎研究』二〇〇六〜九年度科学研究費補助金〔基盤研究（c）、代表者高野〕成果報告書史料集、二〇一〇年）。

著者は、武家の「家」の集合体である近世武家権力の「公」の体系は、社会秩序を維持するという意味で、近世初期以来、公共性を保持したとみ、それが泰平のなか儀礼的な外面が強くなり、領民の生活維持のような公共機能を圧倒する、構造的矛盾を内包したと指摘する（二〇九頁）。だが、公共性・民政は武家権力にとって所与のものではないだろう。例えば近世初期にみられる領主の非法禁止政策などは、権力の基盤強化に本質があり、著者が想定する公共性・民政を軸とした「公」的な資質との距離は慎重に計られるべきだろう。むしろ、本書が主題とする危機的な局面のなかでこそ意識・強調されるとも想定できよう（拙著「書評・小川和也著『牧民の思想　江戸の治者意識』」『人民の歴史学』一八〇、二〇〇九年。本拙著第Ⅰ章9節に収載）。また、領民救済を軸とする「公」的側面を武家権力（藩）が持つにしても、その変容の背景をめぐり、一七世紀末以来の譜代門閥層排除と「側近政治」により、藩の「公儀」の機能が大名個人とその生活の維持に矮小化され、藩権力は、領民や家臣団の生活を保障する機能を仙台藩が退化させた（八二頁）との説明はいささか不十分であろう。仙台藩における、「側近政治」をはじめ具体的な政治形態ないし担い手の変遷の見取り図が示され、「公儀」の「矮小化」をめぐる政治史への言及は、「公」の基本とみられる公共性が本書の主要な論点ゆえに望まれるところだ。

三つに、「藩民国家論」をめぐる思想性である。十蔵は大名・家臣・領民を「国民」として一括して捉え、武士身分以外の者も政治に参画し得る「上下一致」、著者がいう「藩民国家論」を提示した。その背景には公的権力・国家的権力として必要な公共的機能を、藩主中心の政治体制の確立過程で喪失した仙台藩は、新たな公共性の論理構築が必要（八三頁）という、先ほど指摘した問題がある。しかし、「身分に分断された社会から傍らにいる『他人』を『国家造立』に参加する資格のある仲間として認識」（三〇七頁）する十蔵が、一方で奉公人に対する厳しい合理主義を持ち知行百姓の財産を担保にした借金が背景で彼らと対立した。そもそも十蔵は、領主は領民を「哀れみ」・「仁愛」する「父」という家父長制的社会像をも持つのである（一九六頁）。「上下一致」を標榜する十蔵にとって、自らが主人・領主として、知行百姓や奉公人を、志を共有する傍らにいる「他人」と想定でき得ようか。どのようにこの二つの考え方は関係し合っているのか。幕末期の十蔵の孫の思想性（三二一～二頁）にまで言及しようとすれば、やはり上記の関係説明は必要ではないのか。

このような十蔵の思想性は、前記二点とも関連し近世国家の本質に関わる議論にもなろう。そもそも、近世国家の本質が、十蔵の考えに示される家父長制だとすれば、扶助・保護（救済）という公共性とはどのような位相を呈するのか。「国民」としての「上下一致」を基軸にした十蔵の新たな公共性概念は、果たして近代への指向性を持つのか、それとも家父長としての領主が果たすべき義務認識の域で位置づけるべきものか。それは、近世の民政観、広義の政治思想の問題に関わろう。

いずれにしても、近世の「政治」をめぐり、主従制を起点とする奉公や公共性を軸とした民政などの複数の要素が時間性・地域性等に規定されつつ展開することを、いわゆる日本人研究者とは異なる感性で、著者は一人の仙台藩士を通じイメージ豊かに語っている。

（清文堂、二〇〇九年刊。『歴史学研究』八七七、二〇一一年初出。収載に当たりタイトルおよび項目名付与）

8節　近世武士の知行権は形骸化しているか

本書（白川部達夫著『旗本知行と石高制』）は旗本知行のあり方を通した石高制研究である。評者は旗本史料の分析経験がなく、近世的な特質とされる石高制についても、これを正面に据え研究する姿勢にも欠ける。ゆえに的確な紹介（コメント）ができるのか逡巡する。ただ、本書は知行の問題を旗本に限定せず、評者が対象にしてきた大名家臣知行までターゲットに措定する。知行は公家や寺社など武士階層に限定された事柄ではないが、武家政権が存在する段階では、武士の特性と国家や社会的なあり方の連関を捉えるための一種の〈試験紙〉、このように知行を捉えるのも可能だろう（拙稿「近世の武士と知行」『九州文化史研究所紀要』五七、二〇一四年）。かかる評者の立場からの紹介であるのを予め断っておきたい。

本書の構成内容を示そう。序章「旗本知行と石高制によせて」では、戦後近世史の枠組みとその流れのなかで知行（旗本知行）と石高制（石高知行制）研究の意味を著者の立場から問い直す。Ⅰ「旗本知行と分郷」では、旗本知行（大名家臣知行についても）の特質とされ、その知行権の形骸化の指標とみなされてきた分散・相給（知行が複数村に分散し、また一村に複数旗本の知行地が設定）をめぐって検討し、旗本知行の実質的な意味と村落共同体の関係を考える。とりわけ知行が領主制とリンクした性格を持つと考える場合、複数の領主支配（旗本知行）と村落がいかなる関係にあるのかは大事な問題である。Ⅱ「旗本知行論をめぐる批判に応えて」では、とくに一村を複数の領主が相給とする場合（複数の旗本が一村に知行地を設定されたり、幕府直轄領の一部が旗本知行の一部になる場合など）の分郷（わけごう。村を複数の領主地に分けること）の方法をめぐる批判のやりとりの軌跡が綴られる。Ⅲ「給人知行と石高制」は、時間軸と対象軸を広げて戦国大名段階から近世大名段階における家臣知行のあり方の変化を見通し、旗本知行と大名家臣知行を共通の土俵で論じる舞台設定を試みる。事象のとらえ方はなるべく広いレンジの方が有効で説得的だろう。旗本や石高制の研究からは縁遠い評者が本書の紹介をやり、また本来は立場やフィールドを異にする著者や評者などが、近世「知行」をめぐる研究会を立ち上げられたのも（本書「あとがき」）、著者のかかる柔軟な研究姿勢に負うところが大きい。

本書の論点は相互に関連するものの、評者なりに整理すれば、a戦国期から近世期への知行の変化と石高制のとらえ方、b近世における知行の一元化ではない多様性の評価、ということになろう。近世石高知行制は地方知行制（領主が宛行われた知行地に対し年貢収納などの権限を有する）から蔵米知行制（知行地の形式的な設定〔所付〕はあるものの実際には蔵米が支給される）へ移行するものとみられてきた。具体的には、戦国大名の権力確立過程のなかで家臣（知行地に対し領主として臨み、「給人領主」と呼ぶ場合もある。本書もこの呼称を用いる）の知行地が分散・相給化して、給人の百姓に対する支配権を制限し、やがて両者の関係が断ち切られ、主君（大名）家に従属度を強め、近世に入って封建官僚化し、大名の専制的支配が確立すると捉えられてきた。本書は、とりわけ知行の分散・相給化の捉え方を主題の軸にする。

まず、aについてみよう。荘園制的な支配はそもそも散り懸り的であるのが一般的で、太閤検地以降の石高制のもとで、はじめて一領主―百姓の対応関係が確立するとした。つまり中世・戦国期から近世にかけての知行は、給人領主の在地支配の権限の制限化ではなくむしろ強化の過程であったと評価する。また、戦国大名が給人・家臣団の知行の相給・分散化を通じて大名権力を強化したという通説の実証性に疑問を提示し、分散・相給化は、期待ほどは得られない新領地を家臣に配分し、忠誠を確保するために行った知行宛行の細分化の結果であり、大名権力の強化ではないともした。そして、石高制では軍役の均等賦課が基本だが、年貢収入は同じではなく、家臣はこれに不満を持ち、それを公平に解決するために、分散・相給知行化し、場合によっては蔵米知行化（一定の米が支給されるので不公平は解消）すると捉える。石高制は商品経済を背景とした計量化機能をその本質とするとの有力な見方があるなか、同じ石高でも具体的な知行地の生産性には差が生じるので、その克服が、分散・相給化を招き、むしろこれが結果的に給人・旗本の在地・百姓支配の強化に結果したと考えるのである。

ｂの観点も分散・相給化に関わる。近世の知行形態には知行地を拝領し年貢徴収などの具体的な支配権を伴う地方知行から知行地（所付）は設定されるものの実質的な支配権はなく米支給である蔵米知行、さらに所付さえない切米取・扶持米取（切扶取）までがある。ただかかる知行のバリエーションをめぐっては、分散・相給の宛行形態やその前提としての知行地替えあるいは結果としての均し・物成詰宛行（年貢・物成収納の平均化）などを契機に、地方知行の権限が制約・剥奪されて在地・百姓との関係がなくなる蔵米知行へと変化する道筋が考えられてきた。本書は、分散や不整合宛行（知行主―知行付百姓―知行地〔百姓所持地〕の不一致）と考えられてきた事象を、入作率（他村からの耕作百姓の比率）の低さ、つまり知行地の大半が自分の知行付百姓により耕作されるということに注目し、分散・相給でも給人と百姓との関係が必ずしも切れず、むしろ人格的な支配さえ展開したのを論証しようとした。また、相給化のポイントとなる分郷のあり方も、一軒ごとに住居し知行主が異なる百姓を組み合わせた方式とともに、村の住居の地理的まとまりにしたがい分郷する方式も並立的に存在するとした。村の立場からみれば、相給知行を反映する各知行の百姓結合の連合としての性質を共同体が併有することにもなる。

いずれにしても分散・相給化は、aとも関連し生産力が不均衡な知行地をめぐる家臣団の矛盾の止揚が眼目で、知行地支配権の制約・剥奪が第一義的問題ではないという。本書は、地方知行が蔵米知行（さらに切扶取）に移行・収斂するのではなく色々な条件が組み合わさり多様な知行が存在する、かかる観点を提示した。

このほか元禄期を中心とする各地方直しの特性など、評者の整理に収まらない旗本知行の豊かな内容を含むのを付記したい。ただ、収載論文は一九八六～九九年のもので、序章は新稿だが、収載論文の内容を考慮してか、現段階での最新の知見提示にはみえず、石高知行論の最前線か否かは疑問で少し残念だ。もっとも評者の立場からは、様々な事象の関係論そして多元的な可能性のなかで歴史を捉える重要性を改めて教えていただいた気がする。

（岩田書院、二〇一三年刊。『日本歴史』八〇二、二〇一五年初出。収載に当たりタイトル付与）

第Ⅲ章　地域社会のとらえ方

1節　藩研究と地域史研究の融合を目指して

一　広い研究史のなかで

評者の関心からいえば本書（野尻泰弘著『近世日本の支配構造と藩地域』）は、近世日本の政治社会の特質の一端に迫ろうとする仕事に読める。そのような立場からの理解とコメントになるのを予めご了解願いたい。

近世日本の政治社会の特質をどのように考えるのか。戦後日本近世史研究の一つの到達点を示すのであろう一九六〇年代に刊行された『岩波講座　日本歴史』（岩波書店）収載の論文群をみれば、集権的に編成された幕藩領主層により、強い規制力で支配された民衆が、かかる権力支配に抵抗し、あるいは獲得されてきた経済的富を守るため、様々な形態の民衆運動を展開する過程、このような歴史観がくみ取れる。

しかし、その後、見方は変化してきた。評者の見立てによれば、それは二つの観点の導入にあるように思える。一つは権力と民衆の関係性を対立的・強制的な契機のみに収斂させるのではなく、契約的・同意的な契機のなかで評価する、というものである。朝尾直弘氏による領主と領民の契約的関係に注目する視角は大きな影響力を与えたといえる（「「公儀」と幕藩領主制」『講座　日本歴史』5、東京大学出版会、一九八五年)。書評対象の本書も「権力が安定的な秩序として維持されるには、単に強制力や統治機構を整備するだけではなく、権力による命令や決定が、集団や社会の成員から了解されなければならない」(二頁)と指摘する。著者は二〇〇〇年代前後の政治学関連の参考文献を挙げるが(四四頁)、近世史研究の流れからすれば、評者のような捉え方もありえよう。それはともかく、権力(幕藩権力)の強制性だけでは解けない政治社会の見方が観点として提示されたのは戦後近世史研究の新たな動向として大事だろう。

今一つは、民衆の政治的・経済的な力量を評価する観点である。深谷克己氏の「民間社会」(『民間社会と百姓成立』校倉書房、二〇〇九年)、平川新氏の「世論」(『紛争と世論』東京大学出版会、一九九六年)、また藤田覚氏の「請負」(『泰平のしくみ』岩波書店、二〇一四年)というとらえ方は、それぞれ近世の「民」の力量を考える上で重要な指摘であった。本書が、「政治的ヘゲモニー」と「経済的なヘゲモニー」を持つ「大庄屋・村役人層グループ」(四九、一九一、二〇四頁)を軸に、近世の政治社会の問題にアプローチしようとするのも、そのような論点の延長上にあると思われる。

評者が本書に接するに当たり、第一に感じたことは、自分の研究対象・テーマについて、できるだけ広いレンジのなかで位置づけてもらいたかったことである。もちろん評者の見方も未だ限定的だが、本書が、「藩政史」・「地域史」という二つの研究史整理(序論「藩地域論の構想」。以下、章名は初出のみ記載)の上に構築されつつも、さらに広範な政治社会史研究という自覚は持って欲しかった。評者なりの整理に過ぎないものの、「封建制」のイメージまた唯物史観的な考えを内在させる先述の戦後近世史研究の方向性に新たな指針を与える権力と民のあり方をめぐる観点の登場を指摘した。例えば、このようなより広大な研究史とも自ら格闘し、自分の仕事を意味づける試みもあってよいのではないか。言及したように、本書自体がかかる観点の影響とけして無縁ではないと評者が考える故の要望である。

二　主題をめぐって

大雑把な印象について述べたが、以下に具体的に内容や論点を、評者の関心に即し記そう。本書は何を目的にするのか。すでに述べた印象からも推察できようが、藩領域（「藩地域」）をフィールドに、支配階層に直接は属さないものの、地域社会で政治力や経済力を有し、領主側（大名・藩）から実質的な地域支配や経済援助の機能を期待され、大庄屋や庄屋などの役に就いた階層を軸とした支配構造の分析、ということになる。名付けて「近世日本の支配構造と藩地域」である。この「支配構造」と「藩地域」とはそもそもいかなるもので、両者はどのような関係にあると著者は考えているのか。

「支配構造」とは、幕藩領主による領知支配と在地有力者による地域支配、この二つが含意される。一つ目は藩領支配である。対象は間部鯖江藩（五万石）だが、藩の成立（享保五年〔一七二〇〕）や転封という事情が地域支配にどのような影響を与えたのか、という点に本書は注目し、鯖江藩に集中して分析する方法を採る。著者は同藩を対象とすることについて、将軍側近を務めた間部詮房に始まるという成立の特異性があるものの、全国的にみれば一国内には石高の大小を伴う複数藩が存在し、かつ近世中期の大名の八割以上が七万石以下であり、三〇万石の福井藩のほかに五万石以下の数藩が存在する越前国内の鯖江藩分析の有効性が述べられる（序章）。

ところで、藩の成立時期が近世中期であるのが地域支配に持つ意味は十分に理解できないものの、おそらく前代の領主支配の影響を受けるという点を著者はみていよう。それは転封とも関わる。転封前の藩領（越後村上藩）における支配形式（大庄屋制）や転封先の前代における支配形式（福井藩領の組頭制、幕府領の大庄屋制）を藩は江戸と国元で勘案し、鯖江藩領の散在性や領内強訴の経験を踏まえ大庄屋制が採用された、という見方で興味深い（第一章「鯖江藩大庄屋制の成立過程」）。

二つ目の在地有力者による地域支配とは、本書の大きな柱である中間層とその役人化・大庄屋村役人層に関するものだ。これは項を改め触れたいが、さしあたって気になるのは、在地有力者を含め、地域の人々の日常性の描かれ方が不十分な点である。

著者自身が日常性に関心を持っているのは、タイトルの今一つの眼目「藩地域」につき「領主支配の枠組みと近世に生きる人々の生活を強く意識し、彼らが属する領域と他領との関係性を含んだ分析概念」（二七頁）との記述からも窺える。評者なりに換言すれば、領主支配の枠組みや他領との交渉・影響のなかで日常的なくらしのあり方を考える、ということだろう。評者は、このような地域の人々の日常的な生活・くらしがいかなる環境のなかで成り立ち営まれていたのか、というのを、本書に期待したが、それについて領主支配の側面を意識して大庄屋の実態解明に大きな成果をあげつつも、「生きる人々の生活」の実相にまでは迫れなかったと感じる。これは著者の意図を越えた無い物ねだりかもしれないが、先述した政治社会を描く上で大事な観点と考える。

なお、他領の影響について、鯖江藩が藩領を接する福井藩の影響を強く受けていたことを福井藩札や福井藩領内の経済拠点の問題として指摘、また、このような福井藩経済圏からの離脱を目指すなかでの、鯖江藩城下を軸とした藩領内の産物流通の編成替えや大坂・京都・江戸などの金主層との関係も述べられ、そのような場面で経済力そして政治力・交渉力を有した大庄屋層が力量を発揮する姿が描かれる（第五章「鯖江藩における産物問屋・会所の展開」、第六章「鯖江藩大庄屋の動向と藩財政」、補論「鯖江藩政の動向」）。藩領が外部の様々な環境に接しながら存在し、そこで生活する人々も大きな影響を受けていたことが析出されており、藩所在の地域性にもよろうが、今後に深められるべき視角であろう。

このように本書の主題の一つである「藩地域」とは、領主支配、他領の影響、地域に生活する人々、かかる諸要素を総合化する枠組みといえる。もっとも、著者は、①藩の成立と転封が支配制度や機構・制度に及ぼす影響、②藩と藩の関係など所領を越える問題、③身分制社会のなかでの役威と中間層の階層化（一七～九頁）、かかる三点を「藩地域」の分析視角の中心に据えるといい、地域の人々の日常性や生活そのもの、というよりも、まずはそれが領主権力に規定される側面に留意することに重きをおいているようである。これは、とりわけ一九九〇年代以降に主張されてきた地域が持つ政治的な力量の評価（久留島浩『近世幕領の行政と組合村』東京大学出版会、二〇〇二年など）、あるいはそれを批判的にうけとめた社会構造分析の重視（志村洋「近世後期の地域社会と大庄屋制支配」『歴史学研究』七二九、一九九九年など）、このような提言を著者なりに領主権力の規定性を絡め再構築する見通しもあるのだろう。その中心に置かれるのが、近世中期に転封や強訴も経験しながら成立する鯖江藩が選択した領内支配制度・大庄屋村役人層である。

三　中間層・大庄屋のとらえ方

先述した、本書の核心的な主題である「支配構造」を構成する在地有力者の地域支配には、由緒や経済力を持った在地有力者としての側面と、役威を持った大庄屋・庄屋など役人という側面の二つの地域支配の問題があろう。評者は、前者を「社会内権力」、後者を「対社会権力」と捉え、前者から後者への変容に着目した（『近世領主支配と地域社会』校倉書房、二〇〇九年）。これに対し、本書は大庄屋の在地有力者としてのあり方を制度的側面にとどまらず、多面的に捉えようとする。

（従来の研究史では〔評者註〕）大庄屋が在地有力者であることは当然の前提とされており、そのあり様について論じられることは少なかった。支配機構としての大庄屋制についてはもちろんのこと、大庄屋の婚姻関係や経営状況、大庄屋と居村・周辺村との関係、他領大庄屋との関係、領内大庄屋や村役人層の階層化、大庄屋の由緒・経営・思想や文化的力量など多方面からの検証が求められる（四四頁）。

具体的には、大庄屋としての職務の内容や意識（第二章「鯖江藩大庄屋の職掌」、第三章「鯖江藩政と大庄屋の職務意識」）の分析が、制度的な側面やそれに関わる意識・思想に関する考察である。他方、在地有力者としての側面については、地主経営や貸し付けの実態（第六章）などが論じられる。ただ、本書が評者のような変容の問題に関心がないわけではなく、これを「中間層」としての「階層化」の問題（第四章「鯖江藩大庄屋の行動と階層化」）として捉える。新興層を排除せず、むしろ組み入れることにより「中間層」としての秩序を守るという見方である。

評者は近世の領主と民の関係に関心を持ち、領主の民に対する「心意統治」（『近世大名家臣団と領主制』吉川弘文館、一九九七年）、領主支配と地域社会の一体的把握の場としての「藩領社会」（『藩国と藩輔の構図』名著出版、二〇〇二年）、地域社会のなかの士分的な権威を軸とした階層化、差別化である前述の「社会内権力」「対社会権力」や「社会差別」（前掲校倉書房拙著）、このようないくつかの観点から仕事を重ね、近世の政治社会の特質を拙いながら抉り出そうとしてきた。民・地域社会に対する領主の規定性を重視しつつ、それが持つ士分的権威が支配のツール化し、「対社会権力」層が形成される回路を解明しようとしたのは、述べたとおりである。これは権力による強権的な支配というよりも、民自らが士分的権威に吸引される構図と考える。そして本書でいうところの在地有力者・中間層が、士分的権威に絡め取られ、それが地域社会に微妙な亀裂を生み出すとともに、その権威（中心に大名が存在）を核に〈藩アイデンティティ〉（拙稿「大名と藩」『岩波講座　日本歴史』一一巻、岩波書店、二〇一四年）のようなものが形成されるのではないのか、という見通しを持つ。

かかる立場からすれば、「対社会権力」と評者が捉える役人化した中間層（「大庄屋・役人層グループ」）について、新興層も受容する柔軟性を兼ね備えたものと、著者はみている。大庄屋は基本的に世襲（六三頁）だが、「大庄屋は藩の権威を借りながら、大庄屋同士の相談により御礼席に就くような新興勢力を否定するのではなく、旧来の身分秩序内に組み込もうとした」（一六六頁）のである。評者が対象としてきた旧族居付の外様藩領と近世中期取立の譜代藩領という地域の歴史性や社会構造の差なども考慮すべきだが、共通する支配のツール、すなわち、ともに領主（藩主）の権威につながる士分への憧憬ないし役威の存在は留意してよい。

鯖江藩の場合、大庄屋は「御家来同然」（六八頁）という立場なのであり、その役割は、立藩当初に勃発した強訴（享保六年）に際し、「百姓共江ゆるやかせ成御慈悲過候挨拶杯いたし候而者、後日御仕置之妨」（七五頁）になるので百姓との「中ニ立候もの」として「訴訟之百姓共へ申含」（七六頁）、という藩側の認識に端的に示されよう。このようにして取り立てられた大庄屋層は原則転任もせず、奉行職の兼帯や代官の頻繁な交代からみて「実務レベルの地方支配の機能は大庄屋に集中」と著者は捉える（二〇一～二頁）。

ただ大庄屋は「御役儀ハ何時御免」になるかもしれず「元来ハ百姓ニ而家業可相勤」き存在との自覚（二二一頁）があり、藩から課される御用金に、「村々庄屋中とハ随分懇意ニいたし、互ニ無服（腹）臓可申談」（二二一頁）という立場からだろうか、組下村（管轄村）庄屋と同調して反対し逼塞を命じられることもあった（一〇二頁）。しかし、「地域の政治を担う大庄屋とそれに連なる、村役人層が自身の地位を保持しつつ、一般百姓と先鋭的に対立しない配慮」として、例えば村役人（長庄屋）推薦に大庄屋が関与していないような工作などもなされたという（一二五～七頁）。つまり、大庄屋層が特権に執着する〈保身〉を謀る立場が基本だとすれば、百姓が「必至之困窮ニ落入難渋至極」になっても「大庄屋殿ニも下々御救之心底は一向無之、役威を以私欲被致」（一四一頁）と組下の小前層や五人組頭から糾弾されるのも当然かもしれない。

四　藩財政窮乏がもたらすもの

このような大庄屋層の性格をどのように捉えるのか。評者は士分権威に吸引された支配のツール、このような見方を「対社会権力」としての中間層に与えるが、本書は「地域における中間層・領主権力・地域の均衡」の考察のなかで、「中間層の階層化とそこでの秩序形成、意識と行動に注目」（二七一頁）した。

大庄屋層は「仲ケ間」（一二〇頁）で「同役」（一四六頁）という階層意識を確かに持つ。しかし近世後期、とりわけ、藩主間部詮勝が幕閣の要職に就いたことによる出費の増大、また鯖江藩領にも流通していた福井藩札の兌換停止など、かかる経済混乱はその意識を揺さぶりまた強めもしたと思われる。藩財政が悪化するなか、領内への御用金賦課、また領外金主からの借銀返済の負担を強いられる。以上の如き事態への対応を、自らの献金に加え組下村への負担、金主との交渉などで様々に担う大庄屋層は、「残百姓共并水飲共之儀者身上分限次第拾ヶ年之間御馳走相勤」（一六二頁）という、村全体からの徴収を企図するようになる。大庄屋層を含めた一部の有力者の献金ではどうにもならないわけだが、それは「御上御為」にも拘わらず大庄屋をして「私共身分相立不申」「私共身分種々悪評」（一五七頁）といわざるを得ない状況も生み出す。

しかし、危機的状況はむしろ決して高い石高ではなく藩領も散在する鯖江藩領の人々の意識を一体化させる環境を醸成したかもしれない。福井藩札の兌換停止により年貢上納差し支えとなり、正金獲得のために鯖江城下を中心とした流通統制、産物買上の体制が作られ「下々難渋之者共益分」（一九〇頁）の実現に向かおうとした。そのための会所・産物問屋の運営主体が、大庄屋・村役人層グループであったという（第五章）。これは天保一一年（一八四〇）、詮勝の西ノ丸老中就任に際し無城であった鯖江藩に出た築城許可を背景とする鯖江城下への交易集中化の動きだ。翌一二年には鯖江藩札の発行が本格化した。鯖江産物を担保にしており、実質は大庄屋・村役人層が責任を負う（二〇〇頁）。譜代藩にとり財政負担は伴うものの、藩主の幕閣要職就任は領民も含め慶事でもあった（拙著『大名の相貌』清文堂、二〇一四年）。

福井藩札の事実上の兌換停止は、有力な経済拠点がない鯖江藩にとり打撃だったが、これを契機に本格的な藩経済圏が構築され、藩主の慶事にともなう築城が城下を中心とした藩経済圏の実体化を促進させたのも想定されよう。そしてこれら一連の流れのなかで、大庄屋層は主要な役割を果たしていた。評者はかかる動きのなかに、「藩」の自立化ないし先述した〈藩アイデンティティ〉の端緒のようなものも感じとる。「衆力を以御法立相貫」ために「奉報御国恩厚志を以可致出精」（二五二頁）という藩側の論法は領民にどのように響いたのか。著者からすれば的外れな指摘に過ぎないだろうか。

おわりに

近世の藩研究と地域史研究を融合させ、大庄屋を軸に「藩地域」のあり様を、諸要素の関係性のなかで紡ぎだそうとした本書の成果には学ばせていただいた。ただ、「近世日本の支配構造」のさらなる分析の方法論としては何が必要なのか。著者は「藩地域」論を深める視角を、地域史と政治史の総合化および藩研究の事例蓄積、藩地域論と豪農類型論の接合、この二点を挙げる（終章「藩地域論の深化を目指して」）。著者の立場として的確な見通しと考える。ただこれらの課題は、本書の改善点ともいえる。例えば政治史の点では、藩の地域政策や藩財政の具体的分析が示されないのはいかがなものか。また藩研究に関しては、何らかの根拠で論者自身の研究フィールドの普遍妥当性を試みようとするが（評者もしかり）、著者が言及する石高の多寡と領内支配の因果関係をめぐる説得的な考察は見受けられない。さらに地域の人々の生活を射程にいれる「藩地域」論としつつも、それが不十分ななかで豪農論との接合が可能か、等々である。

評者はまずは民のあり方をくらしのレベルで考え（拙稿「藩領社会の人々とくらし」『九州文化史研究所紀要』五八、二〇一五年）、近世の人々の現代観のようなものの考察も必要と思う。例えば民自らが作り手・読み手となるテキスト群（心学書など道徳書類）には「御代」（時代観）や「御恩」（恩頼観）などのタームが散見、これらは少なからず著者がいう「近世日本の支配構造」に関わり、政治社会の本質の一端に迫るものとみえるからである。本書の大庄屋を軸とする研究に接し、なおかかる観点の必要性を感じた。

以上、評者の関心に終始した拙い感想の域を出ず、また趣旨の誤解もあろうが、評者の非力故とご海容願いたい。

（吉川弘文館、二〇一四年刊。『日本史研究』六三三、二〇一五年初出。収載に当たりタイトル付与）

2節　近世の領主制と行政をめぐって

はじめに

熊本大学文学部創立三〇周年と文学部附属永青文庫研究センターの設立を記念して、二〇〇九年一二月五日にフォーラムが開催された。これは、吉村豊雄・三澤純・稲葉継陽という同大文学部の三氏編で出版された『熊本藩の地域社会と行政：近代社会形成の起点』にまとめられた永青文庫史料による新しい「藩政史研究」の成果を、近世史研究の全体的動向の中に位置づけ、研究発展の可能性を示すという趣旨で開かれ、三澤「『熊本藩の地域社会と行政』がめざしたもの」と平川新「熊本藩研究から見えてくる江戸時代の日本」の二報告、続いて総合討論（稲葉司会）が行われた。

このような著作物刊行やフォーラム開催のベースに、大学による史料所蔵およびそれに基づく共同研究、そして研究拠点の構築という動きがあることは大事だろう。熊本大学は収蔵史料研究の拠点として永青文庫研究センターを設立させた。同センターはその後も研究成果の発信を継続しており注目される。史料を収蔵する大学は多くあるが、史料を教育研究機関としてどのように活かすのかは、今後さらに問われよう。いわば大学の収蔵アーカイブズを組織アーカイブズ（教育・研究・公開）として位置づける適格性をめぐってである。

ここではこのような問題の存在を確認した上で、上梓された共同研究の成果の出版物をめぐりみておこう。本書構成は次の通りであり、以下の引用に際しては章や頁数で示している。

序章　本書の課題（三〜一四頁、稲葉）
第一章　熊本藩政の成立と地域社会：初期手永地域社会論（一五〜五四頁、稲葉）
第二章　城下町の土地台帳にみる都市運営の特質（五五〜八八頁、松﨑範子）
第三章　海浜干拓地における村の組成：肥後国宇土郡亀崎新地亀尾村の事例（八九〜一二六頁、内山幹生）
第四章　日本社会における評価・褒賞システムと社会諸階層：一九世紀熊本藩住民評価・褒賞記録「町在」の成立・編成と特質（一二七〜二〇〇頁、吉村）
第五章　幕末維新期熊本藩における軍制改革と惣庄屋（二〇一〜二五八頁、木山貴満）
第六章　幕末維新期熊本藩の「在地合議体制」と政策形成（二五九〜二九四頁、三澤）
第七章　明治初年の藩政改革と地域社会運営の変容：藩から県への「民政」の転回（二九五〜三五〇頁、上野平真希）
第八章　近世地方役人から近代区町村吏へ：地方行政スタッフの明治維新（三五一〜三九八頁、今村直樹）
終章　（三九九〜四一一頁、三澤）

一　藩領住民の政治行政能力の歴史性

本書が明らかにしようとしているのは、近世日本の地域社会・藩領住民が中期以降に政治行政能力を高めていき、地域利害を実現するとともに藩（領主）側に対し行政運営についての責任を負う力量を纏い、これが近代社会の地方行政制度の基盤になった可能性があること、このような点だろう。しかも研究史では、いわゆる非領国地域（関東・畿内などに典型的な、幕領および小藩・旗本などの領主支配地が入り組んだ地域）にかかる傾向を見いだす研究成果はあるものの、藩領国地域（領主支配地が比較的一円的に設定された地域）では領主支配力が強く、かかる形態はみられないといわれているなかで、九州の大藩、細川熊本藩の史料群（永青文庫）に、上記のような地域社会の状況を見いだした訳である。

本書に接し、評者がまず感じたことは、時代の連続性と画期性ということだ。これは二つの側面があるように思う。第一に、中世からの連続性、いわば歴史の蓄積を重視し「近世」の時代的特質を考えることである。すなわち、領主の徳政・仁政意識、百姓層による地域行政・惣庄屋への注視などを通し、中世（戦国期）からの連続性を重視する観点で、近世武家領主（幕藩領主）の統治システムのなかに、領民による中間団体（村・組合村・郡、手永）がどのように行政を担う回路を形成し、近代地方行政制度に継承されるのか。第二に、画期性、歴史の転換の重視という立場から、「近世」の転換点を考えることである。一八世紀後半の宝暦・明和期を境に領主制・領主政治の仕組みが大きく変化するとみる。藩領住民の諸活動＝行政活動・社会活動を、政治に取り込むための行政ルートの整備と、住民の諸活動を評価・褒賞して行政的に管理・組織化していく方向と捉え、それらを「覚帳」と「町在」という史料に探る。民政・地方行政の現場を預かる郡代と中央の郡方とが直結し、農村社会＝惣庄屋・庄屋からの上申事案が郡間を経由せずに、郡代から郡方に直接持ち込まれ、農村社会からの文書が中央機構での政策稟議の起案書となり、政策化に向けて決定・執行されると原文書がそのまま郡方の記録「覚帳」に綴じ込まれるようになる。領主政治は、一つに、農村社会の行政ニーズを取り込み、その政策調整・許認可と行政処理、二つに、藩領住民の人事考課・褒賞を行い、総体として社会に対する行政管理化を志向すると捉える。藩領住民に特化した選挙方の記録「町在」はこうした行政状況の帰結であり、「住民参加の行政状況に対応」したものだ（一五〇頁）。そして寸志の増大傾向で、褒賞基準の基本は身分・権威に関わるものとされる（同頁）。これは、「近代社会形成の起点」という視角からの評価で、一九世紀史という観点でもある。

二　近世領主制との関係

近世日本の領主制のあり方に着目してきた評者としては、以上のような地域社会・藩領住民による政治行政力量をめぐっては多くの示唆を得るとともに、これを近代の地方行政のあり方に引きつけて考える本書のスタンスに共感を覚えるものの、やはり近世領主制との関係性が気になる。

統治の要素を政治学でいう立法・裁判・行政と考える場合、領主制（幕藩制）の統治要素はどのように位置づけられるのか。領主制が有した行政機能が中間団体の自立的機能として担われるという見通しとみてよいのだろうか。これは中世段階からの百姓層の成長、地域社会形成の前提ともいえる「請」システムにも連なる問題だろう。ただし、「行政」が公（国家）権力に付随するものだとすれば、「家」権力としての本質を持つ領主制の公的性格と、階層利害を実現すべき権力という民衆（領民）の領主認識も想定する必要はなかろうか。また近世領主が領民に持つものとされた、恩恵的な「仁政」・「御救」のような観念との異同も気になる。

さらに、藩領住民側からの寸志の意義も検討に値しよう。これは地域の有徳者の小名望家としての社会的役割の明確化と裏腹の関係にあるようだ。領主財政は請免制のなかで定額年貢以上の財政規模を志向していないので、領主財政のおよばない社会政策的課題を藩領住民の経済力、民間活力に拠るのは必然とみえる（一八六〜七頁）。寸志は高利貸などを営む有徳者が地域で生きるためのいわば「名誉税」だ。政治の役割は、身分的見返りを求めた藩領住民側の寸志という社会貢献活動を正当に評価し、社会の活力を引き出すことに主眼がおかれる。領主政治は、この社会的余力を前提に社会自身による自律的展開を求め、明治期には、手永が村の経済的限界を広域的に保証した社会保障システムと水利・土木事業＝農業基盤整備事業が高まりをみせるという（一八八頁）。

だとすれば、本来、領主にも自覚されていたという「仁政」・「御救」には、社会政策的発想がそもそも含まれないことになるのであろうか。これまでいわれてきたような取立と勧農・御救をめぐる、時代を追った位置取りの検証を感じる。

役人の性格はどうだろうか。本書は役人（百姓層が担う手永会所の役人、庄屋層）は地域の利害基盤に立つことを前提にした議論にみえる。扶持を拝領し、場合によっては村方騒動を起こす、そのような存在としての役人と領主支配との関係を如何に捉えるのか。かかる問題については、例えば、地方役人たちが領主権力の末端を担う存在としてではなく、戦国期以来の共同体に淵源を有する公権を背景として、藩政への異議申し立てを行い、それを「役名之覚書」と呼んだ可能性（二六六頁）を考えることで探れるかもしれない。惣庄屋が連合して藩政と対峙する具体相（第五章、第六章）も参考になろう。

ただ、以上の評価は、近世身分制社会のなかで形成される階層が近代地域社会へ継承されるという、近代との連続性をめぐる評価と如何に関連し合うのか。集権化を進める明治三年改革で、手永は廃止、里正中の会議も限定的となる。しかし、旧手永役人は藩の郡政出張所へ移管あるいは組以下の役人となる（三三九〜三四二頁）。近世期の高い行政能力を有する地方官吏の存在が窺われ、村寄合や惣庄屋衆中による会議などが地方運営を成し得たことを前提として採用し得たシステムと考えられる（三四三頁）。別言すれば、旧地方役人を母体とし、事務力量を持ち得る集団にもみえる（三八八頁）。広域的な領主支配機構で近世後期には自律的な地域団体としての性格を強めていた手永から、百姓出身の区町村吏僚が大量に創出される。近世後期に地方官僚としての集団化を果たしていた地方役人は、その多くが区町村吏として採用されるという。近代行政権力は、百姓出身である在地の行政役人集団への依存・吸収をはかり、地域社会での近代化政策を実現する、このような評価である（三九二頁）。

もっとも、これらの評価は矛盾も内包するのではないのか。地域行政システムに自立的な役割を果たす姿勢は地域利害であっても、行政システムは権力の装置という観点は必要だろう。権力（近世・近代）に必要であるからこそシステム化されれのではないのか。

三　中間層形成の意義

また、かかる藩領住民（藩領民）の行政的力量の援用には、民衆（地域社会）の階層性、また権威への被誘因性の問題も想定され、とりわけ褒賞にかかる問題が潜んでいよう。褒賞記録を通じて管理・組織化しようとした住民の諸活動とその褒賞形態を如何にとらえるのか。惣庄屋の職務評価は、他に比べ罷免の度合いも高い。褒賞システムは、士分化（身上り）の性格も持つのだろう。宝暦改革期の選挙方設置とともに民政・地方行政において住民褒賞の観点が導入され、褒賞記録が生まれる。改革期は惣庄屋人事と社会救済への民間協力を重視する褒賞である。その後明和・安永期には、社会救済策への民間依存が強まるとともに、年貢払方に出精する手永役人・村役人が褒賞対象となる（一四四頁）。近世の地域社会のなかで経済的な有力者と行政を担う階層の重なりが思われる。評者はこれを社会内権力（地域の政治的経済的有力者）から対社会権力（地域に対峙する政治的経済的有力者）という見方をした（拙著『近世領主支配と地域社会』校倉書房、二〇〇九年）。

地域社会システムの形成について見通しを探れば、村方富裕者たる在御家人が地方役職、地域名誉税（寸志）提供を通じて地域運営主体層となり、かつ地域住民の間で多様化・序列化する身分標識のもとで地域身分制はまとまりを強める。そして手永と村は密接に結びついて一種の社会システムとして機能していく（一九二頁）。本共同研究で主導的立場の一人である吉村は、藩領住民の動向を政治に取り組み、住民の諸活動を領主が評価・褒賞するという見解を持つ。寸志者を地侍・一領一疋へ取り立てるという政策を鑑みるに、寸志の目的は士分化である。褒賞し御郡代直触などへの身分上昇もあった。新来のものと旧来のものを「在御家人」として一本化されるのだ（一四〇頁）。地方役人は「百姓出身」とはいえても「百姓」ではなく、事実上の士分でありいわば地域エリート階層、そこには多くの地域住民との差異化が指摘できよう。

褒賞は、そもそも領主の立場による、そのような本質を持とう。近世段階では、孝行、寸志、貧困救済者、諸公役上納方出精、倹約などがある。藩主・領主からみて、奇特として褒賞、また漸次、会所役人・村役人としての出精評価がなされる（一四〇頁）。つまり、褒賞・評価は住民利害を第一義としたものではなく、当該段階における社会の動きに対応するための「領主政治」に資する行為への褒賞、かかる側面を持とう。そして褒賞が身分制に関したものであることも留意すべきで、それは究極的には権威の問題だ。

領主身分と非領主身分との間に中間層が形成され、そこに新しい権力領域が生まれていること、領主権力が支配を実現しようとする上で、その権力領域を活用していく側面を見せることで、新しい権力領域はもとより、領主権力自身も変質する（四〇六頁）。むしろ中間層は、権威支配や身分制の枠組みのなかで、自らの集団（家や親族、交友）の伸張をはかるのではないのか。「非領主」が、「領主」やその背景にある権威秩序に接近することの意味を考えるべきで、いわばマジョリティをめぐる歴史学的観点は、留意されてよい。「公儀権力の末端を担う村役人の権力と村共同体の公権とは別のもの」（四〇七頁）という三澤の理解は重要と思う。村役人の権力と村共同体の公権は別ものであるからこそ、地方役人は村共同体の資質というよりも、村役人の権力を身分制的に帯びる、これが身上りであり差異化の現象なのだろう。

地域社会の政治行政的力量の獲得は、地域利害に資する側面、政治に公的性格を持たせる側面、このようなこともあろうが、地域社会における階層的差異化の側面も看過できないのではないか。地域社会・住民による行政システムや政治参画、しかし、それができる階層は身分権威を背景とする近代の褒賞システム（天皇制）に連なるのではないか。結局、いかなる階層にとっての「行政」だろう。

近世の政治社会に生まれた「近代化」。それはいわば相反する如き多面的な容貌も持つのだろうか、気になる。

（思文閣出版、二〇〇九年刊。「熊本大学文学部創立三〇周年・永青文庫研究センター設立記念　熊本大学文学部フォーラム」〔二〇〇九年一二月五日〕にて、事前に主催者から求められ用意した発言に基づく新稿）

3節　幕府広域支配の特性は何か

はじめに

歴史学は具体的なフィールド（地域・人物・事象など、様々だろうが）の時間的・構造的分析に基づく学問であるのは言うまでもあるまい。理論はフィールドに基づいて実証され、またフィールドの分析によって理論が構築される。そのような意味でいえば、本書（村田路人著『近世広域支配の研究』）は近世日本の畿内地域をフィールドとした、江戸幕府の「広域支配」をめぐる問題を考察する、極めて実証的かつ展望性（理論性）を備えた優れた研究書である。ただし、本書書評の依頼をうけた時、地域的なフィールドを異にする私につとまるものか躊躇したが、著者と同じく「近世支配史研究」（三頁）に関心を寄せる者としてお引き受けした。本書の内容に即した的確な書評は、著者とのフィールドが近い方によってなされようし、また具体的事象をめぐる議論は評者のなしえるところではないので、ここでは著者が本書のテーマとした二つの柱を中心に若干の疑問点などを示しながらその責めをふさぎたい。

一　支配の実現メカニズム

本書の第一の柱は、「支配の実現メカニズム」を明らかにすることであり、このような点に着目すれば、支配の担い手を武士だけに限定するのがいかに問題であるかがわかるうえ、支配・被支配者間の矛盾回避機能にも気づくとする（三頁）。かかる支配システムの多層的構造の指摘は、いわゆる「中間」層論と重なると思われ、すでに佐々木潤之介が豪農論（『幕末社会論』塙書房、一九六九年など）として提起した問題につながろうし、身分論の観点では朝尾直弘（「十八世紀の社会変動と身分的中間層」辻達也編『日本の近世　第10巻　近代への胎動』中央公論社、一九九三年）、支配機構論の観点では久留島浩（「近世後期の『地域社会』の歴史的性格について」『歴史評論』四九九、一九九一年など）等の論点と共通しよう。また評者の関心からは「領国地域」の給人知行地の陪臣層もかかる範疇で捉えられると思われるが（拙稿「近世日本における『国家』・『家』・領主制」『歴史学研究』六七七、一九九五年）、幕府領や旗本・公家・寺社・大名領等が錯綜するいわゆる「非領国地域」においてそのような階層を具体的に見出したことは、著者の特質すべき仕事であろう。それを著者は「用聞」という概念で捉える。ここでいう「用聞」とは、個別領主や代官へ出入りする町人（具体的には大坂町人）の用聞・用達のことで（第一部第一章、第三部第一章）、幕府奉行所（堺奉行所川方役所）が抱える町人（堺町人）の用聞もあったという（第三部第二章）。では、このような「支配の実現メカニズム」の一端を担い、支配・被支配者間の矛盾回避機能をも有した「用聞」は如何なる過程を経て形成されるのか。

その際重要なポイントになるのが、「幕府広域役」である（第一部第二・三章、第三部第一章）。幕府広域役は多様だが、国役普請（人足）役と大坂城・蔵修復役を基本とするという。前者については、享保六年（一七二一）までは、摂津・河内両国の大河川の堤河除普請のために、両国の幕領・私領に石高一〇〇石につき五人または八人の人足を課していたが、同七年からは、五畿内の大河川の堤河除普請に要した費用の一〇分の一のみ幕府が負担し、残りを国役銀という形で五畿内幕領・私領に課すようになった。後者は、大坂城や幕府の諸蔵の修復のために、摂津・河内・和泉・播磨の幕領に課された諸色または人足役である。問題はこの両役に対し、村々は直接に人足や諸色をだしたのではなく、役請負人や役代銀立替人が介在し、村は彼らに役代銀を支払っていたということである。

その請負人は一七世紀中頃には夫頭と称されたが、一七世紀末頃より、役を賦課された村を支配する領主・代官出入りの大坂町人の用聞・用達であることが一般的になったという。このような「用聞」による幕府広域役の請負という事実がみられた。つまり「用聞」は「役の請負」人として、まずは登場するわけだ。しかし、役の請負とは具体的にどのようなことなのか。幕府広域役の請負システムは領主や代官が村々に確実に納めさせるため、村々の意向に関わりなく設定したというが、このことは役を請負う側（商人や有力農民・牢人さらに土木業者などもあったという）にしてみれば、如何なる意味をもっていたのか。何らかの利益があったから請け負ったのか、それとも半ば強制的なものだったのか。役を請け負うには豊富な資金力と人足動員能力が必要であるとすれば、以上のことは役の請負人の個別経営の問題とも関わろう。役の請負を通じて領主や代官、また村々との結びつきを強め「用聞」となった階層が都市町人（具体的には大坂・堺商人）であったとすれば、なおさらであろう。

ところで、この「用聞」の性格の大きな転機が、前記の享保六年国役普請制度の変更により訪れる。すなわち変更前では、「用聞」は普請役の請負料と幕府が支給する人足扶持米を取得し、その請負料の一部をもって大坂町奉行所などの広域支配機関の用向きを果たしていたが、変更後は国役金の直接的な村への賦課というかたちをとったため役の請負というかたちで「用聞」の入り込む余地はなくなった。ここに「役の請負」人から「支配の請負」人へと「用聞」の機能は変化したという。しかも用聞料が村々から払われることになって「用聞」が村側に取り込まれたとも指摘する。その理由について著者は、国役普請制度の変更とともに、より本質的には、役請負人は村々に対して役を請け負う一方、領主や代官からも、村々の役納入を確実にするための機関として位置づけられていたとし、この支配実現の二つの部分が表裏一体の関係にあったという近世機内支配の特質が役の請負人から支配の請負人への転化の理由であるとする（一七頁）。

しかし、このような説明では抽象的すぎいささかわかりにくい。著者は支配の請負人たる「用聞」がすべて役請負人から発生しているのではないともいうが、役請負人がどのように「御用」を勤めるのか、いわば政治的な力量を身につけていくのであろうか。商人や土木業者としての役請負と領主や代官の用聞としての村方や幕府広域奉行との交渉とは、およそ次元が相違するようにも思える。しかも後者の立場では独自な裁量（三〇三、三一〇〜二〇頁）を発揮して領主ないし幕府広域奉行側と村方との矛盾が回避され、そのような「支配実現のメカニズム」が近世支配の特質と主張するのであれば、やはりその検証は必要だろう。また、用聞の存在を不都合と考え、支配の枠組に依拠した役実現というあり方を否定し自由な請負関係を目指す動き（五六、一二二頁）、あるいは直截に「村による用聞忌避」（三〇一頁）と著者が評価する動向と、用聞料の村の支払いによる「用聞」の村への取り込みという動きとはどのような整合性をもって説明できるのであろうか。請負料が入らなくなったために村へ用聞料支給を願う、そのような「用聞」（商人）の経営実体はどのようなものであったのか。かかる分析を踏まえなければ、支配の請負人としての「用聞」の主体性・裁量権の問題も説明できないだろう。

この点、村に無心・借銀していた堺奉行所内川方役所の用聞（川筋用達）が「堺奉行所川方役所の末端役人的存在として単にその支配を請け負っていたのではなく、川筋村々の意思をくみ取り取りつつ（むろん主体的に）、川方役所とは一定の距離を置きながら活動」しており、それが「川筋用達がその基盤を村々に置いていた」（三四六頁）からという指摘は興味深いが、このような奉行所の用聞も含め、「用聞」にとって領主・代官や村との関係のなかで役や支配の「請負」がどのような意味をもったのか、史料的制約があろうが、彼らの個別経営と関連づけて捉えなければ、その実相にはなかなか迫れないだろう。その上で、「支配の実現メカニズム」の一端を担う「用聞」は、支配の多層構造を「中間」的に構成する諸階層（豪農・中間身分層・惣代庄屋・陪臣層など）との連関のなかでの位置づけが可能となり、そのような作業が「支配者と被支配者の矛盾回避機能を、用聞以外のものにも検出し、近世支配の特質として一般化」（一五頁）することにつながろう。

二　広域と公共

本書の第二の柱は、「幕府の広域支配」という問題である。畿内は幕領をはじめ諸領主の所領が錯綜した「非領国地域」であり、そこでは、個別領主支配（私領主および幕府代官）と奉行所支配（各種の幕府広域支配機関またはそれに準ずる機関）が展開すると捉え、このうち、後者をめぐって検討がなされる。とくに「近世という時代は、河川に対する権力の広域的・統一的支配への指向が顕著に現れる歴史段階」であり、「非領国地域」である「畿内の河川支配を通じて、幕府と個別領主、あるいは幕府と村々との関係を窺う」（一七一頁）という切り口から緻密な分析がなされる（第一部第四章、第二部第一・二章）。

幕府の広域支配という場合、「広域」の本質は何か。この点著者は、幕領のみにかかる役を「幕府広域役」という概念でくくるがそれでよいのだろうか（六七、六九頁）。これは、「幕領だけ」のものと「幕府・私領の別なくかかる」もので「畿内・近国のうちの数カ国に石高基準で」賦課される役（六五頁）というが、まず「広域」に対して読者は、「幕領・私領を越えた幕府の広域支配権」（五頁）というイメージをもつであろう。確かに広域支配の実現にあたって著者が領主や代官の支配権に注目する必要性を提起したことは重要だが、「広域」について地理的広がりや幕領を基準とする見方はいかがなものか。この点著者自身が「幕府広域支配実現における領主・代官支配の枠組みの意義を追求するためには、私領についても検討しなければならない」（二〇一頁）いう姿勢に期待したい。

ところで、著者は「広域」の本質について幕領・私領を越えた地理的広がりという側面とともに、さらに重要な論点を提示しているように思われる。それは幕府の「公共」性という問題である。すなわち、「幕府の摂河河川支配は、幕領優先主義的傾向を示しつつも、河川支配における幕府の主導性と公共機能をあますところなく物語」（一九二頁）るという指摘である。しかし他方で「幕領優先主義的公共機能」ともいい、さらに代官と私領主から等距離にある公共機能は、近世にあっては存在しなかったともされ（一五頁）、幕府の「公共」性をめぐる評価の難しさが図らずも示されている。

この点評者自身明確な見通しがあるわけではないが、幕領・私領を越えた「公共」性という観点にたてば、先述した享保六年の普請制度変更は、幕府の「公共」性を高めることにもなっただろう。すなわち畿内の国役堤指定河川の堤防はすべて国役堤として存在し、これに対して毎年国役普請が行われたが、指定河川沿岸の私領村が普請を願い出たからといって、私領出金が命じられるわけではなく、幕領・私領とも、同じ条件で国役普請が行われた。そして、幕領・私領に関わりなく、公共のもの、公儀のもの、あるいは特別のものとして国役普請が意識されていたと思われる（一四八頁）、と指摘される。また、普請原則変更後は幕府の負担が軽減され（変更前は役として動員される人足を摂津・河内の村々に負わせることができるだけで、それ以外は全て幕府の負担）、このことは村々による負担の増大を意味したが、普請対象の増加をもたらすことにもなった。したがって「享保七年までは地頭入用で修復が行われていた樋が、翌年以後国役普請の対象とな」るというようなことも可能となった（一六二頁）わけで、これを幕府の「公共」性の向上と評価することも可能ではあろう。受益地域と負担地域の分離を幕府が指向していたとみられる点も

（第二部第二章）、「公共」性の問題との関連で検討できよう。

だが、「公共」性の本質は、幕領・私領を越えるという意味に止まらず、「治水・水利普請が役として行われる場合でも、一方的に強制されるだけの城郭普請役などとは異なり、多くの場合地域住民の利益を図って行われる」（二一三頁）という指摘に示されるような、地域住民の利益を図ることを基本に考えるべきだろう。そしてそれをめぐって地域間での対立が生じた場合にはそれを調整・調停することも「公共」性の問題であろう（平川新『紛争と世論』東京大学出版会、一九九六年）。したがって本来、幕領・私領という区別を前提として考えるようなものではなく、私領主でも「地域住民の利益」を図りその対立を調整するような場合には、自らの領地内のことであっても、その性格に「公共」性を認めることは可能だろうと思われる。そうなると、支配の「広域」性を考えるにあたって「公共」性は必要条件ではあっても十分条件ではないともいえよう。

そこで「広域」や「公共」をめぐって注目したい問題は「租税」という観点である。近世の年貢の本質が地代か租税か、これは近世社会の性格をどのように捉えるかという重要な議論だが、ここで立ち入った考察はできない。ただ、著者は役の銀納と関連づけて租税について触れている。すなわち畿内の幕府広域役が一七世紀末から一八世紀初を画期として、それ以前から銀納ではあったものの建前は現夫・現物納であったのに対し、それ以降は名実ともに銀納となり、これをもって「幕府権力それ自体の封建領主的性格の後退」であり、「役は役としての本質を失い、租税的な性格を帯びる」（五七頁）とする。この「租税的」性格は「公共」性の問題に連動すると思うが、しかし、銀納になったから「租税的」といえるのだろうか。「租税的」根拠はむしろその使途とかかわるのであり、堤奉行の関与に示されるように「幕領か幕領・私領入組の場合に限られていた」（一五頁）のであったとすれば、「租税的」というのは憚られるし、やはり役の銀納化されたものの流れ、とくに支出面の検討が、銀（役）の「租税的」性格や幕府の「公共」性を議論するする際には必要であろう。要するに「地域住民の利益」を図るための使途であるのかということである。

ただこの銀納化をめぐっては、著者がいうように「広域役」に特質的なことかもしれない。代官支配の幕領といっても数カ国に石高基準で賦課することが、代官の役納入責任と村単位の端数の問題から、銀納になったというなら（一〇〇頁）、それは理解できる。役の銀納化の背景がこのような「広域」地域への一斉役賦課であったとすれば、幕領のみであったとしても「広域」という積極的な意義はあろう。現夫・現物納形態から銀納形態へという一般的な理解に修正をせまる根拠がここでいう「広域」性にあるともいえるのである。

おわりに

以上、本書の柱と著者がいう、「支配の実現システム」と「幕府の広域支配」をめぐる問題について著者に導かれながら愚考してきたが、もはや紙幅がつきた。ほかにも、例えば役をめぐって、役の請負システムが成立するのは、大坂のような経済力があるところに限定されるのか、近世の一般的な動向なのかという問題（八六頁）、とくに近世中期以降の役編成を逆手にとるような地域住民（民衆）による「御普請」要求の評価（二四八頁）とそのような民衆にとっての役の意味、あるいは、幕府の広域奉行や代官も大名・旗本・公家・寺社などと同様に「幕藩領主」概念で捉えることの是非（二頁）などが気になる。そして、著者は畿内を近世の地域編成ないし地域構造のなかで、どのように捉えるのか。本書では幕府の「広域支配」という観点から分析しつつも「非領国地域」という把握をするが、それは「幕府領国」論（八木哲浩「大坂周辺の所領配置について」『日本歴史』二三一、一九六七年）、あるいは「支配国」論（藪田貫「『摂津支配国』論」脇田修編『近世大坂地域の史的分析』御茶の水書房、一九八〇年）という認識とどのように相違するのか、示していただければ有り難かった（例えば藪田は、「藩領国」、「支配国」、「非領国」〔具体的には出羽・遠州・甲州などが想定〕という地域編成を提起する〔「支配国・領主制と地域社会」関東近世史研究会編『近世の地域編成と国家』岩田書院、一九九七年〕）。

「領国地域」の領主制を考えてきた評者にとって、実は本書は文字通り大変勉強になった。本来なら、比較史的立場から読むべきなのだろうし編集委員会の意図もその辺にあるのかもしれないが、非力ゆえにそこまで至らず、また誤読・誤解なども多いであろうことを怖れる。著者に知的刺激をうけたことを感謝しつつご海容願いたい。

（大阪大学出版会、一九九五年。『歴史評論』五八二、一九九八年初出。収載に当たりタイトルおよび項目名付与）

4節　国家・地域・大名の関係

はじめに

「名は体をあらわす」とすれば、本のタイトルには著者の主張・思いがこめられる。長谷川成一氏がその多くの仕事のなかからとくに紡ぎ出された本書（長谷川成一著『近世国家と東北大名』）タイトルに示されるキーワードを評者なりにつなげれば、「近世」における「国家」と「大名」の形成過程ないしその関係性を、蝦夷・北方世界と隣接・交流する「東北」という地域的観点から検討するということになろう。より具体的には「日本国家と東北地方、近世国家と東北大名を対置させて」の関連構造の分析（本書三頁）、および「蝦夷地・北方世界と東北各地域との交流」関係の析出とその変化の解析（四頁）という、二つの問題群から構成される。このような著者の意図は「北からの日本史」という表現に象徴される北方世界や異域・境界領域的世界から「日本史」を見直すという研究動向をふまえたものであり、かかる研究潮流の中心的な役割を果たしてきた北海道・東北史研究会主催による二回目のシンポジウム（弘前）において、著者はすでに、大石直正「東国・東北の自立と『日本国』」（『日本の社会史1』所収）によせて、「東国・東北の自立」という地域像が「前近代の近世東北史、なかでも個別藩政史の枠に陥りがちな東北地方の近世史研究に多くの影響を及ぼすものと思われ、いわゆる『支配の枠組み』論から脱却するためにも、このような視角が、今後求められてこよう」（長谷川「シンポジウム開催に至る経過と日本北方史研究に関する若干の問題」北海道・東北史研究会編『北からの日本史』第2集、三省堂、一九九〇年、二〇頁）と発言している。

以上のような主張にはどちらかというと中央権力（幕府）と個別大名（藩）の枠組みで捉えられてきた旧来の幕藩関係論のようなものではなく、中央権力（国家）と「東北」という地域的共通性を有した大名（藩）層の関係という、国家を地域と大名の視座からトータルに捉えようという意図が示されており、文字通り本書タイトル（名）は「体」をあらわしているのである。ここでは、かかる本書を成り立たせていると思われる三つテーマ（国家・地域・大名）ないしその関係性をめぐりいささかの意見・感想を述べることで書評子の責めを塞ぎたい。

一　「津軽海峡を挟む地域」設定の意義

著者は近世日本における国家・地域・大名の関係性を、鷹をめぐる問題に象徴させて論じる（序論）。すなわち東北は、律令国家への蝦夷による鷹の貢納、中世における奥州惣奉行・奥州探題による鷹の献上など、国家への鷹献上を歴史的特質とした一体性があり、それは幕藩体制を通じて幕府への鷹献上が東北諸藩によって主に行われるという、鷹を媒介とした近世国家と東北大名の関係に継承されるとみる。かかる観点から豊臣政権や徳川政権（幕府）による、名鷹の独占化・大名の自発的な鷹献上・統一政権による鷹徴収（租税体系の一環）や鷹場設置などが論じられる。ただ、「各城主の（鷹之鳥屋）献上拒否は統一政権に対する反逆にも等しい意志の表明とも見なされていて、厳格な下命」（三八頁）という状況も想定され、具体的な権力関係の表象としての鷹の問題を現実的な政治過程と対応させ展開させていただくと有り難かった。しかし、鷹を媒介とした国家・地域・大名の関係性の提示がここでの著者の意図だとすれば、それはかなり成功しているとみてよいだろう。なお奥羽地方においては、統一政権に対し鷹のほかに馬・砂金の進献もあり、これらの掌握・支配が大名権力形成の大事な要素になったのではないか、との指摘もある（菊池勇夫『幕藩体制と蝦夷地』雄山閣、一九八四年、四七頁）。

ところで、長谷川氏は「東北」という地域を成り立たせている要素について、著書のなかでは「鷹の出所地と鷹献上大名には、地理的にも数量的にも不可分の関係にあることが想定され、ここに東北地方を特色づける歴史的特色が浮上」（一〇頁）という以外に積極的な発言はされていない。先述のこともあわせれば「東北」地域は国家への鷹献上という、国家との関係のなかで設定されることになる。もとより地域は可変的な概念であり、本書のように国家と大名の関係を地域性を踏まえ検討するとなれば、あるいは有効な捉え方なのかもしれない。

しかし、「東北」がいかなる地域として成立し「東北大名」なる括りがどのような意味で有効なのかは今少し説明が欲しい。例えば藤木久志氏が示唆された、奥羽戦国の領主たちの間に相互の関係を調整するための土着のならわし＝共同の規範とされる「侍道の筋目」や「国中の儀」など、武士身分という限定されたものではあっても、自生的に形成されたアイデンティティの存在も考えられる（藤木『豊臣平和令と戦国社会』東京大学出版会、一九八五年、第一章第三節）。藤木氏はかかる共同観念を奥羽戦国の「自決権」と表現し、これは豊臣政権による「惣無事令」によって否定されたとするが、長谷川氏がいう近世における「東北大名」という範疇は、このような自生的な共同観念とはおよそ異質な国家（中央権力）との関係性において捉えられるものなのだろうか。いずれにしても、本書における「東北」や「東北大名」という範疇の有効性を評者は十分には理解できなかった。このようなことは評者が直接に対象とする「九州」地域についても恐らくはいえることで、我々もしばしば近世において「九州大名」という表現をすることがあるが、それは「九州」島に主たる所領を有する大名という以上の意味を必ずしも考慮していない（例えば九州の西側と東側の大名（領）の歴史的性格は随分異なるのだが）。確かに地理的要素は大名層を地域的に把握する場合の大事な要素ではあろうが、さらに掘り下げて検討することも必要だろう。

したがって「東北」「九州」のような地域的枠組みを国家的規定や地理的要素を考慮しつつ、今少し自生的・自立的側面を考慮にいれながら再考する余地は残されていよう。この点、著者自身が「津軽海峡を挟んで蝦夷地・北方世界と向き合う東北大名、なかでも盛岡藩と弘前藩は、成立期より確立期に至る期間にあって、鷹献上、鷹売買、参勤交代、米穀の移出入と、いずれも幕藩体制全体の権力構造と密接に絡み合いながら、支配のあり方、経済関係などの各側面において、蝦夷地・北方世界とは互いに補完する関係を保持した」（二〇九～一〇頁）と指摘することに注目したい。

ここで評者が問題にしたいのは、津軽海峡を挟んで蝦夷地・北方世界と向き合うものを、「東北大名」というかたちで捉えるのではなく盛岡藩・弘前藩などの北東北の諸大名が中心だということ、そしてそれはなぜかということだ。換言すれば「東北」という地域的括りに対して津軽「海峡を挟む地域」という観点も成り立つであろうことである。これは「東北」地域が隣接する「蝦夷北方世界」と関係していた、というのではなく、前者の一部（北部）と後者の一部（南部）が本来独自の地域（「海峡を挟む地域」）を形成していることを積極的に主張する観点である。具体的に東北北部諸藩（さらに出羽幕領）と蝦夷・松前藩との物的・人的・文化的関係性は、著者（本書第二部第三章）とともに多くの論者（例えば榎森進「海峡をはさむ地域史像」北海道・東北史研究会前掲編『北からの日本史』第2集、同『増補改訂北海道近世史の研究』北海道出版企画センター、一九九七年、浪川健治『近世日本と北方社会』三省堂、一九九二年、菊池勇夫前掲書、同『北方史のなかの近世日本』校倉書房、一九九一年、浅倉有子『北方史と近世社会』清文堂、一九九九年など）も指摘していることである。榎森進氏の「近世の北奥羽は、まさに北方世界に包括された地域」（同「北方世界との交流から見えるもの」渡辺信夫編『東北の歴史　再発見』河出書房新社、一九九七年）という発言は、かかる地域の性格を明快に表現している。

二　海峡を挟む地域の自立性と分断性

ではこのような「海峡を挟む地域」が想定できるとすればそれを成り立たせているものは何なのか。評者が上記先学などに学んだところによれば二つのことが想定されるようだ。

一つは、歴史的規定性である。本書は近世では弘前藩四浦《しうら》の一つとなった十三湊の基礎的研究をおさめるが（第三部）、「中世以来、夷ヶ島と十三湊との交流」（一八八頁）があったとされるこの湊は、中世には「奥州十三湊之日之本将軍」と称する津軽安藤（東）氏の本拠地であったといわれる（大石直正「中世の奥羽と北海道」北海道・東北史研究会編『北からの日本史』三省堂、一九八八年、七四〜五頁）。大石氏は「中世後期の『日のもと』は、あえていえば安藤氏の勢力範囲、すなわち津軽から『えぞが島』の範囲」と推論し、「日のもと」を『日之本将軍』安藤氏を中核とする自立的な地域」（同七七〜八頁）とされる。このような言に従えば、「海峡を挟む地域」は中世後期に形成されてきたかつての安藤氏を中心とする自立的地域ともいえ、文禄元年（一五九二）三月一三日の、浅野長政へ宛てた豊臣秀吉朱印状の「関東出羽奥州日の本迄、諸卒悉罷立候付而」とある文言（本書七七頁、『浅野家文書』七七号）の「出羽」「奥州」と区別された、「日の本」のイメージに重なるものかもしれない。中世の人々には東の果て・境界領域と認識されていた「津軽・宇曾利・外浜」や「えぞが島」（の南部）、すなわち自立的地域＝「日の本」が、「海峡を挟む地域」ともいえるのであろう。

もっとも「日の本」認識・伝説のルーツには「中央」志向が存在するという指摘もある（入間田宣夫「中世奥北の自己認識」北海道・東北史研究会前掲編『北からの日本史』第2集）。「海峡をはさむ地域」＝「日の本」が自立的・自生的性格を有するのか、あるいはやはり「中央」・国家との関係性で成立するのか。ここでは前者を強調したがもちろん二者択一的問題ではあるまい。しかしともかく「東北」は、かつて「日の本」と認識されていた北部とかかる歴史性が想定され難い南部では、その性格が相違することは確かなようだ。それは小林清治氏が伊達と最上を中心とする南奥羽と同族並立・群雄割拠の北奥羽という奥羽戦国期の地域性（「大名権力の形成」同他編『中世奥羽の世界』東京大学出版会、一九七八年）を示されたことと関連するのだろうか。

いずれにしても「成立してくる幕藩制国家は、必ずしも中世日本国家には含まれなかった『日の本』と呼ばれた津軽海峡をはさむ地域を北奥―松前・蝦夷地として再編成」（浪川前掲書一六頁）し、「蝦夷島―北奥間を〝自由往行〟の世界＝『日の本』から、『国主』の編成の下に置かれる『日本』＝北奥―松前と蝦夷地に分離」（同一三五頁）されるのである。近世国家の成立と大名領主制の形成・展開により、かつての「日の本」は南部・弘前・松前などの複数の大名（藩）領に分断支配されることになる。「日の本」の一部（南部の本州側）はいわば「東北」に組み込まれたかにみえる。しかし近世においても「海峡を挟む地域」を成り立たせる今一つの要素があった。アイヌ民族の存在である。松前藩のみならず南部・津軽藩など「北奥の藩権力は領内にアイヌ民族を抱える藩として成立」（同三八頁）した。しかも、「海峡を挟む地域」は、かかるアイヌ民族の分布地という共通性とともに北部奥羽の和人が移住し食料をはじめとするものが流通する地域としての一体性が存在した（榎森前掲「海峡をはさむ地域史像」）。そしてこのアイヌの分布圏と人・物などの流通圏は別個の問題ではおそらくない。アイヌの人々を媒介としてこの地域はいくつかの大名（藩）領に分断されつつも、政治的・経済的・文化的な共通性を持っていたのであろう。

以上のようにみれば国家・中央権力と大名の関係について地域を射程にいれ考えるに際しても、「東北」「東北大名」という観点とともにアイヌ民族を抱える「海峡を挟む」大名領と国家の関係という観点からもみる必要があろう。それを示す象徴的事件がアイヌの「蝦夷蜂起」・シャクシャイン一揆なのであろう。ただし本書ではこの事件をはじめアイヌをめぐってはあまり紙幅が与えられていない（第二部第三章三節）。しかし評者は本書の柱を国家・地域・大名の関係性だと捉えれば、「東北」一般よりもむしろ「海峡を挟む」アイヌ民族を含む大名領と国家の問題を今少し加えながら本書を紡ぎ出されたほうがさらにおもしろかったのではとも思う。というのは、著者は本書収録以外の論文でそのような観点を展開されているからである。

三　大名の自己認識

そこで、次に大名（藩）を主軸に国家・地域の問題を追いながら、上記のことも再考してみたい。本書のなかで著者は近世大名について、中央（全国）政権・国家への「臣従」を前提として「全国政権の支配権力の一翼を担う大名」（二〇〇頁）と捉える。その際、「従来、各研究者によって上位権力の下位権力に対する軍役＝諸課役の強制と、その遂行による大名領主権の強化が説かれてきた」（二〇六頁）と中央政権と大名領主権形成の関係を総括し、とくに厳しい気候的条件のなか生産力の安定化が困難な「北奥地域」では領主権力は未成熟であり、例えば太閤蔵入地の設定など全国政権の梃子入れによる近世大名化がはかられたと、津軽氏の事例により説明される（第一部第二章）。このような観点は、岩木川舟運と十三湊を結びつけそれを津軽氏が掌握するという領主的な交通・交易体系の成立が、九州肥前名護屋への出陣を契機とするという、「上からの幕藩体制化」（長谷川「本州北端における近世城下町の成立」北海道・東北史研究会編

『海峡をつなぐ日本史』三省堂、一九九三年、一五七頁）という見方にもつながる。

これらには、従来の幕藩制・近世国家研究における中央政権による地域領主の近世大名化というセオリーを領主の立場から検証しようという意図がみられる。それは城破りと鉄砲徴収・国絵図徴収による全大名領国の領内掌握などを内容とする「『徳川氏による平和』の方針が、どのように幕藩体制全体の中で貫徹されていったのか」（本書一七二頁）を、本書が対象とする地域に即して「北の元和偃武」として捉える視角に継承される。これは「北日本にも構築された」「大名の自立的な姿勢を否定し、幕法の遵守を通じて上位権力である幕府へ領主間矛盾の解決を委ねる体制」（一五四頁）だったという（第二部第一～二章）。そしてかかる中央権力（国家）と大名の関係を象徴するものが、鷹の献上と徴収であった（序論）。

このように近世大名は「上からの幕藩制化」によって成立した国家の「支配権の一翼を担う」、いわば近世国家を構成する公権力という性格を有する。しかしそこに至る過程は個々の大名により異なり、その背景の一端として例えばアイヌの人々を抱えた「海峡を挟む地域」の如き地域性が想定され、かかる個々の事情がそれぞれの大名の公権力としての性格も形づくるものと思われる。このように考えると国家の機能を担う大名ではあっても没個性的な役人・官僚なのではなく、一定度の「自分支配権」を認められた個性ある領主でもあった。その個性は例えば地域性に規定された「家」（祖先）観念や公権力としての固有性などとして自覚される。いわば大名の「自己認識」である。

そしてこのような問題をめぐっては、近年、東北地域つまり津軽藩（浪川前掲書・浅倉前掲書）、南部藩（浪川前掲書）、秋田藩（浅倉前掲書）、会津藩（渡辺信夫「会津藩の自己認識」『東北近世史』二〇・二一、一九九六年）などについて論じられつつある。本書の著者長谷川氏も「近世東北大名の自己認識」（渡辺前掲編『東北の歴史　再発見』）を書かれ、「北奥」＝津軽藩（津軽氏）と「南奥」＝会津藩（保科氏）を対比的に論じられている。本来、南部氏の配下にあった大浦氏が西津軽で独立し大名化した前者については、はじめ南部氏との関係から源氏、それから奥州藤原氏、さらに藤原氏本流の近衛家を出自とするようになって、血統の上では額内で最も高貴な水準に到達し、寛文九年（一六六九）の蝦夷蜂起に軍事動員した経験に基づき、「夷狄の備え、威風を異民族へ及ぼす家だとする自己認識を確立」し、同時に「蝦夷や安東氏と同氏が接続をするのを峻拒」したという。これに対し、藩祖保科正之が徳川家光の異母弟という家柄の御家門大名の後者については、豊臣政権以来、会津は「出羽・陸奥之押ニ成所」という地理的な状況に規定され、地域に強く規定された「自己認識」を大名が持ち、かつ「南から奥羽の地を軍事的に押さえて北に備え、東北大名を監視し各地の情報を蒐集することを、幕藩体制で負うべき役務」と捉えていたという。そして、「両者（津軽・保科）とも藩領の位置する地域に強力に規定された自己認識をもった」と結論づけられた。

以上の如く、国家との関係において公権力として独自の役務を自覚する大名の認識は、地域性やその「家」の出自意識に規定されているのである。その際、やはり「東北大名」とはいっても少なくとも、北部「北奥」と南部「南奥」は区別して考えられ、前者の地域に所領を有する大名（南部・佐竹・津軽各氏）について、「安東氏との接続をあらゆる面で遮断しようとした点」は「津軽氏も含め、北東北地方の大名は共通した特徴」（長谷川前掲「近世東北大名の自己認識」一五一頁）とされる。これらは先述した「海峡を挟む地域」の大名たちであり、中世期に「日の本」という自立的世界の中心にあった安東（藤）氏に逆規定された自己認識を有したと評価できるのであろう。

おわりに

しかし、なぜか本書に紡ぎ出されたものには、このような地域観・大名観は稀薄な気がする。もちろん、本書には、北方と東北という地域の交流、また当該地域において、それが近世領主権力の形成・確立にいかなる影響を及ぼしたのか（本書四頁）という視点がある。だが、蝦夷・北方世界＝「北」との関係性を考察すると主張しつつも、著者は「東北」という枠組みで、少なからず中央権力（国家）＝「南」に目を奪われすぎてしまった、というのが率直な印象である。むしろ、「北」・アイヌの問題が、「南」・国家との関係を規定する、そのような環境に「海峡を挟む」大名たちは置かれているのであり、そのなかでかつての自立的な中世「日の本」地域に展開しながら、個性ある自己像が模索される姿を描きこめて欲しかった。

本書は東北史・北方史研究にとって貴重な基礎的研究という性格をもつが、この点は評者の非力ゆえに充分な紹介・論評を加えることができなかった。しかし同時に本書は国家・地域・大名の関係性をスケール豊かに描き出そうとしたもので、評者にとってはおおいに刺激的であり、だからこそ「書評」というよりは、かなり偏った「独り言」になってしまった。著者にとっては自明のことやあるいは誤ったことを無益に述べていることを恐れるのみであるが、勉強させていただいたことを感謝しつつ筆をおきたい。

（吉川弘文館、一九九八年刊。『日本史研究』四五〇、二〇〇〇年初出。収載に当たりタイトルおよび項目名付与）

5節　地域史研究と史料編纂

はじめに

青森県関係の近世史料からは縁遠い仕事環境にある私に、本書（青森県史編さん近世部会編『青森県史　資料編　近世3　津軽2　後期津軽藩領』）の評者がつとまるのか不安だが、少ない経験ながらも自治体史編纂に携わり、また本書で扱われる藩政や領域社会の問題に関心を持つ立場から感想めいたものを述べさせていただくことでご海容願いたい。

一　史料から地域の歴史の流れを読みこむ

本書は青森県史資料編七冊のうちの一冊で、弘前藩の成立から藩政確立までの動きを対象とした近世2前期津軽領の続編に当たり、前書の四章構成を継いでいる。ただし前書は、幕藩関係や藩政確立（第一章）、津軽平野の開発と村落（第二章）、弘前城下と湊町青森（第三章）、津軽九浦と海運や陸上交通（第四章）を扱っていることから窺えるように、どちらかといえば主題別編成の性格が強い。これに対し、本書は「歴史の流れを読み取ることができるという性格のもの」(「はじめに」)をより目指したといえ、編集の苦労がしのばれる。具体的には次の通りである。

「第五章　転換期の藩政と社会」は、宝永から天明期にいたる近世中期の藩政や社会状況を語る。大坂への廻米を機軸にした藩経済の全国市場への包摂にともなう財政窮乏が地域・民衆に与える影響や領主的対応の限界性が描かれ、天明飢饉などが天災というよりも人災的性格を色濃く持った様子が知られる。

「第六章　北方問題の展開と藩政」は、北方問題の発生と寛政改革、また蝦夷地直轄化と弘前藩の関与や化政期の状況をうかがう。アイヌ民族蜂起や異国船来航に対応するため寛政期と文化文政期を中心とした蝦夷地警備や領内沿岸警備、またこの影響をうけた家中在宅や津軽家家格上昇・黒石藩成立などの藩政の動向や領内状況の記録である。

「第七章　諸産業の発達」は諸産業の有り様を示す。天明飢饉に際する農民救済としての杣取や漆・楮の増産計画、幕府の貿易政策もからみ銅生産に方針転換する尾太《おっぷ》鉱山、藩献上品や長崎俵物の水産物や資源保護などを意識した漁業政策、飯米確保と賦課金徴収のため藩の規制下にあった酒造業などの実態にふれ、幕藩権力との関係もみえてくる。

「第八章　宗教の統制と民衆」は、宗教と藩政の関わりのなかで宗教者と民衆との関係や新たな信仰の発生もかいま見せる。真言宗を中核とした領内寺院統制や弘前熊野宮と同八幡宮の「両社家頭」による神道・堂宮の統制、キリシタン類族、伊勢御師や神楽、信濃善光寺と遊行上人の弘前廻国、僧侶・神職の身分や上下支配関係また救済祈願など、民衆生活と深い関わりを持つ宗教の実態が浮かび上がる。

「第九章　天保期の藩政と社会」は、天保飢饉の状況を民衆移動など社会全体との結びつきのなかで考えさせる。隠れ津出の禁止、「松前拵」や飢民の流出入などに加え、貯米放出にともなう村方騒動、疾病、治安悪化と取締、献策など飢饉の具体的状況が知られ、追鯡漁《おいにしんりょう》と年貢米売却による蝦夷地との経済関係などにも言及する。

本書は以上を物語る史料群で各章が編集され、近世後期の弘前藩領および松前蝦夷地や秋田藩領・南部藩領などの周辺地域との関わりも周到に視野に入れた、文字通りの歴史叙述が、各章解説と相まって史料自身によって語られている。「地域からの視点と展望によって」「領域における独自の歴史的枠組み」と「他の地域にみられない、北奥地方に普遍的かつ独自のテーマ」を、「歴史の流れ」に沿いながら検証する（「はじめに」）意図が成功している資料編といえよう。

本書から評者なりに注目したい点を、読み応えある解説も参考にしながら三点ほどあげたい。第一にいわば「民衆」の階層性が浮き彫りにされていることである。「民衆的船舶」「民衆的な商品取引」（解説五頁）などの表現には、「米持之族」（史料№七八。以下七八のように表記）、「在方重立」（九六）、「在々身上者」（一二一）、「五所川原四ヶ村仲買之者」（四六五）などの地域社会での経済的・社会的有力者（評者はこのような存在を対馬藩を素材に「社会内権力」と呼称した。拙稿「藩政と地域社会：給人地主制論の観点から、対馬藩を素材に」『歴史学研究』七三三、二〇〇〇年参照）や領主権力から身分的・政治的特権を与えられた階層（前掲拙稿では「対社会権力」と呼称）が想定されていようが、彼らを含めた広い意味での民衆の階層性が、例えば打ちこわしの対象になるという局面だけではなく、その威嚇による徒党への強制参加や救米・貯米配分をめぐる米の下値買い集めと高値売りの風聞、松前出漁にみられる特権性など、領主権力を介在させつつ窺える。

第二に飢饉の実相・本質を考えさせられた。とくに「飢饉移出」という言葉に象徴されるように、全国市場へ依存せざるを得ない財政メカニズムが飢饉をいわば人災化している。しかも救済行為（とくに在方）そのものが窮民による城下殺到を防ぐ治安維持を目的としていたという指摘は（解説八頁）、領主による救済の意味を改めて考えさせられる。また「丹後者入込」の調査と「送返」（七七）が、岩木山の御神体が丹後の者に虐待された「さんせう太夫」の安寿という民間信仰に由来する事例は興味深い（七七。解説七頁）。丹後者による天候不順が信じられていたというが、かかる伝承・習俗を領主側は巧みに取り入れて飢饉の本質から民衆の眼をそらせる意図も内在していたのであろうか。

第三に、長谷川成一氏の『近世国家と東北大名』を書評（『日本史研究』四五〇、一〇〇〇年。本拙著前節に収載）させてもらった際にも感じたが、蝦夷地・松前との関係性が津軽地域の人々にとって重要であったことを再確認した。「松前拵」は、領主側の規制にもかかわらず生きるすべであったが、逆にアイヌ民族やロシア問題などによる、幕藩領主からはいわば外患が、津軽の人々に重い負担ともなった。そのような意味で、蝦夷地は津軽の人々にとって両義的意味合いをもっていたのだろう。

二　資料（史料）編編纂のむずかしさ

ところで県から市町レベルの自治体史編纂に多少なりとも関わった経験から感じることは、資料編の組み方の難しさである。現在評者が取り組んでいる佐賀県と福岡市に関していえば、いずれも主題別編集の性格が強い。『佐賀県近世史料』は佐賀藩、三支藩、唐津藩、対馬藩、対外交渉、地方・町方、文学、宗教等の全十編、四十巻構成で刊行途上にある。同県の場合、四〇年程前に編纂された『佐賀県史』（全三冊）があるがこれは本編のみである。『佐賀県近世史料』編纂に関わる立場からいえば、史料の断片的採録はせず、しかも同一著者やテーマの関連史料の悉皆収集を心がけている。いわば細く長い編纂事業だからこそ可能なのであろうが、歴史の動きは各編のなかで考慮されるものの、各編が総合化されて歴史の推移を検証した編集には必ずしもなっていない。

福岡市史も四〇年程前に編纂されているが、近代以降が中心で近世など前近代を含めた編纂は今回が初めてである。近世でいえば福岡市が旧城下町で中世からの国際都市博多の伝統も継承している点に鑑み、近世都市民やそれに関わりを持つ人々の姿を描くことをコンセプトとしている。ただ四巻構成の史料編は藩政、家臣、町と寺社、村と浦、というように主題別編成の性格が強い。収集資料を決める段階にあるが、可能な限り抄録は避ける予定である。

評者が現在取り組んでいる以上のような佐賀県・福岡市の史料編集の方針と本書は多少相違する。本書はある意味で大変に読みやすい史料編集である。それは歴史の流れを史料により語らしめる、という前記した方針が実現、成功しているからだ。ただかかる評者の立場からして気になることもある。例えば『佐賀県近世史料』は、当然のことながら伝本類の調査から底本決定、異本類情報を初めとする解題内容の充実を校合とともに重視している。福岡市史も細切れではなく、独立した資料編として「役立つ」ことを目指す。

本書解説のなかには、例えば一四一「寛政御仕向之覚」に関し写本間の異同などにも触れ、底本の不十分さを抄録ながら一四二「諸物価引下方一件」でおぎなう場合（解説一一一頁）、また天保初めの藩財政を示す四八三「大都調」に関する異本間の検討も含めた成立年比定など、十分な史料検討もなされる（解説五九八頁）。しかし史料解題・検討がないものも少なからずあり、四三八「善光寺御用日記」に関する「天明二年（一七八二）の回国開帳の際の弘前藩御用懸役人による同元年からの御用留」（解説四九三頁）のような簡潔な解題が、例えば、一三「永禄日記」、七二「高岡霊験記」、一七二・一七三典拠の「封内事実秘苑」「要記秘鑑」、四一九～四三五などの典拠史料として散見する「津軽編覧日記」などにも欲しかった。また五三「宝暦四甲戌歳御改帳之写」は弘前藩の財政帳簿の構造のなかでどのように位置づけられるのかという説明がないと本史料の理解も難しい、というような例もある。

このような事情から、本書は各章の解説説明に史料を落とし込むという印象をうけ、史料抄録の客観性も保障されにくいのではなかろうか。しかし、繰り返すが、資料編の編纂方針は難しくまた目指す方向により多様性は認められよう。本書は地域に即し史料に歴史を語らせる、その意味で十分に成功している資料編である。

（青森県、二〇〇六年刊。『国史研究』〔弘前大学〕一二二、二〇〇七年初出。収載に当たりタイトルおよび項目名付与）

6節　地域領主の地誌編纂とアイデンティティ

一　歴史地誌刊行のむずかしさ

市政七〇周年事業として一九九一年度から開始された宮崎県都城市史の編纂計画には、当初、本書（都城市史編さん委員会編『都城市史　史料編　近世1』）に収められている「庄内地理志」（以下「地理志」は本史料を指す）の出版は予定されていなかったという。しかし、九七年度の基本計画の見直しにより全一一二巻・拾遺一巻（うち、一〇三巻分現存）の本史料が翻刻されることになった。本書は五巻構成（最終巻は解説・索引）の最初の巻に当たる。計画変更後の史・資料編が一一巻構成という点に鑑みれば、都城地域の歴史を語る上で本史料の位置が如何に重要とみなされているかが窺える（本書解説「『庄内地理志』刊行までの経緯」山下真一執筆）。「地理志」は戦前の『鹿児島県史』がすでに参照し、『稿本　都城市史』も前近代の叙述をこれに依拠したが、宮崎県立図書館は『宮崎県史料庄内地理志』の刊行を計画し、宮崎県史編纂の過程でも刊行について議論されたというものの、結局現在にいたるまで実現していないわけで（解説「編纂の経過について」松下志朗）、ようやく日の目をみたのである。

刊行実現を困難にした背景は主に二つあったようだ。一つは先述の巻数にも示されるように大部なためである。巻二七まで収載する本書は一〇〇巻を越す全体からすれば約四分の一であるが、千頁を遙かに越えていることからもそれは容易に察せられる。しかし「都城の歴史研究における基幹史料」であり「この史料なくしては、都城市史の編さんはありえない」（本書解説二二頁）という強い共通認識によりこの問題は克服されたといえる。今ひとつは記事の中にいわゆる被差別部落関係の内容が含まれる点である。合計で一四の巻に関連するものが見いだされるという。編さん委員会ではそれらの内容を十分吟味し、その結果、「事実を事実として冷静に取り扱う実証主義的立場を堅持」する、「地理志」の中心的編纂者とみられる人物（荒川儀方）の歴史観があらわれているという立場から、「むしろ被差別部落解放の史料としてその読解を深め」るために翻刻されたと理解される（解説「被差別部落関係の記述について」松下）。利用する現代人の立場により、本史料は差別生成にも差別解放にも働こうが、編さん者の意図が後者にあることはいうまでもない。

以上のような難しい問題があるにもかかわらず、地域社会史研究を目指す者の共有財産として「地理志」刊行を英断された都城市史編さん委員会に敬意を表したい。

二　地誌編纂と領主権力の重層性

太宰春台が地誌を「天下ヲ治メル道具」（『経済録』）と位置づけたのは周知の事柄に属しようが、白井哲哉氏はそのような言をうけとめ、「地誌は領主支配を象徴化する政治的行為の観点からの検討を要する」

と指摘する（白井「近世政治権力と地誌編纂」『歴史学研究』七〇三号、一九九七年、九九頁）。評者は近世領主制のいわば重層的性格をこれまで論じてきたが（拙著『近世大名家臣団と領主制』吉川弘文館、一九九七年）、同氏のかかる指摘には強い興味を覚える。それは幕府による全国的な地誌構想や大名による領内地誌作成の問題とともに、本書に掲載される「庄内地理志」のような地誌存在の意味を問いたいからである。「地理志」は薩摩藩の一私領主である都城島津家が作成したものである。大名の一家臣が自らの領域の地誌を編纂しているのである。幕府による領主制の枠組みを越えた全国的な地誌編纂事業が「近世領主制原理の制約下にあってその実現には多大の困難が伴った」（白井前掲論文一〇五頁）のであれば、逆に大名の一家臣が自らの領域地誌を作る背景、またその歴史的意義は問われてもよかろう。ただその際、幕府や大名などの上位権力者との関係性のなかで家臣による地誌編纂の意味は検討されなければならないであろう。具体的には編纂における上位権力者の影響である。

この辺の経緯について解析する手がかりとして本書は「近年発見された」（本書解説七三頁）という「日々史」を掲載する。これによれば、「今度庄内旧伝偏（編）集方被仰出、右人々（四名）え古今旧伝之儀偏集被仰付」（冒頭部）という目的で、寛政一〇年（一七九八）九月三日に「庄内旧伝編集方」なる組織が設けられたことが知られる。「日々史」はこの組織の業務日誌である。本日誌には、「鹿児嶋え差上候都城古戦場絵図書調方今日より致筆立」（寛政一〇年九月一八日条）、あるいは「北郷家（都城島津家の旧名）御勲功記壱冊中清書成就にて、今日河合正八郎より差出有之候に付、右勲功記壱本、古戦場鹿絵図壱枚取揃差上候間、追て本清書之上鹿府（鹿児島）へ差上候筈にて候　荒川佐長出勉」（同年一一月三日条）などの記述があり、鹿児島の島津宗家（大名）に対し私領（都城島津家の知行地）内の古戦場絵図や古記録などが提出されている事実がわかる。しかし「鹿児府（鹿児島）御記録奉行所より庄内古戦場里数方角之儀御紀方被仰渡趣有之、且又都城旧伝偏集方此御方より被仰出、御記録方え偏集被仰付、彼是之取調へ方」（同年九月二八日条）とあることより、「庄内旧伝編集方」が島津宗家の指示により創設されたのではなく都城島津家独自に設置され、島津宗家の情報提供の依頼にも応じる機能を負っていたのが窺える。問題はこの「庄内旧伝偏集方」という組織と「庄内地理志」編纂の関係である。この点について本書の解説は、執筆者により微妙な見解の相違もあるようだ。

例えば、解説「近世地誌における庄内地理志の位置」（原口泉執筆）では、寛政四年島津宗家の諸郷名勝志提出の命を都城島津氏が果たしたあと、引き続き独自の地誌編纂をめざして「庄内旧伝」編集が意図され組織されたのが先述の編集方で、文政七年（一八二四）に新たに名勝志再撰提出の命をうけて、「庄内旧伝編集方」が「庄内地理志」編集体制へと拡大・転換したものと説明される。原口氏は島津宗家の地誌編纂の影響を重視するとともに、「庄内旧伝編集方」と「庄内地理志」編纂を区別する。また解説『庄（荘）内地理志』の成立年代と編集に関わった人々」（重永卓爾）では、「庄内旧伝編集方」を「庄内地理志」を成立させる母胎と評価し、編集方の事業が「地理志」の成立を志向していたのは、「地理志」の冒頭に「凡旧伝編集の事、詳ニ部冊の郷村ニ配当す」という文言からも明らかとする。重永氏は編集方を「地理志」編纂体制とイコールとはしないが、「地理志」編纂の独自性を原口氏より強調しているともとられる。他方、解説『庄内地理志』関係者について」（竹川克幸・佐々木綱洋）は、先述の「日々史」を『庄内地理志』編纂日誌」とし、本史料より「地理志」の編纂体制が明確に窺え、「地理志」編纂は「庄内旧伝編集方」によって開始されたと考えられるという。両氏は寛政一〇年九月に設置された編集方が「地理志」の編纂スタート時であり、文政一二年（一八二九）頃に一応完了をみたとする。

このように、「庄内地理志」の成立をめぐり、「庄内旧伝編集方」の性格やこれとの関係をどのように考えるかによって見解がわかれるのであろう。ただ、どちらかといえば島津宗家の影響を重視する原口氏は、「しかし、この（「庄内地理志」。引用者註）編集事業はすでにもともと独自に「庄内旧伝」の編集としてスタートしていた」（解説一九頁）との評価も示されており、いわば都城島津氏の「地理志」編纂に対する〈内発的な意志〉について、解説執筆者相互に共通理解があるとみてよさそうだ。そして「地理志」成立をめぐり島津宗家（大名）の影響はあるものの、宗家（大名）からの直接的指示ではなく、都城島津氏（家臣）の〈内発的な意志〉により独自に作成されたものと捉えるのが許されるならば、近世領主制の重層性に関心を持つ評者にとっては大変魅力的な史料集が刊行されたことになるのである。

三　治者としての責務意識と領域アイデンティティ

都城島津氏にとって「庄内旧伝」から「庄内地理志」という地誌に結実する主題、「庄内」とは何であるのか。これは地誌を編纂する〈内発的な意志〉を起こさせるものともみられる。これについて「地理志」は「庄内往古之旧名にて今に差通り惣名にて、往古先祖代［々］に庄内一円伐取之地」（「地理志」

七六三頁）と表現する。都城島津氏は、島津氏四代忠宗の六男資忠が、観応二年（一三五一）の合戦の功により、文和元年（一三五二）足利尊氏から北郷の地を拝領して同地に移住し、北郷姓を名乗ったのに始まるという。以来、一六世紀末の数年間をのぞき庄内（近世では北郷・南郷・中郷）地域を領してきた。近世になり北郷氏より島津氏へ改称するものの、文字通り先祖代々の「伐取之地」・領地、それが「庄内」であった。そのなかにある「庄内都城」については、「都城と申すは格別に相聞へ、上古御所跡にても候半上代神武天皇之御旧跡にて、于今御居間之旧跡城内に御座候」（「地理志」七六五頁）であり、「誠に日隅薩の境内には無双なる沃美高厚の勝処なれハ、太むかしの時皇都を居させ玉はん事、最その故有へし」（四九頁）と記す。さらに「都城之内郡元村之辺、都て往古は嶋津と申」（四九九頁）とされ、それは「御大祖忠久公御入部之後、当地嶋津祝吉に御在所、地名を以御家号と成」（四三九頁）というように、島津宗家の祖惟宗忠久が島津荘の惣地頭として入部、庄内都城島津祝吉に居所を定め島津を家名とした故実を載せる。

このようにみれば、「庄内」そしてそのうちにある「都城」と「嶋津」などが地誌編纂の内発的な意志を起こさせ、また支えていたと思われる。分家にもかかわらず島津氏自身のいわば故地・「嶋津」をかかえ、「日隅薩」（日向・大隅・薩摩）三ヵ国のなかで最も「沃美高厚」の地故に「皇都」もおかれた由緒ある「都城」を居所とし、足利尊氏より拝領して以来の「伐取之地」である「庄内」、という〈領域アイデンティティ〉とでも呼べるものが、充実した編纂体制を整え（解説五七〜八一頁）、長期の時間を費やして（実質的には寛政一〇年頃から文久三年〔一八六三〕のほぼ六〇年程。解説一九頁）大部で精緻な（「御当家御領所不残古事来歴を分て誌之」などと宣言される「地理志」の「凡例」をみよ）地誌を完成させたのであろう。

武家領主（将軍・大名・家臣）が編纂・関与した地誌類のなかで、以上のような背景をもって成立した「庄内地理志」はどのような特色を持つといえるのだろうか。全体が刊行されないなか早計のそしりは免れがたいが、先述した評者の関心からすれば、知行地を有した大名家臣が編纂・関与した地誌との比較に興味がある。例えば評者が調査フィールドとしてきた鍋島佐賀藩には、「丹邱邑誌」（多久古文書の村・秀村選三・細川章校訂『丹邱邑誌』文献出版、一九九三年。以下「邑誌」と略称）という地誌が残されている。これは佐賀藩上層家臣多久氏の儒官・深江順房が撰したものである。

「地理志」を「邑誌」（秀村・細川氏の解題参照）と比較すれば、（1）「地理志」には編纂組織がみられるが「邑誌」は個人による編纂、（2）両者とも一九世紀前半の数一〇年間にわたり編纂（「邑誌」は文化年間後半頃から弘化四年〔一八四七〕）、（3）「地理志」は地域別・村（町）別編成を基本とするが「邑誌」は項目別編成、（4）巻数では「地理志」が「邑誌」（五巻編成）の二十倍以上、（5）しかし「邑誌」は多数の書き込みがあり撰者の老齢という事情による編纂中断、（6）両者とも大名からの命による編纂ではない、などのような点が指摘できよう。深江は多久氏に仕える儒官ではあるが、多久氏による公務として編纂した可能性は少ないと推測されている（解題）。しかし、項目中に、「君田・采地」「聖廟・学校」「徭賦」「家臣采地並稟米」「邑中租税」「邑中正税」「武芸並礼容」などがみられ、春台が述べた支配の「道具」としての地誌という性格は、「地理志」と同じく「邑誌」も持っていたと思われる。そこには「僕（多久茂文。多久氏四代当主）不肖なりと雖も一家の長たれば則ち厳君の道備われり。況んや僕が封邑偏小なりとも雖も、而も人に君たる責は僕の身に在」（「文廟記」原漢文、「邑誌」所収。三一四頁）という領地に対するいうなれば〈治者としての責務意識〉が介在しており、これは地誌編纂を動機づける〈内発的な意志〉に重なるものがあったといえよう。

そのような意味で、「地理志」・「邑誌」ともに、近世領主制の重層構造のなか、ともに〈治者として責務意識〉と〈領域アイデンティティ〉の象徴的産物として存在したと捉えることも可能だろう。かかる問題群解析のためにも「庄内地理志」の早期完結が待たれる。

（都城市、二〇〇一年刊。『地方史研究』二九八、二〇〇二年初出。収載に当たりタイトルおよび項目名付与）

7節　史料に語らしめる地域史

本書（檜垣元吉著『近世北部九州諸藩史の研究』）は一九五九年より六六年にかけ九州大学の紀要（『史淵』『九州文化史研究所紀要』）に発表された論文の集成である研究篇と檜垣氏所蔵の福岡藩関係史料を編纂した史料篇とからなる。

研究篇は藩政改革・「島原の乱」史料・農村史・石炭史・人物史等、タイトル名を超えた多様な内容の一一論文を収載する。

①「対馬藩寛文の改革について」（副題省略。以下同じ）はいわゆる初期藩政改革をめぐる考察であるが、結局、改革の中心的課題である知行制改革への上級家臣の反発が改革派の中心人物の失脚を招いたとする。対馬藩を含む西南諸藩の多くでは幕末期まで地方知行制がみられ藩体制を特色づけているが、その社会経済史的ないし政治史的背景の一端を知り得る。

②「福岡藩政史の研究」は天保改革の内容・性格を、宝暦・明和改革、文化初年の改革等との比較から考案したものであるが、福岡藩をはじめ一群の九州における改革政策が幕府の天保改革に先立つことをめぐり「（地方史ないしその具体的内容としての藩政改革が）その自律性に基づいて展開される時、地方史は独自の歴史的意義を持ち得る」（三五頁）という問題意識は、地域史研究の重要性が指摘される現在、改め

て吟味されるべきであろう。

③「中津藩の研究」は幕末期譜代小藩の実像を同藩出身で近代的知識人の代表と目される福沢諭吉の目を通して論じようとした、ユニークな視角からの分析である。④「原城一揆の研究」⑤「秋月藩の島原陣屏風」はともに「島原の乱」関係の史料研究である。前者での近世農民運動の性格と宗教的性格の併有という、この一揆に対する評価は現研究段階の水準と合致しているといえ、後者は幕末期に作成された屏風と文献史料との丹念なつき合わせという試みを展開し、興味深い事実を指摘する。

⑥「対馬に於ける奴婢と被官」は対馬の地理的経済的環境やこれに基づく農村構造の「後進性」に規定されて形成された奴婢・被官という一種の「奴僕」について論じたものである。彼らは対馬島内に広範に存在した「田舎給人」＝在郷武士との間で主従関係が結ばれており、武士在郷制・賤民制も含めた近世身分制を論じる上で看過できぬ素材を提供してくれる。

⑦「近世天草の人口問題とその背景」は、万治二年（一六五九）より慶応四年（一八六八）まで一〇倍に人口増加した背景と対応策をめぐり論じたものであるが、歴史風土的問題としてのキリシタン倫理（堕胎と間引の忌避）の指摘は注目される。

⑧「近世矢部村の研究」は福岡県矢部村の近世末期から明治期にかけての社会経済状態を明らかにしたもので、平野部に比べ研究の少ない山村の、聞き書きを踏まえた実証研究である。

⑨「九州石炭史の研究」⑩「唐津藩石炭史の研究」は一九世紀以降の筑豊地方の考察が中心であった九州石炭史研究において、筑前粕屋郡と唐津藩の村方文書の分析を通じて一八世紀より幕末維新期に至る石

炭産業の発展ないし藩による統制策を詳細に論究したものである。

⑪「滝田紫城伝」は、青木興勝・阿部龍平等に次いで幕末期に活躍した福岡藩洋学者滝田紫城の伝記である。

以上の収載論文は必ずしも新しいものではなくまた一貫したテーマを有している訳でもない。しかし、いわば史料をして語らしめる手法をとりながら地域史の視点に立脚しつつ、全体として近代史への展望を意識した檜垣氏の遺稿集である本書は、事実関係のみならず問題意識においても教示するところは大きく、学界共通の知見として一書にまとめられたことを喜びたい。

（九州大学出版会、一九九一年刊。『史学雑誌』一〇〇の七、一九九一年初出。収載に当たりタイトル付与）

8節　「歴史的後遺症」概念

私は九州佐賀出身で、郷土の佐賀藩について不十分ながら勉強してきた。佐賀藩では櫨蝋や陶磁器類の専売制を近世中後期以降に展開し、それなりに藩財政を潤わせてきた。しかしこれら国産品生産が領民の生活を経済的にどれだけ豊かにしたのか、近現代の肥前・佐賀県域の人々に豊かな財をもたらしたのかというと、必ずしもそうはいえない。確かに有田・伊万里の陶磁器としての評価・知名度は全国的に高いものがあろうが、経済的観点からすれば、決して大きなものではない。「佐賀んもんが歩いた後にゃ、草も生えんばい（佐賀の人が通った後には、〔佐賀の人が大変貧しくこれはと思うものなら例え草木の種でさえ持ち去ってしまうので〕草も生えない）」と近隣県の人から揶揄される程、貧しい生活を強いられてきた。それはある意味で領主支配の厳しさから来るいわば無抵抗主義、従順さに由来するものかもしれない。佐賀の人は概しておとなしく、他人と摩擦をおこすことを潜在的に避ける傾向が強く、自己主張もあまりしない。佐賀城下にこれといった祭がなかったことはそれを物語ると思う。これに対し、佐賀北部の唐津藩は大名交替が激しい譜代藩で、唐津城下町の唐津くんちは大変勇壮なもので、唐津の人は佐賀の人に比べると積極的で快活である。古くからの交易地という大陸的・開放的な歴史性が反映しているのかもしれない。しかし経済的な面では、やはり佐賀同様に富んだ地とはいえないであろう。

ただ、佐賀・唐津両地域の人はともに自らの歴史文化にある種の誇り、アイデンティティを持ってきたことは確かである。とくに佐賀の場合、大名鍋島氏はもとより知行地文化圏とでも呼べるものが醸し出され、現在にいたるまでそれは大事にされ生き続けている。佐賀県のほぼ中央部に当たる多久市（旧多久氏知行地）や武雄市（旧武雄鍋島氏知行地）などはとくにその傾向が強い。

私たちにとって生活は最も重要なものであり、その豊かさ・向上を求めるのは自然な心情である。川村優先生が長年にわたり研究の対象とされてきた房総地方の干鰯や醤油などは、肥前・佐賀域の特産物より、江戸時代やその後の社会に与えた影響力は余程に大きかったのではないか。とくに干鰯生産は江戸時代の農業のあり方に変革をもたらしている。それは誇りにしてよいと思う。確かに、多くの領主による相給知行は行政の一貫性・統一性が疎外され、先生ご指摘のように江戸時代やその後の地域の人々に、たくさんの間引をせざるを得ないような生活困窮をもたらしたのも事実だろう。しかし明治期に作成された地方巡察使の復命書はあくまで明治期の為政者の眼差しで書かれたものである。

経済的観点はもちろん生活者という意味から重要だが、歴史の後世への影響を判断するのはさらに様々な視野が必要ではないかと思う。佐賀にとっての「歴史的後遺症」の大きなものはむしろ、経済的問題もさることながら、おとなしさ、積極性のなさ、卑屈意識が伏在する従順さ、という佐賀人の精神風土ではないだろうか。しかし、町おこし的発想があるものの、地域民による歴史文化継承の様々な試みもなされているし、このような動きは佐賀に限ったことではない。例えば、兵庫県丹波市柏原《かいばら》（柏原町商工会「豊かな地域をつくる（20） 藩政時代の遺産を大切に守り育て丹波市中核の町づくりに取り組む　柏原町」『パワフルかんさい』四三二、二〇〇五年）、山口県三隅町（木村庄「毛利藩の財政を再建した『清風精神』と『一町一農場』の新しいムラづくりを目指して　山口県三隅町〔市町村お国自慢〕」『農林水産省広報』一七の一一、一九八六年）、鹿児島県肝属町高山（岩本由輝「書評 近代化への安易な包摂を拒んだ地域：秀村選三著『幕末期薩摩藩の農業と社会』をめぐって」『創文』四七五、二〇〇五年）などは、官も見え隠れするが基本的には民主導の取り組みである。

川村先生の生活者としての立場の重視には共感を覚えるし、その観点からの「歴史的後遺症」概念の提起であり、むしろ今後（未来）に歴史性をいかしてゆく手だてとされている。ただ、「後遺症」というぃわば負の評価をする前に、様々な視野から現代社会が歴史の影響をうけていることを、未来に向けて改めて問うことを心がけなければならないだろう。私はむしろ、そのような現代社会の歴史性を考えることの重要性を、川村先生の「歴史的後遺症」概念から学ばせていただいた。深謝申し上げたい。

（『日本村落自治史料調査研究所研究紀要』一二、二〇〇八年初出。「川村優先生の「歴史的後遺症」概念に接して」改題）

第Ⅳ章　宗教と規範・いのち

1節　近世の「宗教」も政治・社会を読み解くカギ

はじめに

評者の主たる関心は近世の政治支配にある。しかし、それは広義の「宗教」、精神世界の問題を想定せざるをえない。このように考える私の本書（井上智勝・高埜利彦編『近世の宗教と社会　2　国家権力と宗教』）を読む立場を、これまでの仕事（拙論）に即しながら整理すれば、次の四点になろう。

ｉ民衆の心性と支配（秩序）に介在する心意統治（「給人領主と農耕祈願」『九州文化史研究所紀要』三四、一九八九年、「知行地の年中行事」『福岡工業大学研究論集』二三の一、一九九〇年、「給人領主家の『死』をめぐる儀礼」『歴史学研究』六六九、一九九五年）

ⅱ地域社会の変容に伴う教諭による社会観・道徳観（「社会変容と訴願・改革・教諭」『九州文化史研究所紀要』五〇、二〇〇七年、「近世大名の農政展開と社会差別」『比較社会文化』一三、二〇〇七年）

ⅲ帰属意識や社会秩序の形成、維持に機能する武士神格化（『民俗神や民族神との関係分析を通した近世武家権力神に関する基礎的研究』二〇〇一～四年度科学研究費補助金〔基盤研究〈c・2〉〕研究成果報告書、二〇〇五年、「近世大名家〈祖神〉考」『明治聖徳記念学会紀要』復刊四四、二〇〇七年、「武士神格化と東照宮

勧請」『国史学』一九五、二〇〇八年）

iv人間観・社会観・対外観、つまりは世界像の構成要素としての神国観（「増穂残口の対外観：近世中期の自民族中心意識の複合性」中村質編『開国と近代化』吉川弘文館、一九九七年、「幕末期浦人の〈西洋〉認識と自己像：福岡藩領『見聞略記』から考える」『比較社会文化』一四、二〇〇八年、「『世界』と『神国』：西川如見の『天学』論をめぐって」九州史学研究会編『境界とアイデンティティ』岩田書院、二〇〇八年）

以上を総じていえば、民衆の心性・精神世界、それを前提とした支配、社会認識・道徳観の教諭、民衆の治者・武士認識、様々なレベルのアイデンティティ、このような問題群と捉えられるが、これらはいずれも「宗教」的な世界と密接な関係にある。私の本報告での課題は、本書から学び得たものを通して、「国家権力と宗教」をめぐる研究の深化に益する論点提示だが、以下は、整理した私の関心に基づく若干のコメントに過ぎないのを予め断っておく。

一　研究史認識と目的・構成

本書主題（近世国家権力と宗教）をめぐる研究史については、次のような四点が指摘される（井上智勝「近世国家権力と宗教」）。

①「近世の国家権力と宗教の関係史は、従順・帰属と排除・弾圧という論理を基幹として理解されてきた」仏教・キリスト教・民間信仰や民衆宗教。「排除・弾圧と体制内化」。

しかし、

②「八〇年代以降の近世の国家権力を朝廷を含んだ形で理解する方向」が提示、朝廷が保持する権限に依存してなされた宗教や宗教者に対する統制。神職や陰陽師など従来検討が不十分な宗教者を統制体系のなかに位置づけ、その統制機構の本所の存在意義が浮上。

③「九〇年代には、七〇年代以降に幕藩権力の支配の基調として認知された「仁政」イデオロギー論を受けて、領主と領民の「合意」に基づく互恵的な、宗教を利用した「統治」論」。自己の支配に正統性を付与したイデオロギー支配。

④「ほぼ同時期に顕れた、領主の宗教政策を段階的に、また在村の宗教施設に即してより日常的な次元で捉えようとする研究」

このような動向をうけて、「現在では近世国家権力と宗教をめぐる研究はこれまでにないほど活発化しているとし、「かかる動向をさらに促進し、日本近世史と関連する諸分野の研究進展に裨益せんことを目的」に本書は編まれた。

本書は、「近世国家と宗教」の特徴が編者の立場から述べられる「はじめに」、これをうけて三部からなる一一編の論考が展開、最後に改めて本書編纂の目的・構成と展望が述べられる「おわりに」に当たる部分からなる。

具体的な構成・執筆者は次の通り。

本書一一編の論考中、先述の論点①に関するものが二編（大橋・朴澤）、②に関するものが六編（靭矢・井上・高埜・菅野・中川・杉）、③に関するものが三編（曽根原・岸本・谷口）となり、このうち④にも関連するものが二編（靭矢・菅野）という構成になろう。

各論稿は①〜④の論点におさまらない内容も含むが、本書の特徴は論点②天皇・朝廷に関する論考を主軸にしていることは指摘できよう。その理由は本書の「国家」との関係における「宗教」認識に求められよう。

二　「宗教」を「国家」との関係で学ぶ意味

本書が目指すような「宗教」を「国家」との関係で学ぶ意味はどのように考えられるのか。そもそも「宗教」とは何か。本書のみならずシリーズを通した編者・高埜利彦は、国家祭祀機能の天皇・朝廷の伝統的な祭祀機能への依存というビジョンを重視する。高埜は前著において、「「国家権力と宗教」」、言い置き換えれば、「天皇や神社」」（高埜『近世日本の国家権力と宗教』東京大学出版会、一九八九年、三一七頁）であり、「戦前の圧倒的な国家権力（略）を形づくった主要素に、天皇制と国家神道があったことも、歴史学を通して学んだ」（同書、序、ⅰ頁）とし、「格段に強い近世国家権力の形成こそ、今日に連なる国家と個人の関係の歴史的出発点（略）その観点が、「近世日本の国家権力と宗教」」（同書、序、ⅱ頁）と、明確に「国家権力」と「宗教」とは何か、また自身の問題意識を語る。

「宗教」とは何であり、（近世日本の）国家権力との関係において、宗教を歴史学の立場から学ぶ意味はどこにあるのか。本書は全体として、かかる問いに答えてくれるのか。また「国家」と「宗教」の関係性について天皇・朝廷を主軸にした考察は、どのような意味で近世日本の場合に有効なのか。そして、近世の天皇・朝廷に関する研究が活発化するなか、このような問いの答えはすでに自明なのであろうか。

本書（シリーズ）は共編者である高埜が前著で表明したような問題意識を声高には主張しない。ただし、「本質的には武士による軍事政権である幕府は、国家安全祈願などの国家祭祀機能について、多くは天皇・朝廷の伝統的な祭祀機能に依存したと言ってよい」（本書「はじめに」四頁）とし、本書（シリーズ）も高埜が前著で表明した問題意識を継承する部分があろう。しかし、天皇・神社・神道を主軸とする認識があるとすれば、その「宗教」としての個別性と普遍性の理解は必要であろうし、普遍概念としての「宗教」呼称への単なる読み替えであれば、そこに慎重さも必要で、同時代人による『宗教』と言う枠組みの可能性、という問いかけはされてよいかもしれない。

「宗教」という言葉が現代のような意味合いで使われ出したのは、古いことではない。羽賀祥二（羽賀『明治維新と宗教』筑摩書房、一九九四年）によれば、近代日本で「キリスト教（＝神教）」を強く意識しつつ「宗教」の概念が形成」され、「「宗教」という言葉が翻訳語として使用されるようになったのは、浦上キリシタン問題をめぐるアメリカ外交文書の翻訳からのことで、慶応三年（一八六七）から明治元年（一八六八）にかけてのこと」という。近世から明治初期の日本では「宗門」「宗旨」「教法」など（三八一頁）が一般的だった。元来、漢訳仏典の「宗教」は、宗と教ないし宗の教で、言語化が困難な真理としての宗と言語化された教説としての教の関係にある（四一四頁）。

山口輝臣（山口『明治国家と宗教』東京大学出版会、一九九九年）によれば、「宗教とは何であると考えられていたのか（略）いささか雑多な存在が、宗教という観念を軸に編制されていく過程のダイナミズム」（二六頁）があるという。西洋諸語（ラテン語 rerigio から派生した英語 religion など）の翻訳が、徳教・法教・教法・教門・宗旨・宗門などの諸訳語を駆逐、定着したが、だからこそ流動的で曖昧とされ（二九頁）、「偏在して誰もが持っている宗教」から「「資格」の有無を問われるような、限られた宗教」（四〇頁）がいわば析出される。「資格」を問われる宗教において、その「資格」がキリスト教と仏教とから振り返れ、さらに言えば両者の共通項として抽出されるものが宗教としての「資格」になり、それを持たないものは宗教にあらずとされる（四七頁）。それがやがて、「人には宗教的意識ありて社会的事情の下に発達すといふ事は、此学の帰納の結果、発見し得たる普遍理法なるにあらず。寧ろ此学の根本設定なり」（柿崎正治『宗教学概論』二八頁）という主張がされ、宗教は「個人に存する本質とその社会への現象」と認識される。仏教やキリスト教も社会現象としての宗教の例である（一七〇頁）。個人の意識にその根底が求められる以上、「宗教」は人性に「必然普遍」で「自明のもの」（一七二頁）で、柿崎の理解によれば「迷信」も宗教だが、そうであるが故に、貴重で大切な宗教からそのようなものは排除されねばならなくなる（一七五頁）。

このような議論から、

①「宗教」は、本来、漢訳仏典の言葉で、幕末維新期に西洋諸語の訳語として使用され始めた。

②近世に禁止ないし抑圧されたキリスト教側が、近代になり自らを「宗教」（いわば文明化の受け皿）と称し、仏教もそれに倣った（神道は教派神道をのぞき「非宗教」化された）。
③したがって、近代はじめの「宗教」は極めて狭いイメージであったが、「宗教」の訳語候補に、宗旨・宗門・教法・徳教・法教・教門などがあったことは、これらの言葉に示される多様な要素から構成されていた。
④やがて、「宗教的意識」の人における普遍的存在を指摘され、キリスト教・仏教なども社会現象としての宗教組織と考えられるようになった。
⑤「宗教」として組織化されないもの、「迷信」なども宗教であるが、差別、排除化された。

ということが指摘できる。

中世からの伝統と変容、弾圧、近代への継承と断絶との流れで見た場合に、近世の「宗教」について天皇・朝廷を中核に据えるとらえ方でよいのか。「宗教」「信仰」の多様性に対し、「国家」はどのように対応したのか。そのなかで天皇・朝廷はどのように捉えられるのか。戦後、いわゆる皇国史観への反動から天皇・朝廷研究が不十分で、とくに近世では国家史的観点からの考察が長くされてこなかったなか、近世国家の構成要素として天皇・朝廷を位置づける研究史を、本書も継承していよう。しかし、近世は近代に連なる時代ではあるが、「「神道国教化」」と「近代天皇制国家」」（本書「はじめに」七頁）、またその核心をなしたとされる「国家神道」の形成を意識し過ぎた近世の「宗教」認識のようにみえなくもない。

三　触発される研究視角

多様な「宗教」の有り様が近世社会にあり、これが近代にかけて「資格」を持つ「宗教」に組織化される、このような見通しを前提とすれば、改めて、近世の「国家」は多様な「宗教」的世界を踏まえ、如何に「国家」として統合されていたのか（天皇天子観、徳川王権観、東照宮と勧請、先祖神化など。曽根原論文・岸本論文・谷口論文・杉論文）、また宗教集団を「国家」組織としてどのように編制したのか（公家・門跡、寺院・僧、神社・神職。靭矢論文・井上論文・高埜論文・菅野論文・中川論文）、さらに国家の民衆支配における双方の世界観・宗教観とその関係性について（異端視化、道徳観を通した社会的役割の教化、武家領主の民俗神化。大橋論文・朴澤論文）、など多様な論点の重要さがうかがえる。本書の諸論文はこのような観点に沿う内容を備えている。

しかし、やはり、近世の「宗教」世界は天皇・朝廷を含みつつも、それを超える広がりも持つとの想定は軽視できないだろう。そうであれば、天皇・朝廷がその広がりとどのような関係を持ったのか、例えば保証（思想・意識の面で支える）ないし抑圧（差別、排除の意識を形成）などの諸局面への見通しも大事であろう。そのように見たとき、思い当たるのは、「日本」や「神国」などのアイデンティティをめぐる問題だ。

水本邦彦（水本『徳川の国家デザイン』小学館、二〇〇八年、「はじめに」）は、「徳川国家の国民は、自分たちを「日本人」、みずからの国家・社会を「日本」と認識」していたとし、それは「日本国＝公儀の掌握する国家」が「キリシタン改めなどを通じて、公儀の権威」を「全国に行き渡」らせ、「それまでの民族意識を基礎にしながら、「公儀の御威光に浴する」という徳川国家の要素を加味した、新しい「日本」「日本人」意識」だと評価する。この議論は、アイデンティティ形成とその社会的定着に果たした国家権力の問題にみえる。宗門改で非キリシタンと認定された者を「日本人」と捉える、かかる認識の可能性の指摘で、「神国」観形成の問題と表裏の関係だろう。また西洋世界とアジア世界のなかでの地域認識ともいえ、社会認識、社会的な差別問題を内包し、「神国」のあるべき民、勤勉・正直・倹約という道徳性を備えた律儀な「日本人」像の創出が予見される。そこには、「神国の民」「日本人」から逸脱する遊民や障害者、賤民、異国人（異人）への眼差しが見え隠れする。

これは社会差別といえ、賤視と褒賞、権力の政策（律儀・孝行者への褒賞と差別政策の強化）と接するが、そもそも、民衆世界に内在する認識（差別観）でもあるのではないか。勤勉・律儀・勤勉で孝行者としての「日本人」のイメージは権力と民衆の民衆観・世界観のなかで作り出されるのではないのか。評者は、本書を介し、また水本のような議論に示唆をうけつつ、「神国」の内実をアジアのなかの自意識（華夷意識、三国観、末法の粟散辺土）の変容の問題（国学、皇国観の形成、定着）も含め検討すべきことを感じる。

権力・民衆と対外観・社会観・人間観の関係性に内在するのが、「宗教」、とくに、「神国」観の問題ではないのか。これは中世（さらには古代）から近代に至る「国家」と「宗教」をめぐる議論に通時的に生起するのではなかろうか（以上、本節「はしがき」諸拙論も参照）。

多様な「宗教」世界が、「神国」観（仏教、民間信仰、民衆宗教などの価値観も前提ないし内包するような）に絡め取られる動きが、近世社会に生まれまた進行する、そのような「宗教」状況が想定できるのではないか。

四　読み取れる論点

およそ以上のような問題意識、研究視角を大事にしたいと考えるが、そのような評者の立場から、本書から読み取れるいくつかの論点を整理しておきたい。

第一に「宗教」をめぐる正統の基準認識について。邪法、別法、異法、正応寺法、法儀、宗門、宗儀、法式邪正、宗旨邪法など多様な「宗教」言説のなかで、目立つのは「法」認識である。これは教えの意味だろうが、自律した「法」・宗教世界認識が示されるのであろうか。また、キリスト教禁令の基準は国家的なものだろうが、正統・異端には、宗派、民衆認識も潜む可能性もあろう。とくに民衆側が独自の異端・排除の眼差しを地域社会の構成員に持つ意味は留意したい（大橋論文）。また、由緒、実家との関係などでの改宗は認めるが、祈祷・受法によるものは認めないという。祈祷・受法が自律的な信仰心といえても、それによる改宗は国家の政策を逸脱する。民間信仰への権力の立ち位置が気になる（朴澤論文）。

第二に集団の自律性と統制について。神職集団（宗教的社会集団）の自律化・結合化の意図と、吉田・白川の支配権（許状付与。朝廷勢力）を相対化する動きが指摘される（靭矢論文）。ただ、吉田家は自律的な動向を国郡制と領主制という二つの原理の上に神職統制を行うものの、両原理下にない在地神職組織の自律性も窺え、かかる問題は地域の歴史性に規定されるのであろうか（井上論文）。

第三に武家領主の先祖をめぐって。これについては、三つほどの論点を汲み取りたい。

一つは、先祖神と「武」の記憶をめぐってである。増上寺において東照大権現と黒本尊（源義経の守り本尊でもある阿弥陀仏）の結合がいわれる。後者は松平家の擁護であり、後裔をして「天下の君」にならしむるという。天台宗に対する浄土宗の自己主張との構図も成り立とうが、そもそも武家の神格化は先祖神と政治神との性格が併存したものであったのを示す。また、冑饅頭の伝承は、備える相手が黒本尊や軍神、場面が大坂の陣や長篠合戦などいくつかのバリエーションがあるようだが、先祖の合戦における武功譚であり、先祖神や軍神の性格が不可分のものという意識の反映と考えられる（曽根原論文、拙稿「武功顕彰と『黒田二十四騎』『黒田長政と二十四騎　黒田武士の世界』同実行委員会編集・発行、二〇〇八年）。

二つに祖先祭祀と民衆の信仰世界についてで、具体的には幕末期における、民衆の信仰世界への権力の介入と祖先祭祀の持つ意義の指摘がある。安政期の萩藩祭祀改革で祭祀穢れよりも儒教的な礼を重視した服忌令が盛り込まれるが、これは増加する法事・精進日の整序化で、歴史的な功績よりも服忌規定にみえる孝を優先する意味が認められる。士庶に対する模範であり、藩主・君主は先祖祭祀を執行する祭主でその表象だ。いわば藩主による祖先やその親族の祭が、藩の祭祀・神祭として政治的に動き出す契機が幕末の祭祀改革のなかで作り出されていったと推測される（岸本論文）。

三つに、赦の契機としての祖先供養の限界である。仏教的世界における追善供養としての恩赦から、将軍宣下などの現世の政治的契機に基づく恩赦への変化が指摘される。それは宗教的色彩よりも近代的司法の色彩が強まったことを示す。しかし、寛永寺・増上寺はともに将軍家の先祖を祭祀し、その王権の権威性を保持する宗教装置ともいえる。家康回忌や日光正遷宮、日光社参の恩赦を合わせれば、やはり宗教的要素の払拭とは言い難い、そのようにもみえる（谷口論文）。

第三に天皇・朝廷の秩序・権威について。これも三つほどの論点が浮かぶ。

一つは、国家や身分制の変化と宗教組織をめぐってだ。将軍による権力編制の方法が、戦争を前提に軍役を課し軍事指揮権を発動するやり方から、儀礼を重視し身分間や身分階層の序列を重視する方式へ転換という、平和と安定の時代状況に見合った、寺門における最上層部分の門跡の格式の確立が実現。このようなか、院家衆の門跡に対する中世以来の同格性の否定と集団としての把握の消失の動きである。第二の論点との関連では、中世的な集団の自律性が後退し近世的格式の形成との評価が可能だろうか（高埜論文）。

二つは、幕府・武家政権との関係に関してである。天皇・朝廷が幕府に従う立場から朝廷権威が浮揚し、本所を介した国家（朝廷）による在地の宗教編制がなされる。宮家創設と天皇権威、これが日光山内で意識され、家康神格化や輪王寺宮創設が、上方からの独立を意味したとしても、一九世紀段階では日光山が天皇権威と結びつきを強めた。日光山には一九世紀以降、天皇権威を受容する状況がみられたという。朝廷と寺門と幕府の関係性において、寺門（輪王寺宮家）の権威の源泉が、幕府から天皇へ移るのか（菅野論文）。また、一八世紀以降、触穢令が京都町触、つまり幕府の触として洛中洛外へ出される。これは一九世紀以降にみられる、幕府による朝廷触穢令に対する政治的介入の前提という。ただし、幕府側（京都所司代）が触穢令の持つ権威的性格に危機意識を持つ側面が背景にもみえ、単純な問題ではなさそうだ（中川論文）。

三つは、「君子」としての自覚についてである。天変（彗星）に対する「君子」「天使」としての責務の自覚が指摘される。将軍と天皇、ともにそれを持つ可能性があるが、天皇はとくに、彗星出現を無効にするため、謝・慎なければならない。それは国家安寧、王統存続のためだ。これは天皇以外に果たし得ない責務であり、天皇の君主意識につながると評価される（杉論文。杉「徳川将軍と天変」『歴史評論』六六九、二〇〇六年）。

以上のように、いささか限定的な評者の立場からでも、本書は様々な論点を提供してくれる。

おわりに

多様な近世の「宗教」世界をめぐり「国家」や民衆・地域社会が相互に如何なる関係性（差別化、排除、異端視も含め）を結び、また、それが変容して、近代にいたるのか。天皇・朝廷を主軸にしつつも、広範な「宗教」世界が、想定されていなければならないのではないか。本書（シリーズ）は、古代・中世、あるいは近代とともに、近世の「宗教」も政治や社会を読み解くカギであるのを教えている。

（『近世の宗教と社会』全三巻〔吉川弘文館、二〇〇八年〕の合評会〔近世の宗教と社会研究会、歴史学研究会近世史部会合同開催。於学習院大学、二〇〇八年一二月一四日」にて、主催者依頼により、井上智勝・高埜利彦編『近世の宗教と社会　2　国家権力と宗教』を対象にコメントしたメモに基づく新稿。なお当日は、青柳周一・高埜編『同　1　地域の広がりと宗教』を藪田貫・高橋陽一、澤博勝・高埜編『同　3　民衆の〈知〉と宗教』を横田冬彦が、それぞれコメント担当）

2節　政治文化としての為政者の死

生をうけた人は誰であろうともやがて死ぬ。日本社会において生き残った周りの人々が慎みを中心とした様々な宗教行為をとってきたのは民俗学なども教えるところだ。しかし、それが政治・国事行為に関与する人の死の場合には私的性格にとどまらず、かかる宗教行為はその人が関わる政治・国事行為の範囲までおよぶ。宗教儀礼（文化）の国家レベルでの行為化（政治化）をともなった昭和天皇の病や死（一九八八〜九年）はそういうものであった。評者もかかる動向を同時代的にみながら、人（為政者）の病・死をめぐる儀礼が国家や社会に与える影響について考えた（拙稿「給人領主家の『死』をめぐる儀礼」『歴史学研究』六六九、一九九五年）。ただ、全体性（国家）のなかでの位置づけは不十分であり、そのような経験を持つ評者からみれば、本書（中川学著『近世の死と政治文化』）は待望の書といえる。

本書は課題を示す序章に続き、三部構成で論を展開する。第一部「死と音：幕府・藩の鳴物停止令」では、特定の為政者の死に際した社会レベルの服喪といえる音を出す行為を禁ずる鳴物停止令について、江戸幕府が発する停止令の形成過程やその機能、また、同令と朝廷との関係を通じた朝幕関係や諸藩での受容の実態が分析される。第二部「死と穢：朝廷の触穢令」では、神に死の穢が接触するのを恐れる朝廷・神社社会の観念に基づいた触穢令（塚本明氏の措定概念を中川氏が独自に規定）をめぐり、天皇・上皇そして将軍などの死に際する同令を、朝廷（公家）が行う政治措置という観点から、幕府（武家）や京都二二社との関係に留意しながら分析する。第三部「死の呼称：死と死者の位置づけ」では、為政者の死の呼称（崩御・薨去などの名称や院号）をめぐり、そこに朝幕関係を基軸にした国家秩序が内在するという観点から考察する。このような内容を持つ本書は、評者の立場からみれば三点の特色を持つ。

第一に為政者の死をめぐり、「政治文化」という概念を通し当該国家の構造や社会の特質を解明する立場にある点である。本書のタイトルにもある「政治文化」は学問的には不安定な概念のようだが、著者は積極的にこの概念を分析装置にし「近世社会における文化的行為・慣習などを前提にした形で成立した、国家や社会集団による政治装置を包括する概念」（三頁）とした。以前、評者は著者の所論について家族（個別・私的）のレベルの慎み（服喪）と為政者（国家）のレベルでの慎み（鳴物停止令）の同質性をみるべきではないかと指摘したことがあり、同じような大藤修氏の指摘も踏まえながら、著者が服喪の慣行という文化的事象の政治装置化、という捉え方を提示する点に賛同する。ただ「政治文化」との概念化にあたり、その文化性と基層的な要素（「民俗」慣行や「伝統」と認識されたものなど）との距離感は考慮しておくべきだろう。文化性を帯びた政治装置は、社会統合の演出ツールとして、民の習俗や伝統性など、より基層的な認識をともないながら設定される可能性も想定できるからだ。昭和天皇の病や死をめぐる儀礼はそのようなものであったと評者は思う。その点で、為政者の死をめぐる「政治文化」の歴史性に注目する本書の視点は今後に継承・検証されるべきだろう。

第二に、武家（将軍）と天皇の関係性や大名の規制令受容など、近世国家の構造とその変容について検証の場、いわば為政者の死をめぐるトータルなフィールドをつくろうとしている点である。幕府・藩の鳴物停止令、朝廷の触穢令、死者の呼称、の三つを柱とする本書の構成にはそのような意図があらわれている。かかるフィールドの設定により、例えば鳴物停止令をめぐる将軍と天皇・上皇との上下関係（規則の内容や日数など）、あるいは触穢令が次第に朝幕間の政治交渉で決定されることに窺われる触穢観の減退、他方で、死の呼称をめぐる天皇・上皇を頂点とする序列化や逆の位相としての院号（天皇からの下賜）をめぐる朝廷権威の相対化など、将軍（幕府）と天皇（朝廷）の近世国家における多様な関係性とその変化がみえてくる。それは鳴物停止令をめぐる幕藩関係にもいえることで、本令は一七世紀半ばまでには全国令という基本性格を獲得していたとされるが、幕府関係者の独自の序列化や都市と農村を区別する規制令の複数の施行形態など、単なる幕令遵守とは言い切れない藩の主体的な立場も指摘される。このように天皇の権威性や幕法の国家性など、先学に修正を迫るいくつか重要な論点提示があるものの、問題の大きさに比して分析対象がいささか局部的な面もあり、著者が意図しているであろう為政者の死を切り口にした朝幕や幕藩などの諸関係を捉えた近世国家像構築には、さらに今後の事例分析の積み重ねが必要だろう。

第三に、規制令をめぐる地域の独自性や社会の規定性が指摘される点である。それは鳴物停止令実施の非強制（大坂。但し漸次、強制）、幕府役人などへの独自受容（大坂・浦賀）、天皇・上皇・女院の死の特別な扱い（京都〔京〕。但し漸次、将軍権威の上昇）などであり、先述の藩の独自対応（奥羽諸藩）も、かかる観点で捉えられよう。そして鳴物停止令は生活・娯楽規制という性格を持つゆえ、武家（治者）による社会統合の論理と生活保障の論理のせめぎ合いと後者優先の動向（免除令など規制緩和）は注目される。ただ地域の独自性という論点には気になる点もある。幕府以外の武家領主（大名など）の独自な停止令分析がないことは暫く措くが、例えば、天皇・朝廷の所在地・京都を他の地域と同列に、〈地域の独自性〉という文脈で括ってよいのであろうか。また、地域での規制令の漸次強制や京都での将軍権威上昇と指摘される動向にも関わるが、規制令が「国家的に貫徹されるのではなく、施行する地域の権威的・権力的序列を反映した形で、停止令対象者や死の序列が変化」（二八二頁）と、著者が表現する地域の独自性（大名権力や天皇権威の有り様など）を近世国家の本来的なものとみるのか、あるいは歴史展開の所産でありながら淘汰されるものとみるのかなど、その評価は近世国家像を大きく左右しよう。著者が本書の課題として記す為政者の死をめぐる近代に向けた歴史展開は、むしろ近世国家・社会の性格を考察する上でも重要であり、そのなかで、「京都」の独自性（天皇・朝廷権威）の意味合いは改めて検討する必要もあろう。

本書がこのように、為政者の死を切り口に、「政治文化」の概念化のもと近世の国家・社会像をトータルに抉り出す方法論・諸論点を提示したのは特記されよう。なお、以上のような評者の見方が著者の真意をくみ取れていない場合には、ご海容願いたい。

（吉川弘文館、二〇〇九年刊。『日本歴史』七四〇、二〇一〇年。収載に当たりタイトル付与）

3節　権力・宗教観・アイデンティティ

政治と生活の関係性、これを報告批判者（二〇〇六年歴史学研究会大会報告批判・近世史部会。以下評者と表記）は歴史を学ぶ基本的視座にしている。生活が政治の在り方に規定されるというのは、考えてみれば当然のことかもしれないが、このような問題を強烈に感じたのは、一九八八～九年の昭和天皇死去前後の社会におけるある種異様な雰囲気を経験してからである。評者はその空気を感じつつ「給人領主と農耕祈願」（『九州文化史研究所紀要』三四、一九八九年）を執筆した。これは農耕祈願という宗教行為が領主と領民に共有され、前者が主導する場合もみられたことを佐賀藩の給人領で明らかにしたものである。いわば現実の天皇をめぐる諸儀礼・宗教行為が展開するなか、関心が領主の儀礼（宗教）による社会統合という問題に向けられ、以後、政治と生活と儀礼（宗教）との関係性追究の重要性を感じている（高野『民俗神や民族神との関係を通した武家権力神に関する基礎的研究』二〇〇一～四年度科学研究費補助金研究成果報告書、二〇〇五年はその一端の成果）。

かかる評者の立場からすれば、二〇〇五年度近世史部会運営委員会が提起した、「秩序」論、つまり支配する側とされる側の「合意」で支配は成立し、国家権力の有り様は当該時の人々の社会意識形態、習俗・慣習・道徳などの位相との関係で考える必要があるというビジョンに、賛意を覚える。ただし、昨年度の運営委員会は、国家・公権力が「秩序」を作りだすものの、それが社会・民衆に捉え返され「別の「秩序」」（「主旨説明」『歴史学研究』八〇二）として機能する可能性を見通すが、かかる主体的な捉え返しの思考プロセスと自らの言説・行為・価値観を無意識のうちに左右する契機としての「秩序」（「問題提起」『歴史学研究』八〇七）との位相を如何に考えるか。権力が作った「秩序」の民衆による捉え返しとともに民衆世界観の権力による再定義による「秩序」の構築、という観点も必要だろう。

二〇〇六年度運営委員会もビジョンの基本は昨年度を継承する。「ある観念」の民衆への影響力や社会的規模での広がり、そのような「観念・イメージ」の普及・変容の諸契機や地域社会のなかでの具体層、などの課題をあげる（当日配布「問題提起」）。前年度措定された権力が作る「秩序」を「観念・イメージ」と表現し、その一つとして歴史意識に注目、それが社会にいかに共有され変容したかなどを主題に設定した。つまり歴史意識を切り口に国家の観念的支配と人々が抱く共有観念との関係性を双方向から考察するとし、歴史意識形成の場として大名家・藩に着目、岸本・引野両報告が用意された。

ただ権力が作り出す「秩序」として歴史意識を対象とする積極的意味は何か、またそれが西国の大名家（毛利と浅野・水野・阿部など）で考察される意義をいかに考えるか、委員会からの説得的な発言はなかった。歴史意識が国家と社会に共有される可能性があるとすれば、それはアイデンティティや民族問題に関わろう（拙稿「『藩』研究のビジョンをめぐって」『歴史評論』六七六、二〇〇六）。また大名家には出自や徳川氏との歴史的関係性に規定される個性があり、それが文字通りの大名家（また領民にとっての）の歴史意識である。自他認識・民族意識などにつながる歴史意識をいかなる見通しで解析の俎上にあげるのか。そして例えば東北諸藩ではなく（渡辺信夫「会津藩の自己認識」『東北近世史』二〇・二一〈合〉、一九九六年、長谷川成一「近世東北大名の自己認識」渡辺編『東北の歴史　再発見』一九九七年）、なぜ西国の毛利や浅野などが選択されたのか。運営委員会の見通しは示されなかった。

岸本報告（岸本覚「近世後期における大名家の由緒：長州藩を事例として」）は大名家による歴史意識（大名家の由緒）の創造をめぐるものである。岸本さんの研究の主要な柱は近世後期の大名家・藩がどのような自己認識をもって明治維新にいたる政治過程を辿ったのか、ということだろう。そこで注目したのが藩主顕彰（神格化）という事象である。今回の報告もその研究履歴の上にあり、とくに運営委員会提示のテーマをうけて毛利氏を対象に大名家由緒が持つ歴史的意義を考察した。論点は多岐にわたるが、とくに神号授受にまつわる天皇・公家との通路・関係性の解析を意識的に行った報告との感想を持った（岸本「毛利家祖先の神格化と京都」『近代国家と民衆統合の研究』佛教大学総合研究所、二〇〇四年はかかる点の前提的仕事）。しかし、天皇・公家への通路・縁故を持つということは、嘉永六年（一八五三）の毛利隆元の神格化問題（正親町天皇即位料献納）などを想定しても、ストレートには「毛利家由緒を天皇との関係に集約化」し、「長州藩毛利家の「勤王」」（大会レジュメ）意識にはつながらないのではないか。

岸本さんはすでに毛利家に関し、阿保親王や大江広元と毛利家由緒をめぐり「毛利家の祖先が大江家にあたり、また皇族の出自にあたる」（同「長州藩祖廟の形成」『日本史研究』四三八、一九九九年）、「毛利家の「御家兵法」の顕彰をすればするほど、毛利家の歴史的な朝廷・幕府との関係が強調される」（同「長州藩の藩祖顕彰と藩政改革」『同』四六八、二〇〇一年）と指摘している。「御家兵法」は、中国兵法に系譜し大江家から毛利家に伝来する毛利家独自の兵法とされ、文化文政～天保期軍事改革のバックボーンという（同「村田清風と萩藩軍事改革」『佛教大学総合研究所紀要』七、二〇〇〇年）。以前の仕事ではこのような改革の精神的な柱に「古法」があり、その意識が藩祖顕彰という一種の文化装置を生み出すことを指摘していた。しかし今報告では、むしろ天皇・公家との通路が強調され、それが毛利家「勤王」という大名家由緒（歴史意識）が形成される背景として捉えられる印象をうけた。

また大名家の由緒が朝廷につながるという歴史意識はどの程度一般化しえるのかも問題であろう。細川や島津を事例に各藩独自に朝廷への通路を持っていた点が指摘される（配布レジュメ）。しかしかかる問題と古今伝授を介在させた細川氏と八条家との由緒意識（同「大名家祖先の神格化をめぐる一考察」佐々木克編『明治維新期の政治文化』思文閣出版、二〇〇五年）とは、別次元の問題であろう。細川にとっての八条家は毛利の阿保親王や大江家に相当し、天皇への由緒認識を直接規定するものであろうが、例え朝廷につながる通路があったとしてもそれと由緒認識は前述のように直接結びつかないだろう。また島津は源頼朝につながる系譜認識があったというが（前掲「長州藩祖廟の形成」）、このような武家の棟梁への由緒認識と天皇へのそれとの位相も考慮すべき問題であろう。

引野報告（引野亨輔「近世後期の地域社会における藩主信仰と民衆意識」）は前（元）藩主と現藩主のそれぞれのイメージが相互に影響しながら藩主信仰が形成されると想定し、藩主信仰の内実を描き出すのがポイントだろう。浅野広島藩の藩主信仰は福島正則の「暴君」イメージを対局において浅野氏の「名君」イメージが浮上し、これが文化三年（一八〇六）の城下町人による国主祭（「藩主の長寿」祈念）開始の契機となり、さらにその影響をうけて地域神職が発起人として国恩祭（「殿様の御恩」に対するもの）が開始されたとする。また国恩祭をめぐっては、神祇道本所吉田家による神職改で神職の地位が認知されたことに対して同祭が創始されたとも指摘し、これは豊作儀礼の意味も持つからこそ領民に広く受容されたと見通す。このように地域神職が藩には国恩祭と称しながら、身分的特権を獲得し、神社創建費用などの経済的特権も手中にしたと評価する。

ただし、国主祭と国恩祭のそれぞれの祭礼成立の背景や国主祭が領内諸郡に広がるということと国恩祭の郡域における開催との関連は必ずしも明確な説明がなかった。引野さんは「広島城下の国主祭に促されて始まり、国持大名の権威を「神」的なものとして崇敬する山県郡の国恩祭」（配布レジュメ）とする。しかし「藩主と接する機会も多い城下町人」という評価のみでは、なぜ国主祭が「真宗優勢地帯」（引野「近世中後期における地域神職編成」『史学雑誌』一一一の一一、二〇〇二）にしかも福島正則改易からかなりの時間を経た文化年間に生じたのかの説明にはなっていないだろうし、城下町人と利害を必ずしも共通しない地域神職が企図した国恩祭とは基本的性格が異なるようにも思える。かかる階層差の違いに起因した各祭礼の性格の異同と時代環境の説明なしに、両祭礼の成立や影響関係を論じてよいか気になる。引野さんはこの時期地域神職の職分意識の高揚が「復古の歴史的潮流」のなかで高まり、これが神職の由緒を語る偽文書作成や国恩祭成立の主たる背景であることを指摘しているが（「近世後期の偽文書と地域神職」、前掲論文）、このような視点が国主祭との相関性のなかでさらに深められた報告とはいえなかった印象が残る。

他方、福山藩に関しては、現藩主（阿部氏）の悪政批判の立場から元藩主（水野氏）の「名君」像が形成された点を、故君顕彰の旧臣レベルから現政権批判の領民レベルにかけて藩主信仰の基盤が変化ないし浸透する過程として捉えた。元藩主の「名君」像が現藩主の悪政批判という政治主張を逆説的に表現している、という見通しは示唆的である。ただ引野報告のポイントの一つが藩主イメージにあるとすれば、広島藩領同様に福山藩領においてもみられたという福島正則の暴君イメージが、水野と阿部の対極的な像形成にどのような影響を与えたのかの説明は必要だろう。それは運営委員会が企図する歴史意識を検証することにもなり、藩領（ないし大名）に対する地域民の由緒観念を探ることにもなろう。

岸本・引野両報告共通の主題は権力由緒観や宗教観を介在としたアイデンティティの問題であろう。これは近年の歴研近世史部会に通底するテーマであるのみならず、歴史学を超えた学際的な探求課題だろう。それが、政治と生活の場の一つである大名家・藩を素材に具体的に追究された点に、評者自身が刺激的に学ばせてもらったことを感謝したい。

（『歴史学研究』八二二、二〇〇六年初出。収載に当たりタイトル付与）

4節　「泰平」と規範

編集者から「自著紹介」（拙著『近世領主支配と地域社会』）の原稿依頼を受けたとき、「語るべき本など書いていない」と申し上げた。史料の収集と解釈の繰り返しという細かい議論の上で展開する内容は、学際性を売りにする比較社会文化学府（九州大学。略称比文）をアピールする上で、どれはどの効果があるのか甚だあやしいし、比文に関わる皆さんにとっても、退屈なうっとうしさを感じさせるだろうことは、何となく想像できる。ただ、本書執筆のこだわりはあるつもりだ。それは私自身の障害を持つ子供に対する思いであり、その一端は『比文創立十周年記念文集』（二〇〇四年）に「『共生』についての雑感」として書いている（本拙著次節に収載）。その思いの上に本書は構想された。

江戸時代は前後の時代とは異質な容貌をもつ。約百年にわたる戦国争乱やその終末期の朝鮮出兵のあとが、江戸時代の幕開けで二百数十年続いた。当時の人たちは「天下泰平」と称した。その表現は戦国争乱を「乱世」と意識すれば的確であろう。そして、長州戦争や戊辰戦争・士族反乱などの内乱に始まる近代が、百数十年の間に日清・日露戦争から十五年戦争と、戦争を繰り返したのを考えあわせれば、その「泰平」の異質性がより際だつ。もちろん、戦国期と近代の内乱・戦争は、対外的契機のあり方も関係し同質ではないが、江戸時代の「泰平」認識とは様相を異にする点では共通する。ところが、「泰平」と捉えられた江戸時代の政治社会の枠組みを作り、行政支配を担ったのは、戦闘者としての性格を持つ武士たちであった。日本史のなかでも稀に長く続いた「泰平」を実現したのが、武人としての武家政権（徳川幕藩体制）なのは、歴史の皮肉でもあろうが、この「泰平」を「徳川の平和」と称する人もいる。そして、現代人は、ちょうど「昭和」（とくに戦後の）を懐かしむように、江戸時代を例えば「エコの時代」「江戸の幻想」などと、もてはやしているようにもみえる。

戦後歴史学では、唯物史観を主要な方法論に据え、江戸時代は「百姓と油は絞れば絞るほどとれる」という言説に象徴されるように、過酷な生活を強いられる民という、「悪しき封建制」の時代（武士と地主・商人からの二重の搾取）とみられ、それへ抵抗する民（百姓一揆・都市打ち壊しなど）が外圧の影響も相まって、封建制を打倒し近代を生み出した、例えば、かかる図式で描かれた。「徳川の平和」のように「泰平」という時代性に重要な意味を見出すのは、「悪しき封建制」という見方とは別の位相として江戸時代をみる立場といえよう。近年では、「民間社会」、つまり様々な生業を営む人々が集団化し自分たちの権益を主張するような社会が形成された時代、という見方も提示される。要するに虐げられた民ではなく活力ある民、そのような評価で、元禄文化・化政文化などと総称される庶民文化が江戸時代にうまれるのも、生業にいそしみ致富を実現、生活を楽しむゆとりをもてるようになった民の活力があってこそ、となる。敢えて表現すれば、《武士が築いた「泰平」を謳歌するにいたる民の力が開花した江戸時代》そのようなイメージだ。

私は、民の力を信頼しそれに歴史を動かすエネルギーをみる立場に、竿をさすつもりはないし、最近では語られなくなった唯物史観の歴史認識にも通底する、ある意味での斬新さを感じる。しかし、江戸時代をめぐり、規範を基軸に人を差別する発想が格段に強まった時代とも考える。規範には、権威や道徳、そのようなものが想定できよう。

江戸時代の治者である武士は、本来は戦闘者である。すでに戦国期、自分の領国は大名や家臣、村役人(地域有力者)や百姓など様々な人々から構成されており、とくに百姓の困窮は他国(ほかの領国・大名)との合戦の勝利に大きな支障をきたすと考えられていた。合戦の兵糧やそれらをはじめとする必要物資は百姓が生産し運搬にあたらなければならなかったためである。戦国争乱の時代であっても、領主(大名)は自領の民の疲弊を、合戦を想定し恐れたわけで、暴力を背景とする強制的な取り立ては控える民政観が形成された。このような考え方は戦国争乱が終息したのちにも継承される。豊臣秀吉は百姓の「後生」のための大仏建立と称して武器を没収(刀狩り)したが、それは民の生活の保証を約束する意味合いもあった。民政にあたる役人を「牧民」とし、彼らが「民を牧(やし)なう」という、中国(元末期)で生まれた思想は、朝鮮経由で江戸期の日本にも伝わり、民の生活を重視する民政が一つの理想とされた。

しかし、ここでいう民とは、年貢・諸役、今で言えば税を納めている人々である。税(江戸時代の年貢が公共性がある税か私的性格が強い地代かの議論は措く)を納める民が牧なわれ、領主の「御救」(救済)の対象ともなる。地域社会(村や町など生活が成り立つ場、ここでは考えておこう)は行政支配の単位(本来、地縁共同体という性格が強い村は江戸期には税を負担する単位としての行政村になった)となり、税を負担できない、あるいは負担しようとしない者は「村の衆」に迷惑をかけることになる。税は個人単位ではなく、村

（地域社会としての行政村）単位にかかるのであり、税負担の意志や能力は地域社会のなかでの個人評価にもつながる。

逆に勤勉に働き税を負担する篤農家は、領主から注目され、民の模範とされるようになった。江戸時代、民の顕彰を領主側は盛んに行うが、そのなかにはこのような篤農家も多くを占める。彼らがなぜ篤農なのかといえば、勤勉・正直・質素・孝行などの道徳目を持っているからと評される。そのような徳目は村役人から民への教諭が期待されるが、かかる領主側が期待する人間像の教諭の実践に、顕彰・褒賞される篤農家のような人物が動員される。そして、彼らは納税のみならず領主へ献金なども行い、武士身分を買得するものもあった。ここには、民が持つ武士身分への憧憬がある。身分上昇、身上がりとして、能動的・主体的に生きる動機付けといえるのかもしれないが、武士身分が持つ一種の権威性に誘引される民の姿をみることもできよう。勤勉・正直・質素に暮らし孝行しながら富を蓄え、献金もして武家領主に認めてもらい、役人として人々に教諭する。教諭のベクトルは上述のような家職に励むことであり、これが家相続の基本とされた。

このような、生活と道徳と権威が結びついたいわば社会装置としての規範意識は、江戸期を通して定着していったと思われる「日本人」像と結びつけられ、比喩的にいえば江戸時代の人々を覆い包んでいった。江戸時代の治者としての武士層は、民の身分上昇意識、これは生きる活力でもあるわけだが、権威を軸にコントロールしながら、社会秩序の維持を図った。まじめに仕事し生きた証として金で身分を買い、武士的な権威を持ったものとして地域社会の中でのスタータス、文字通りの名士になってゆく、そのような回路である。「努力」した人間にとりとても自然なことのようにも思えるが、そのような回路から逸脱した人々のことを勘案すると、その作為性は明らかだろう。

民による武士権威への一種の憧憬は、地域社会の中での差異化、自分は、自分の家はほかとは違う、という優越意識を伴うとともに、生活の基盤をなくし納税などとても覚束ない人々には、道徳観と縁遠い人々と同じような眼差しが向けられ、努力を怠った役立たず、というような見方さえ生まれる。さらには、様々な障害が体にあらわれるのは、宝を生み出す手や足を怠惰なためつかわなかったからであるとか、とくに女性（妊婦）が宗教的、民俗的なタブー（禁忌）をおかしたからなどとされ、障害は勤勉をはじめとする道徳規範に逸脱した報い、という捉え方さえみられるようになる。そしてこのような考え方に通底するのは、「神国」「日本（人）」というような、一種の帰属意識としての民族観と考えられる。これは武士階層が強調したというよりも、民自身が「神国」の「日本人」であれば、優れた道徳的資質を持つという、中華意識の自民族中心的な変容にともなう認識だろう。

冒頭に記したように、本書は私の子供への思いが下支えしている。彼は重度の知的障害者である。彼は一人の人間としてどのように生きてゆけるのか。働けず納税などとてもできない彼が人として生きる意味は何なのか。私は彼から歴史を勉強する問題意識を与えられ続けている。権威や道徳という規範意識を軸に人を差別する回路が形成され、税負担の体系からドロップアウトした人や障害を持った人々へ、同じような眼差しが向けられていることにはいささか寒気さえを覚える。そして、その眼差しはおそらく賤民や異国人認識にも通じる。抽象的な表現だが、《「泰平」を謳歌する民は、ある規範観念に縛られ始め自在な心を失いかけた人々》とでもいえよう。
以上のごときささやかな、しかし多少の思い入れを込めた議論を、民の生活の場（地域社会）に即し、その行政支配を行う武士・領主層による民政の基調と展開をおいながら、北部九州の諸藩（佐賀藩・対馬藩・小倉藩）を対象に行ったのが本書である。

（校倉書房、二〇〇九年刊。『Ｃｒｏｓｓｏｖｅｒ』〔九州大学比較社会文化学府〕二六、二〇〇九年初出）

5節　「共生」についての雑感

比較社会文化研究科（研究院・学府）が開設され、早くも一〇年がたった。この間、私自身が研究・教育面で本研究院・学府の特色をいかした実績をどれだけあげられたのかはこころもとないが、この時期はちょうどあるプライベートなことと重なる。それは私が障害者（重度知的障害）を子供として持ち育ててきたことである。そしてこのささやかな体験は本研究院・学府の特色として謳われている「異なる社会文化の共生を目指した研究教育」（『越境する文化・共振する世界』二〇〇三年六月、一頁）という問題について考えさせられる機会を与えてくれている。もちろんここでいわれている異なる社会文化の共生とはグローバリゼーションの時代の到来、ということが意識されているわけだが、その共生の問題をもう少し身近な観点から捉え直す必要もあるのではないのか、ということである。かなり独り善がりな議論になろうが、日本近世史を専攻している立場からのお話にしばらくおつきあい願いたい。

話のとっかかりとして社会集団というものを考えてみたい。これには、血縁集団（家族・親族集団など）・地縁集団（村・町など）・職能集団（職人集団・商人集団など）などが想定されようが、生活圏としてわたしたちが実生活をおくっている地域をみれば、地域社会は様々な社会集団が重層的・複合的に結合し成立していると考えられる。近世日本に焦点を絞り、共生というビジョンを設定すれば、次のような見取り図が描けよう。

近世日本（おおむね江戸時代）は単婚を基本とした家族による小経営が諸産業を支えた時代とされるが、家族は個人の生活の基礎単位でもある。共生という人間関係ないし社会的機能を近世にも見出すことができるとすれば、これが最小単位であろう。しかし小経営は一家族で独立的にできるものではなく、村という社会集団を考えた場合、村の他の構成者との共同作業が必要であり入会地・灌漑施設も共有される。また村内の経済的有力者（「有徳」者）は小農民（小経営の主体者）の困窮を救う義務もあったといわれる。領主権力は村の構成員を家族になぞらえ、かかる共生機能を維持させることに努めた。

近世の村では、構成者が特定の人物に自分たちの利害を代表させる惣代制・代議制のようなシステムも生まれていったが、これらの村が複数集まった組織（村連合・組合村などと呼ばれる）、あるいは大庄屋を中心にした広域行政組織（組）など、成立の契機は様々だが、村という社会集団が結合し、より広い地域社会集団も形成された。このような村や村連合・組などは主体的に地域集団の利害を領主や他の社会集団に対して主張し、地域社会集団の共生を目指したとみることもできよう。

ところが、その過程で諸社会集団や地域の間には争い・もめ事・紛争も発生する。考えてみれば生活の成り立ち条件を共有しているからこそ対立もあるわけで、地域社会・諸社会集団には対抗性と共生性が併存していたともみられるが、他方で、「共」の範囲、集団成員としての資質のようなものがあり、その限りで「共に生きる」ことが保証されていた、という見方も成り立つだろう。逆に言えば集団においてそのような資質を有していないとされるものへの差別・排除という問題である。

私は近世という時代にいわば日本人像の形成と定着がみられると考えている。そのイメージの重要な要素は勤勉ということだろう。家族単位の小経営は文字通り勤勉に家職にいそしまなければ立ちゆかなくなる一方で、主体的に「才覚」を働かせ「工夫」すれば、経済的富の獲得も近世では可能であった。また様々な社会集団は、その固有な職分を役として領主権力に勤めることが求められた。例えば村の場合、村請制によって年貢・諸役が賦課され、その納入が義務づけられた。その役（百姓役）を果たすことで百姓としての身分に位置づけられる。ここにも社会集団員としての役を果たすための勤勉性が求められるようになる。集団成員としての役が果たせなければ「役立たず」ということになる。そしてこのような意識（勤勉に働き仲間に迷惑をかけずに果たすべき役を担い、その上で「家」相続に必要な経済的富を蓄える）は「通俗道徳」として、正直・倹約・孝行などの徳目とともに社会規範化される。しかしかかる日本人像はいわば様々な「内なる他者」を生みだす。例えば経済的にドロップアウトしてゆく社会的弱者たち、あるいは遊民といわれる人々などへの眼差しである。彼らに対しては少なからず不道徳・怠惰という烙印がおされる。

ここには小家族経営で勤勉に働く人々、主体的に働く人々、自らの怠惰により仲間（社会集団員）に迷惑をかけてはいけないと思う人々が、社会的弱者を差別していく回路が潜んでいるように思う。

働くことが困難な障害者（片輪＝身体障害・愚昧＝知的障害・乱心＝精神障害など）に対しても、厳しい眼差しが向けられてゆく。彼らが家族などの血縁集団や村・町などの地域社会集団から色々なかたちで排除されていく様子を近世社会に見出すのは容易である。それは、第一義的に「役立たず」を抱えておくことが困難だからだ。まず領主は本人には例えば農業従事が無理であれば「相応の手業」を修得し自活すべきとする。しかし、働けない「廃疾の究者」は一定人数いるわけで、その場合には血縁共同体（家族・親族）や地縁共同体（地域社会）で「介抱」することを求める。いわば領主が出身共同体に共生を促すのである。だが、共同体からすれば「厄介者」であり、「非人小屋」「御救小屋」などに送り込まれる。

自らの立場を悲観してか共同体を抜けだす場合もある。身体障害者などは観場師などと呼ばれる仲介人を通じて見世物にされることもあった。捨てられ絶命するものもいたろうし、家族により出火などを装い殺される場合もあったようだ。

ところで、障害者の生きる道は様々なかたちで存在はしたが、多くは、非人・乞食化し勧進行為・物乞をした。このうち社会集団化したものは座頭・瞽女を除けばないが、これら障害者たちは、健常者たちとの勧進・物乞を通じた共生関係にあったといえるかもしれない。もちろんその関係には、卑賤観念がつきまとっていたことも忘れてはならないが、ここでは、むしろ卑賤観念から「身楽の渡世」参入願望への転化があったことを指摘しておきたい。つまり「廃疾の究」まる障害者に許されていた渡世を健常者が行い、結果的に障害者自身の渡世の場、共生の場が奪われていく、という状況である。働かなくても生活できるという地域住民の思いが、自らを障害者・病者と偽り、家職を離れ勧進・宗教活動や都市へ流入する人々の増加である。「役に立つ」健常者を「身楽の渡世」に誘引するとみられるためであろうか、障害者をめぐり、勤勉という道徳性と相容れない存在、あるいは憐れみを乞うばかりの存在、救済・福祉にもたれる存在という見方が生じ、さらには救済・福祉の抑止という発想も生じてくるようだ。そして、勤勉とは程遠い「役立たない」「厄介者」で、勤勉であるはずの「役立つ」健常者へも悪影響をおよぼす障害者観が成立する。

養育・擁護の放棄ともあいまって、ここには、本来地域社会の構成員である障害者との共生の可能性は展望されているとは言い難い。

このように、私が専攻している近世日本では、共生関係が集団構成者にふさわしい共通な資質（最も重要なものが勤勉性であり、社会・国家に役立つ有用性）を具備した人々のなかで成り立つ可能性はあったが、同じ人間として「内なる他者」と「共に生きる」社会性の創出は難しかったといわなければならないだろう。そしてこのような意識は、障害者に対する眼差しがかなり変化した今日でも、基本的には続いているのを日々実感させられているというのも偽らざる気持ちだ。私の子の問題もさることながら、例えば老母が重度の知的障害がある壮年の我が子を殺すというような事件（大分県）が、現代社会でも起こっている事実は重いと思う。現代の社会が老母をして我が子をめぐる絶望の思いを抱かせるのではなかろうか。

本研究院・学府はグローバリゼーション時代における共生を謳いそれは大切なことだろうが、自らが属する地域社会・社会集団に入れないまたは入ることが快く許容されない「内なる他者」（これは障害者だけの問題ではなく、例えばホームレスや独居老人などいわゆる社会的弱者とされる人々への私たち自身の眼差しにもつながろう）の解消こそが、いささか大袈裟だが、地球上の全ての人々に共有されるグローバルな共生社会をつくる第一歩、ないしは基本であろうと私は思う。ここには豊かでしなやかな人間観が必要である。

公私混同も甚だしいとの誹りをうけそうだが、比文の理念と我が子育てを重ね合わせて抱く雑感である。

（『比文創立十周年記念文集』九州大学大学院比較社会文化学府・研究院、二〇〇四年初出）

6節　「いのち」の共同性・社会性をめぐって

冒頭からプライベートな話で恐縮だが、私は重度知的障害を持つ子供の親である。そのような立場から誕生と死を介して「いのち」について考えようとする今回のシンポジウム（「誕生と死の歴史」）のテーマ内容には、大変興味を覚えた。それは、（経済的のみならず日常生活の面でも）自立が困難な子どもが、もし、私（日本近世専攻）が勉強している江戸時代に生まれていたなら、ということを考えるからである。堕胎・間引きの対象にはならなくとも、生活介護が必要で自立困難な子どもは捨てられる可能性は高かったかもしれない（沢山美果子報告参照）。また、親族や地域社会の人々からは、障害がある子や親兄弟はどのように見られるのであろうか。介護が必要な者をよく面倒みていると褒賞されるのだろうか、あるいは、なぜそのような子どもが生まれてきたのか、このような眼差しが向けられるのか。そして、その子はどのように死に、悼まれるのであろうか。例えば、このような共同性・社会性をめぐる観点である。ただ、盲人（座頭・瞽女）など社会集団化した人々を除けば、近世の障害者をめぐる史料は断片的である。かかる史料状況そのものが障害者がおかれていた立場を物語るのかもしれない。

病者はともかく、「いのち」という問題は基本でありながら、生きることが当たり前の人々は日頃、正面から考えることはしない（ただ最近は、労働形態の変化〔派遣〕やグローバルで構造的な経済不況などに起因した困窮者・自殺者の増加があり、「いのち」が切迫した問題として捉えられる状況かもしれないが）。しかし、私にとり、障害を持つ子どもが「いのち」に眼をむけさせてくれている、そのように感じる。

以下にかかる私自身のスタンスから、シンポに参加した雑ぱくな思いを述べたい。ただし、当日、フロアから発言したことが機縁で、コメント執筆を依頼されたものの、日本・ヨーロッパ・中国の三地域にわたり、いささかの時間差を含む三本の報告を十分に踏まえた展開は至難である。当日の発言も踏まえつつ文字通りの感想に終始するのをご了解願いたい。

全体の印象は三報告に通底する問題群は何かということである。もちろんそれは「いのち」ということなのだが、これについては当日のフロア発言（白川琢磨氏）があったように人は家族のなかで生まれ死ぬという、個人的・私的領域に属するものであるとともに、共同性・社会性を帯びた点も重要と考える。一九世紀後半以降、ヨーロッパでは出生率が低下するが、その背景に、道徳的、倫理的なコンテキストを含めた、地域共同体の文化的要素が想定されるといい（松塚俊三報告）、自然性を本質とする人の「いのち」は、共同性・社会性とも深く関わる。それは、本シンポの主題である人の誕生（沢山・松塚報告）から死（田村和彦報告）までの一生について指摘できよう（もちろん孤独死・自殺なども社会性の問題である）。「いのち」は自然性と社会性の両義的性格を持とうが、ここでは共同性・社会性に関わる問題群へのアプローチを考慮したい。堕胎・捨て子の抑制という立場から禁令・教諭・法令などを通して国家（領主）が関与し（沢山・松塚）、葬送儀礼を国家（近代国家や社会主義国家）が改革するという動向（田村報告）などは、共同体（国家）による「いのち」の社会的管理といえる。そして、もちろん白川コメントにある家族

（イエ）そのものが共同体の最小単位の一つであろう。そのような観点から、いくつか指摘しておきたい。

第一に、生命観（自然性）と人間観（社会性）の関係とでもいえる問題である。沢山・松塚両報告では、いつの時点で「いのち」と認知されるのか、という観点が提示され、ヨーロッパ（近代）では精子と卵子の結合、つまり受精の段階からの想定があるのに対し、日本（近世）では妊娠数ヵ月後（五ヵ月前後）とされる。このような「いのち」の始まりの議論はとても大切だと思うが、それは人間、いわば一人前の人、という観念とどのように関係していたのかという見方も必要ではないだろうか。日本社会では七つまでは神の子であり、一人前の人とはみない民俗観念・フォークロアがある。それは堕胎や間引き、捨て子を行う人々の意識にも関係していよう。近世の為政者はこのような行為を様々に禁止する。現代では、「いのち」を奪いまたその恐れがあるそれらの行為は、いずれも原則的に許されないもの（条件付き合法）だが、江戸時代の人々にとって、堕胎・間引きや捨て子の対象は、一人前の人ではないのであり、「戻す」という表現には、そのような民俗意識も想定される。

ここに、「いのち」が誕生し成長する過程が共同性・社会性を帯びたものであることが窺える。子どもの成長儀礼は一人前の人への各段階の祝儀である。したがって一人前ではない神の子を戻す、という意識、民俗的な心性は、そのような行為をいわば自然のものとする観念があったともいえようか。沢山報告で、明治期の産婆の堕胎に関する「生まれている」が「まだ生きていない」という認識が紹介されたが、そのような認識を生命観と人間観という枠組みで考えることも必要であろう。

またかかる関係は葬礼の場でもいえる。このような点について田村報告での言及はないが、私が専攻する江戸時代の為政者（大名）の死に際し、江戸で亡くなった人物の死が伏され、いわば生者として国元へ死体を移送した後に死去日が設定され、葬礼が営まれる場合がある。ここにも生物的な死（自然性）と為政者（人）としての死（社会性）の差異化が読み取れよう。

第二に、民俗的ないし民衆的な心性と「いのち」をめぐる関係についてである。まず第一の問題に関わることだが、堕胎・間引きや捨て子をする親にそのような行為への罪悪感がなかったのかといえば、おそらくそうではないだろう。江戸時代の為政者は禽獣でも自分の子どもを殺さない、としてその罪悪観を強調し、禁止しようとする。しかし庶民はそれを民俗的心性のなかで、あえていえばカモフラージュした。多産の禽獣に似ているとする双子、成長したら縄目の刑にかかるとする「胞衣かかり」の忌避の理由をめぐり、沢山報告では「『戻す』行為の正当化、自らに納得さす根拠」と評価された。ヨーロッパでは労働者階級を中心に堕胎に対する罪の意識はなかったというが、むしろ「生理が回復した」「元に戻す」（松塚報告）という、いわば婉曲な表現がとられることに日本にみられる民俗と「いのち」をめぐる共通性が指摘できるかもしれない。「いのち」の選別の場で民俗・民衆的な発想が横たわる。また田村報告では、儒教批判・封建制批判のなかで、従来の葬礼が陋習・迷信として、排除される傾向があるが、結局は、国家がすすめる都市部を中心にみられる「文明的で倹約された葬儀」と、農村部にみられる旧来的な父系親族や姻族を中心とする葬礼の二タイプがあるという。「いのち」が終わる死の場面でもやはり民俗・共同体的な発想が生き続ける。

なおこのような「いのち」に関わる民俗的な心性について牽強付会の誹りをまぬがれないが、日本を念頭に一言しておきたい。私は民俗が持つ特性の一つに、共同性（イエや地域社会）を防御する心性があると考える。それは共同体の存続であり、自分たちが生きることを前提とする。そのような生きる場である共同体を脅かすものがあれば、それを回避ないし排除する装置をまとっている。もちろん、例えばイエ相続のためのぎりぎりの選択という本質をそこに見出すべきかもしれないが、同じ「いのち」が、「序列化」（沢山報告）されるのである。「いのち」はすべて平等に生きる権利を持つというヒューマニティに富んだ見方はおそらく相当せず、逆に共同体のためなら「いのち」が選択されることも許されるのだという共同体最優先の見方も、的を射るとはいえない。自分の子どもの「いのち」を奪うという罪悪観はあるが、しかしそれは自分たちが生きるためには必要なゆえに、民俗的心性のなかでカムフラージュないし中和されるのではなかろうか。いずれにしてもいえるのは、共同体（イエ）のなかで「いのち」が与えられなければ、誕生し生きる可能性がない（あるいは著しく低い）ことだけは事実である。

第三に、共同性・社会性のなかで形成される道徳・倫理観と「いのち」の問題である。田村報告では新しいタイプの葬礼が「公」への評価制度、すなわち故人の生前の顕彰（革命戦士、党・国家への献身的な働きかけ、社会に貢献など）をなす追悼会が紹介されたが、そこでは「あるべき生」が示されるという。このような「あるべき」とされる、いわば道徳観を付随した「いのち」をめぐる事象は多く指摘できよう。松塚報告では、避妊が男性にとってなすべき行為との認識が女性とのジェンダー構造のなかで形成される過程の考察があった。

冒頭に紹介した私の関心では、江戸時代でも道徳観と「いのち」の結びつきは強い。年老いた親や身体に障害がある家族の介護者（子どもや妻、兄弟など）が褒賞される孝義録に類する記録の為政者による作成事例は、中後期を中心に多い。ここには「いのち」の介助者が忠孝の道徳観を体現した人として描かれ、介助対象者のみならず、まさに「あるべき生」が示される。

しかし、病者や障害者については、親（とくに母親）の不道徳とされる行為、禁忌である行為や交合（忌むべき時の性交渉）がその誕生の原因とされるような言説事例も多くみられる。そればかりか、生業につかない者（博打打ち、遊民など）の子どもも同じようになるので、かかる社会的立場での交合を控えるべき（要するに正業に就いた子作りのための交合）のごとき類の主張さえ地域エリート（富農層）たちは行う。このような主張には、松塚報告にある避妊の発想が潜在するのかもしれない。また様々な障害（片輪・愚昧・乱心）は、宝を生み出す筈の体や頭を使わないからであるとか、五体満足なのは万徳があるからなど、道徳観と結びついた障害者をめぐる「いのち」への眼差しは比喩的に言えば痛い程である。外国（異国）との交流制限（いわゆる鎖国政策）のなかで、江戸時代は漸次、「日本（人）」というアイデンティティが形成される時期と想定されるが、質素・倹約・勤勉・正直などの道徳目が喧伝されるようになり、異国人や生業につかない遊民などとともに、障害者に対しても不道徳、あるべき人（「日本の人」）ではないという見方がとられるようになるのではないか、と考えている。

もはやコメントの域を逸脱し、プライベートな問題に端を発したいささか乱暴な議論になってきた。「いのち」をめぐる認識が、共同性、その基本はイエや地域の民俗（フォークロア）であり、また一つの段階が民族（エスニシティ）や国家（ネーション）なのであろうが、そのような社会性（ないし文化性）のなか、自然性とは別の次元で誕生や死について意味を付与されていることを、本シンポジュウムへの参加を通じて、改めて考えさせられた次第である。

（『七隈史学』一二、二〇一〇年初出。本稿は、二〇〇九年度七隈史学会シンポジュウム「誕生と死の歴史：「いのち」について考える」〔二〇〇九年九月二六日、於福岡大学〕における、沢山美果子「近世後期の「家」と女の身体・子どもの「いのち」：「いのちのジェンダー史」のために」、松塚俊三「戦間期イギリス労働者階級と性の文化」、田村和彦「二つのタイプの葬送儀礼からみた、現代中国における「死」の位置づけに関する報告：陝西省中部地域における都市部と農村部の葬儀を事例として」の三報告に対し、当日フロアからコメントした内容をもとに、主催者の求めにより原稿化したものである）

終章　締めくくりに聞いてもらいたいこと

―政治社会にみるアイデンティティ・差異化・いのち：藩政と領民―

はじめに

皆さんこんにちは。はるばる九州、福岡からやってまいりました高野と申します。よろしくお願い致します。

私は加賀藩研究ネットワークの存在を以前から存じ上げておりました。加賀藩は江戸時代には一番大きい石高で、私のような小さい藩しかやっていない人間には恐れ多くて敷居が高いのです。加えて私は今まで加賀藩や前田家についてきちんと勉強をしたことがなくて、そんな人間が加賀藩の研究をされている皆さんの前で話をしていいものかどうか逡巡しました。本ネットワークの木越（隆三）さんとは二〇年ほど前から知行制研究会という小さい会をやっていて、その頃からお付き合いをさせていただいています。福岡市史の編纂にかかわっておりまして、私が担当しました近世編の「家臣とくらし」の月報を木越さんにお願いをしました。それで木越さんからこのお話を戴いた時に断われずにやってきた次第でございます。

以前金沢に二回ほど来たことがありまして、その時は玉川町にある近世史料館で史料を見て、街を見て回る余裕がなかったのですが、昨日は駅の方から参りまして、ゆっくり見て回ることができました。金沢駅から六枚町そして長町の武家屋敷跡、足軽屋敷とかいくつかの武家屋敷を見て、兼六園と金沢城と見て、その麓にあります東照宮が祀られていますす尾崎神社と明治初めにできた尾山神社を見て参りました。個人的には武家屋敷は整備され過ぎだと感じましたが、非常に綺麗で、史跡をたいへん大事にされている金沢市民の皆さんだなという思いをもった次第です。

私は地元が佐賀で福岡に住んでおりますので、福岡藩や小倉藩、久留米藩、それから長崎の大村藩について自治体等の関係で仕事をしてまいりました。先ほど見瀬（和雄）先生から藩についてのお話と紹介がありましたが、ここでは「藩政と領民」という主題でお話をさせていただこうと思います。但し、藩政と申しても、領内支配機構や藩の構造とかの話ではなくて、藩の政治のあり方、もう少し広くいうと江戸時代、近世武士の政治のあり方と、領民の関係性をどのように見ていったらいいのか、新しい方法論が考えられるかという、私自身試行錯誤をしている内容の話になります。ですから、きちんと詰まった内容ではありませんけれども、少しお時間をいただけたらと思います。

こちらにこのたびネットワークの皆さまが刊行された『加賀藩武家社会と学問・情報』（加賀藩ネットワーク編、岩田書院、二〇一五年）という本があります。最近の幕藩研究、藩研究、大名研究というのは非常な広がりを持っておりますが、この度のご本、つまみ食いで読ませていただきました。領主側の政治思想の問題、農政のあり方、家臣たちの問題、江戸の問題、さらに文化的な問題と非常に幅広く、時代的にも近世の初期の段階から明治の初めまで取り上げられているわけですね。このように様々な論点が提示されている点が現在の藩研究のあり方を反映しているのですが、私自身の関心がどこにあるかというと、領主と領民、昔の言い方をすると支配階級と被支配階級がどのような関係性を持っていたか、ということが前近代の歴史研究の一つの軸ではないかと思っています。私はマルクス主義の信奉者ではないのですが、やはりそのことはとても大事なことだと考えています。そういう目でこの本を改めて見ますと、木越さんが書かれた改作法の問題（木越隆三「改作奉行再考：伊藤内膳と改作法」）や、天保期の問題について書かれている長山直治先生（長山直治「加賀藩天保改革の再検討：奥村栄実言上書の分析」）、あるいは見瀬先生の利長の遺誡の問題（見瀬和雄「前田利長の遺誡と慶長期の加賀藩政」）もそうですが、このような直接領主と民の関係を考えるような論点を軸とした論文が少し少ないなという印象を受けています。

なぜ私が領主と民との問題にこだわりを持ち続けているかというと、私の郷里の佐賀県、佐賀藩には地方知行という独特な知行制度あります。領主は知行地、拝領地を持っていて、そこに館、屋敷がある。日頃は城下にいますが、藩に願いを出して御下《おくだ》りといって、館に下ってくる。そこで実際に領民と関わりを持つ。年貢もその領主の責任になります。年貢率等は決められていましたが、それ以外はかなり独自の支配関係があったようです。そういう地方知行をやっている家臣の家には非常に多くの日記が残っています。私はある家老格の家の勉強をしたことがありますが、その日記は知行地にある屋敷で書かれたものと、城下の屋敷、陪臣が詰めているのですが、そこで書かれたもの、両方の記録が残っています。それを見ると、上層の家臣ではありますが、当時の城下での暮らしぶりと知行地での領民とのかかわり方の両方が立体的に見えてくるわけです。江戸時代は兵農分離の時代と言われますし、そういう性格を強く持った時代だとは思うのですが、知行地では領民たちとの直接的な関係を持っておりまして、武士と民との関係を、関わりが深いという側面を組み込みながら見て行かないといけないと思います。ですから、大所高所からの議論は苦手なのですが、領主・武士と民との関わり合いを示す史料の中から、こういう問題がとても大事だと感じ取ってきました。

いま一つは私には子どもがおりまして、二三、四歳になります。最重度の知的障害者で、トイレも一人ではできません。お風呂も一人で入れません。食事の介助も必要です。ずっと介護をしています。普通の学校にも入れませんで、特別支援学校に行きました。こういう人たちを行政側はどう見ているのか、あるいは一般の人たちはどう感じているのかというのも大事な論点です。私は一人の親として見逃せない問題と考えるようになりました。歴史研究はもちろん過去の事をやるのですが、現代社会に生きている自分とのかかわりで、歴史が現代社会とどのようなつながりがあるのか、障害を持った人たちあるいは病気を持った人たちを行政側がどう見るのか、さらに地域共同体の中で如何に考えられていたのか、認知されていたのかも、とても大事な問題と思えるようになってきました。

ですから、今日の話は藩政と領民という、ある意味では言い古された主題ではありますが、そのような私自身の勉強の履歴と個人的な立場を反映させて、方法論めいたことについての私の考えを聞いていただくことになると思います。

1節　関心事―自己紹介をかねて―

まず自己紹介を兼ねてということですが、私の関心事を四つにまとめてあります（配布レジュメ）。

一つは近世・江戸時代がどのような性格をもっていたかということです。江戸時代は合戦や対外戦争がない時代です。関ヶ原合戦、大坂の陣、島原の乱、幕末時には対外戦争、長州や薩摩は欧米の諸国と刃を交えることもありますし、幕末維新期にはいわゆる戊辰戦争の内乱がありましたが、それ以外は非常に安定した平和な時代が続いていきます。そういう中での武士と民の関係がどのようなものであったか、この近世の時代性、泰平の時代という江戸の時代性ですね。

二つめは武士の政治社会意識。武士の本性は合戦をして何人の首を取ったのか、人を傷つけたり人を殺したりというのが武士であろうと私は思っています。そういう中にあって、武士は自分の本性をなかなか表に出すことができなくなる。そうすると、ある意味彼らは矛盾した存在になってくる気がします。本来は戦闘者だけど、泰平な世の中で戦闘以外の様々な仕事をやって行かなければならない。そういう中での彼らの意識に関心があります。

三番目にはそのような平和な時代に生きた庶民たちの規範意識も考えられたらと思います。合戦の時代は、自分たちが丹誠を込めて作った田畑が合戦で踏み荒らされることもありますが、江戸時代にはそういうことはない。頑張った分、見返りが期待できるかもしれません。しかし、様々な原因で没落をするかもしれない恐怖がある。成功する可能性もあるし没落する恐れもある、恐怖と裏腹の感情の中で生きていた人たちが想定されます。そのような中で、彼らは道徳性といいますか、真面目に働く、嘘をつかない、勤勉である、親孝行をする等、いろいろな徳目を学んでいき身に付けていくわけです。これを守っていないと没落するかもしれないと、いわゆる道徳と功利が関係し合うような時代、そういう認識が持たれているのではないかと思うのです。

四番目に社会差別の形成。没落する人たちはなぜそうなるかというと、自己責任、真面目にやっていないから没落するという見方等々が主張される。つまり道徳的でないから没落するというのが一つの見方です。没落にはいろいろな背景があるとは思いますけれども、そういう考え方があります。さらにそれは没落していく人たちへの眼差しが広がっていって、遊民・いたずらものというかたちで、領主側から見て、真面目に働いて地代・年貢を納めない異質な民観が成立する。それに私の子どものような障害者に対して「徳」をからめて見るようになってくる。徳がないから手足がない、徳がないから働かない、働かないから手足が萎えていくのだという言い方をする。あるいは知的な部分で徳がないという見方で知的障害が語られる。一つは徳というものを軸に社会差別が形成されていくことがあるのではないかと考えております。

このように私の関心事はおよそ四つに整理できるのですが、いずれも関連したことで、一つの事をああ言ったりこう言ったりしているだけかもしれませんが、大体そんなことを考えております。

2節　「政治社会」研究としての藩研究

歴史研究、藩研究というのは可能な限り総合的な見方をしていく必要があるのではないかと思っています。あちらから見、こちらから見て、いろいろな方向から考える、総合的な検討が非常に重要だと思っています。政治社会という言葉を時々使うのですが、政治と社会を切り離して考えるのではなくて、密接につながった事象として捉えるという観点です。権力についても、江戸時代は武家の力、ステータスが非常に高くなったと言われていますが、これを黒田俊雄さん流に言いますと武家だけではなくて公家や寺家にも目配りをする必要があります（黒田俊雄『日本中世の社会と宗教』岩波書店、一九九〇年）。

他方、武家のシステムですが、武家領主の政治支配というのは、彼らだけでやっていたわけではなく、民に請けさせ成り立っていたと言われています。それが地域社会の中でさまざまな階層や利害の対立、場合によっては差別意識も醸成していたのではないかと思います。実際に請けるのは村のリーダーたちですので、彼らのステータスと地域社会の中での他の人たちとの関係性、そういうものを考えていかなければなりません。ですから近世権力は多様な問題を射程に入れなければいけない。私は武家の問題を軸にやっていますが、やはり多様な問題をやっていかなければならない。民自身の問題もここで「請ける」というものを軸に、関係し合っているということになります。

三番目に総合的な範疇として、宗門改や神道・仏教・儒教・道教などの諸要素が内包された宗教的なあり方があります。近世は宗教的な色合いがずいぶん減退したと言われておりますが、私自身はそうではないと思っています。武家領主側もそうですが、民の側面から言うと神仏が習合したような世界観をもって彼らは生きています。そういう中で江戸や朝廷につながる回路を持つようになった可能性があるのではないかと思っています。

ですから中々うまく説明することができないのですが、要するに総合的な形で藩研究をやっていくのが大事ではないかと思います。

3節　大雑把な見取り図

次に、藩政と領民ということでは、およそ四つのことを現段階で想定しています。一つは大名と藩。私たちは大名と藩をあまり区別せずに使っていますが、私のイメージでは、大名にとって何が大事かというと家の相続であろうと思います。近世の大名にとって、そこに「私儀」ではなくて公け的な存在、公儀とのつながりが出て来るのだと。今回の本の中にも、見瀬先生が利長の御遺誡がどういう発想でなされたかということを書かれていますが（前掲見瀬論文）、徳川との関係、公儀との関係を軸に前田家を生き延びさせなければいけない、ということを言われているのではないかと思います。大名にとって家の相続が大事だけれども、そのためには公儀性も必要であり、天や将軍や先祖から預けられた領地領民を受けついで行く預治という考え方。その中で仁政という考え方が自然に受け入れられていって、藩という認識が生まれてくる。

藩という言葉も、江戸時代では公称ではなかったと言われていますが、実際にはいろんな所で使われているようです。本年度（二〇一五年度）の歴史学研究会大会は藩の言説を巡っての二つの報告がございました。私はそれの批判報告もさせられたので、最新号の『歴史学研究』（九三九号）に載っていると思います。お二人が平戸藩と米沢藩を対象に藩言説がどのようにできあがったのかを言われていました。それも大切だとは思いますけれども、私にとっては、言説としての藩というより、多様な側面をもっている、ということのほうがより大事だと思っています。最近は藩世界とか藩社会とか、岡山藩や尾張藩を軸にそういう言葉が使われていますが、この方々のグループのイメージは、藩言説のみにとらわれず、もっと広い意味で捉えていると思います。加賀藩の方々は藩についてどのようにお考えか、後でお聞かせいただきたいと思います。そのような藩の意識と実態の形成ということ。

二番目に士と民という問題。私の関心から言うと、社会的権力と対社会権力という言葉の使い方をしているのですが。地域社会の中で経済的に有力になった人たちが、平たく言えば、村役人とか町役人とかに取り立てられているのは様々な背景があると思いますけれど一つのステータスです。こういう人たちは士分に近い、士分と親近性がある立場に取り立てられることがあるので、士分へ民の憧憬というのが考えられるのではないのか。

たとえば、私は武士の神格化に関心を持っているのですけれども、武士の神格化は、大名家にとっての先祖をお祀りするという意味合いだけではない。全国的に事例を集めて東日本編と西日本編に分けて表を作ったことがあって、この方面に関心をお持ちの方にはたいへん重宝がられているのですが、代官など治水工事をやった人を祀ることは江戸時代では結構あります。代官を祀ることは一つの顕彰行為だとは思いますけれども、顕彰行為をすることによって、武家領主に対して、善政をしなくてはいけないということを暗黙のうちにインパクトを与えているのではないかという感じがします。善政への期待が表象されているのではないか。それが士と民の関係なのではないかと思います。

三番目にアイデンティティと差別意識ですが、今日はこの話を軸にしていこうと思います。大名にとって「家」、「御家」の相続は大切なことですが、「国」「国家」「国民」これは「こくみん」と読むよりも「くにたみ」と呼んだ方がいいのかもしれません。そのようなイメージが次第に形成されてきて、領民たちにも「くにたみ」意識が出て来る。この「くに」というのは能登の国とか加賀の国とかではなくて「藩国」というイメージとしての国だろうと思います。前田家は三国もあるからどこの国と言われるかもしれませんが、前田家の藩国という意味の国家意識というのが出て来る。そうすると、そのような関係性で排除される差別意識の話。これは後で話します。

それと四番目に大事だと思っているのは近代国家と「藩」。私は幕末や維新期の専門家ではないのですが、宮下さんの幕末維新期の論文があります（宮下和幸「明治初年加賀藩の政治過程と人材登用」）。維新後に藩が数年間残りますが、それに各大名家・藩がどのように対応したのかということで、宮下さんは前田家が理想的な藩を目指していろいろな新しい改革にも対応しようとしたのだと言われています。そうでない藩もあるのですけれど、そのようなものの軸には何があるのか、私が思うに家という問題がある。大名家であったり、村の家であったり、あるいは家族のなかでの家、家の先祖、そういう意味での家観念があって、それは天皇や日本国に結びつく回路があるのではないかと思います。

以前、明治期につくられた藩史を調べたことがあります。例えば徳島の阿波藩に分厚い藩史がありました。これはとてもよく役に立つ。役に立つけれどもベースの見方は何なのかというとそれは「勤王」です。幕藩制国家から近代国家に変わるときにいかに藩主らが頑張ったかという軸で書かれているようです。明治期のある時期までにつくられた藩史研究には共通して見られる傾向ではないかと私は思います。一方では、金沢にも尾山神社がございますけれど、藩祖を祀った神社ですね。私は、大名が神として祀られていることに関心を持っているのですが、明治期になると大名が祀られるというのがある。それは藩祖であったり幕末期の人であったり色々なパターンがあるようですが、そういう祭祀は、郷土や国意識につながっていて、近代国家の形成にどのように役立って行ったのか、ということが見え隠れするような印象も持っています。勤王の意識と明治の初めの大名の神格化は関係性があるのかなと思っています。この本の中では宮下さん（前掲宮下論文）、鷲澤さんが武士の国学の受容のことを取り上げていますけれども（鷲澤淑子「加賀藩武士層における国学の受容：安政〜文久期を中心に」）、こういう問題と関わり合いを持ってくるのかもしれません。

藩政と領民ですが、皆さん方は、領民統治機能がどうなっていたか、農村構造がどうなっているのか、町のあり方がどうなっているのか、というようなことを期待されたかもしれませんが、私はそういうことが大事だと認識しつつも、大名と藩、士と民、アイデンティティと差別の問題、近代国家と藩、このようなのも一つの見方なのではないかということでございます。

4節　近世武士の性格

これからお話ししようと思っているのは、三番目の「アイデンティティと差別、差異化」の問題、これにポイントを絞った形で話をすすめようと思います。

いくつかの論点がありますが、まずそれに付随する問題として近世武士の性格を巡ってふれておきたいと思います。近世武士は戦闘者、侍という性格と、「士」という民を教導し治政を掌る士大夫とか役人とかの性格を持っています。武的な側面と文的な側面を持っています。「文武両道」という言葉がございます。この言葉がいつ頃から出てきたのか不勉強でわかりませんが、文武両道という言い方が武士のあり方、特に近世武士のあり方を特徴付けているのではないかと思います。合戦がないからといって「文」だけではありません。「武」というのがつかず離れずついているような気がします。この本では近藤さんの論文が有沢兵学を「武」の問題として取り上げておられます（近藤真史「加賀藩における有沢兵学の展開」）。

しかし一方で、仁政が再三再四言われます。この本の中では長山先生の天保の改革期に藩主が盛んに主張していると紹介されています（前掲長山論文）。近年の流れとしては武家領主が仁政論をとても大事にしていたという意味合いで、中国の明や清、あるいは朝鮮と同一性を持っていたという、東アジアの近世論ということが盛んに言われています。これは、第一回の加賀藩研究会で講演をされたと伺っておりますが、特に深谷克己先生が、東アジア法文明圏という意味合いで大名のあり方を問わないといけない、と言っておられます。私は異論を差し挟むつもりはないのですけれど、しかし朝鮮や中国の士大夫と武士は違うだろう、どういう意味合いで「士」なのか、も考えていかなければならないのではないかと思います。

事例1（西尾市史編纂委員会編『西尾市史　近世下　三』一〇～一九頁）に挙げているのは松平乗邑というわゆる享保改革をリードした老中で、一方では伊勢亀山藩の藩主でもある彼がかなり若い時に書いたものですが、「士の役」というのがあります。「士の役」は何かというと、

文より出でたる武と云うは右の如く三民をやすくせん為めに三民をなやますものを討って平治いたす士の役は農工商のためにあだをなすものをしずめて農工商を安居さする役（略）四民各職ありて国家をたもつ事也

という言い方をしています。「士の役」というのは根底には農工商を安居させる役だと、こういう表現が武士たちの人生観と言いますか、民政観、治世観の本質、彼らが考えている大事な所はここにあるのかなと思います。「文」だけではなくて「武」の問題もある。乗邑にはむしろ「武」があって「文」があるんだという認識を持っている気がします。このような武士のあり方が問題としてあります。

5節　アイデンティティと差異化

一　不道徳者と罪人

次に、私が一番話したかった「アイデンティティと差異化」の問題です。事例2〔明暦二年〔一六五六〕四月「長治公御領之農工商に御示之写」〔万治元年。浅野長治農工商へ教導の書付〈三次藩〉〕『広島県史　近世資料編Ⅲ』一二一～四頁〕に挙げたのは広島藩の支藩の三次藩のものです。これは長いですが、言おうとしていること、私自身が読み取れることは何かというと、盗みは悪いことだ、人の物を盗むのがなぜ悪いのかを突き詰めて考えるとよく分からなくなってしまいますが、そういう根源的に悪いことと、家職を真面目に勤めないこと、あるいは道徳的な悪さが、一緒の観点でみられています。

一、したく〳〵ハくちにして、我なすへきわさ〔業〕を者不知してせす、又とか〔科〕に成事おしらす〔知らず〕して、わるき事〔悪き事〕をもするもの多し、しかれとも、はしめより〔初めより〕そのなすへきわさをもおしへす〔教えず〕、又とか〔科〕に成事もい〔言〕ひ聞せす、してはなき事を仕出したる時曲事に言付るハふひん〔不憫〕なることなれハ、人と言ものは此様にするものなりといひ聞すつほとに、今より後ハ此書物の通りをよくかつてん〔合点〕して嗜〔たしなむ〕へし、此通を庄屋・年寄よくよく合点して其所々の男女に逢たる時、さいゝゝ（再々）言聞せておしへ（教え）申へし、此書付にかな（叶）いたる事有者あらハ此方へ申聞へし、上へ申あけ、はうひ（褒美）を遣すへし、庄屋・年寄も其所の者の心たてを教なしたる者は、猶以上へ申あけ御ほうひ下さるへし（一条）

ここでは、自分の仕事をきちんとしない、何が咎になるのかも知らない、悪いことをする者が多いのだ。それを庄屋や年寄が教えなければならないと言っています。

一、人と生れて悪こころもたぬ（悪心持たぬ）もの也、しひ正直にしてうそ（嘘）をつかす、人のめいわく（迷惑）成事しかけす、少の物にてもぬす（盗）ます、男女いたつら事（徒事）をせす、むさとさけ（酒）・さかな（肴）・食物・きる物（着物）なとにゑよう（栄耀）をせす、秋より来年の夏までのやしなひ（養い）のふんへつ（分別）をして百姓ハ作りの事にせい（精）を出し、町人ハあきなひ（商）の事に精を出し、しよく人（職人）ハ我か家職に精を出し、我か家々のしわさ（仕業）ゆたん（油断）すへからす（六条）

人というのは生まれて最初から悪い心を持っているわけではない、という言い方をしていますね。これは性善説をとっています。そして、このように仕事をしないことがとても悪いことだと、道徳的な側面を越えた罪悪判断をされていることが言えるのではないか。家職を勤めないのは悪い心を持っているからだと、そういうことが書かれています。こういう趣旨の法令はどの藩でも出されただろうと思います。

事例3（文化一〇年〔一八一三〕正月「吟味講御請書　控」〔今治藩〕『今治郷土史　国府叢書　資料編二』

四七九頁）は、「不道徳者と罪人の同一視」ですが、これは今治の事例です。

一、農業無精ニて、倹約を不相守者ハ、五人組之者より、実意を以て心付け可申旨、猶不用候ハ、、村役人迄其旨可及沙汰段、奉畏候御事（四条）

一、不孝なるもの、盗するもの、親類不和なるもの共、余御法度を相背者、村役人平日心掛け罷在候て、御支配御代官処へ可申上旨、奉畏候御事（六条）

ここが道徳的な部分、つまり不精、不倹約、不孝、盗み、親類不和、法度違反が同一視されている。不道徳者と罪人が同じレベルで罰則の対象になっています。

そして、江戸時代には、ある一つの人間観が形成されてくると思います。江戸時代の史料を見ていると「人」とか「人間」という言葉がしばしば出てくる。中世の史料は不勉強でよく分かりませんが。人や人間がどうあるべきなのかということについて、私自身注意して見ていきたいと思っています。

事例4（文化五年〔一八〇八〕「覚」『小浜市史　藩政史料編三』四五一頁）では、領主の「恩」を思う「人間」なら年貢上納が第一の勤めという趣旨が書かれていると思います。これは小浜藩の史料です。文化五年ですので十九世紀に入ってからの史料です。

御仁政を甘受して、罰なしと思て御年貢を不足し、上を不恐身之分限を弁ず、検（倹）約を不護、不礼不義をなすハ、第一ニ田地盗人なり、御慈悲之御恩を感心セざるハ人間ニあるまじ

ここに御仁政と書かれています。要するに、領主の御仁政を受けているのに年貢をきちんと納めないのは、田畑盗人と同じだと言っているわけですね。領主の御慈悲を恩と感じないのは人間ではないと言って

いるわけです。

百姓ハ遠臣なり、諸職人皆是ニ次、百姓高持ハ大身之如し、夫より次第ニして無高ハ中間之如し、高下無キニあらず、然レ共忠義二ツ有ルニあらず、是ヲ以忠義を勤メ御恩を報じ奉らんと思ふにハ、先ツ速ニ御年貢を上納すべし

百姓は殿様の家来だとなっています。次に年貢上納が大事だと言っています。したがって、ここでは領主の恩に報いるためには、年貢を納めることを大事に考えないといけない、それが人間なんだ、年貢を納めない者は人間ではないと言っているということです。領主の恩を知らないのは人間でけないということになるわけです。そのように読み取れると思います。

二　「国恩」の意義

今まで見て来たものは領主側の法令です。民側も領主側の法令を受容しながら、あるいは自分たちの立場で、道徳観念を練り上げていく、勝ち取っていく、作っていく部分があるのだろうと思います。これは大聖寺藩の事例です（事例5。宝永六年〔一七〇九〕「農事遺書」〔鹿野小四郎。大聖寺藩十村役〕『日本農書全集』五、一八二～三頁）。大聖寺藩の十村役が書いたもので、江戸時代の中頃の史料です。

朝夕農事ニ身ヲ委ネ公儀ヲ恐レテ法度ヲ守リ、年貢公役ヲ大事ニ懸必ズ粗略スベカラズ、一飯ノ恩サヘ報礼ノ心有リ、況ヤ妻子ヲ育ミ、身ヲ立テ我命ヲ繫グ本ナルヤ

「命」とありますが、これに注意をしたいと思います。このように、田畑を耕すということは自分たちの家族を養って命をつなぐ基本なんだと言っています。

是レ公儀ヲ掠ル報ヒ生々ノ真理ヲ害《そこな》フ天罰ナリ、律儀ニテ公儀ヲ恐レ年貢公役ヲ大事ニ懸タル者ハ、若ハ運命拙ナクテ貧窮孤独ノ身ト成リテモ人憐テ是ヲ恵ム（略）上ヲ望ム事有ルベカラズ、常ニ下ヲ見ルベシ、縦ヒ其器其才有リトモ役ニ繋ル事ナカレ、人間一生ノ不幸ナリ

これには家の没落という民の問題と「天」という超越的な問題が見られます。この「天」という言葉がどういうことなのか難しいのですが、神儒仏などの超越的な宗教観念と民俗習俗的な畏敬観念が融合した絶対頂上的観念などということです。天罰の天で、私の子どもの頃お天道様が見てるとか言われましたが、よくよく考えたらこの天とは何か、天罰とは何かというですね。だから天を軸にして家の没落、領主との問題よりは天の問題と家相続がリンクされているということです。

次に事例6（文化一三年〔一八一六〕「農業談拾遺雑録」〔宮永正好〕『日本農書全集』六、三二一〜三、三二六頁）も加賀藩の砺波郡の村方役人の事例です。一向一揆を鎮めたとされる柴田勝家に対して非常に恩頼の念を持っているようですね。一向一揆衆の武器を取り上げて農具に鋳直した。泰平の世に生まれたのだから何の憂いもなく稼穡《かしょく》に精力を尽くさないといけないと。

上の令命を守り身をおさめ稼穡を能々つとめ、家族を教示し奢らしめす、長く国恩に報し奉るへき事なりかし

ここに「国恩」というものが出て来るんですね。武将の国恩があって仕事ができる。だから稼穡をつと

めて年貢を納めなければならないということが書いてあると思います。

次は有名な史料になるかと思います（事例7。文政九年〔一八二六〕五月「勧農教訓録」〔村名主林八右衛門。川越藩〈前橋分領〉上州那波郡東善養寺村〕『群馬県史　資料編14近世6　中毛地域2』八〇二～四、八〇六～八頁）。川越藩の分領の前橋藩のある村の名主の林八右衛門の史料です。これには、自分は非常に律儀にやってきた、欲も出さずに出精して年貢を上納してきた。けれどもどうにもならないから領主にお救いをお願いするのだと言っている。八右衛門は、

元来上下ハ父子のごとし

と言っています。これは、人間の上下の身分関係は親と子の関係と同じようなものなので自然のものなのだということです。八右衛門は武家領主が上の立場であり、領民は下の立場であるという上下の身分関係を是認しているようです。だから律儀に出精をして上納してきた。だけど困れば上に嘆くしかないではないかと。

下ニても極難儀の事は何方へ歎くべきや、上へ歎より外有まじく、又奉行の仰に其響によりて事起ると言も非ならん哉

困ったらどうするかというと御領主様にお願いしないといけないと言っている。八右衛門は百姓ほど気楽な商売はないとも言っています。田畑さえきちんと耕し年貢を納めていればそれで充分ではないかと。武士は周りを気にしながら上司に気を遣わなければいけないのだから大変だろう、それよりは百姓の方が気楽でいいのだと書いています。しかし、民が困ると領主に言わなければならない。ですから八右衛門

は、自分は非常に律儀である、年貢もきちんと納めてきたという発想があって、このようなことを領主に対して申し出ているのだろうと思います。しかしながら次第に「恩国」や「国恩」とかいうことが、江戸時代でだんだんと強まっていった気がします。

事例8（「葉隠」聞書巻一、序論〔日本思想大系〕二一八頁）は佐賀藩の史料です。退役した家臣の山本常朝という人が書いた「葉隠」というものです。これは武士道の著としては結構有名なので聞かれたことあるかと思いますが、何が書いてあるかというと、一番最後のところですね。

御被官は申に不及、町人・百姓まで、御譜代相伝の御深恩、不申被尽事共に候

「御被官」は家臣のことだと思いますが、家臣はもちろん町人・百姓まで御譜代相伝の御恩は深いものとあります。加賀藩にこういう発想があるか分かりませんが、「葉隠」には町人や百姓まで含めて国恩を受けているのだと盛んに言われる。鍋島領は領主が交代しているんですね。竜造寺という戦国大名から鍋島という家臣筋に領主が変わります。化猫騒動を聞いたことがあると思いますが、鍋島としては自分が領主であることの正当性に懐疑の念を向けられているという不安感があったのではないかと思います。鍋島氏の家臣で山本常朝という譜代の家臣が、逆に譜代意識を高める形でこういうものを書いています。この中で、武士だけではなくて町人や百姓までも国恩を受けているというわけです。これは特殊な例ですが、恩国の中に百姓町人まで含まれている事例として挙げさせていただきました。

事例9（天保五年〔一八三四〕「間瀬屋佐右衛門遺言書」〔新潟町廻船問屋〕『新潟市史 資料編二』六七五〜八一頁）ですけれども、一揆を起こした貧人は国恩を犯しているんだと非難をしている事例です。これは近世

後期、文政年間のものですけれども、新潟町での一揆がおきた時のものです。牧野という大名でこの頃長岡藩領だったのですが、いろいろなことが書いてあります。

一、難渋之者別而御国恩を太切ニ可致也、富貴の人と同し現当の御恩を請なから、御上の御為筋ニハ御用立し覚ハなし、前々より御苦労計ニ相成、御恩報じの替りニ困窮年なとニ者張札の落し文、又ハ浜へ寄合早鐘など付き出スと真先ニかけ出し、御上江御外聞を掛ル、恩をあだて報する大罪人也

（略）

扨貧乏ニなるも人のしつたる事か、皆我過去の種がわるひ故也

ここで言わんとしていることは、貧乏になったのは結局自分が悪いからだということだろうと思います。なんで一揆を起こしたのか原因が追究されるのではなく、貧乏になったのはお前が悪いと、お前らは国恩を忘れて何をやっているのだ、という発想が見え隠れするような気がします。

事例10（天保七年〔一八三六〕「満作往来」〔山岡霞川。不詳〕『日本農書全集』六二、七四〜五、七八〜九頁）として「生を全うできないのは国恩に報えない民自身の罪」とあります。この史料は誰が書いたのかよくわかっていません。天保七年の「満作往来」というもので、こういう問題の一つの論点が出ていると思います。

諸人泰平の御代の御恩沢をかくのごとくかふむる《（蒙）》事、おそれながらたやすからざる御仁政、此報恩をわすれず《（忘）》ハ、人々つね《（常）》に心がけてかさねて御苦労をかけざるやうかね《（兼）》てけんやく《（倹約）》をむね《（旨）》として、凶年の手あてをなしおくべし（略）

凡人ひとりの生命ハ大せつ《（切）》なり、万一壱人たり共餓死におよぶ《（及）》事あらバ、大都の公朝ハ申すにおよばず、其国々の御領主様方のおんなげき《（御歎き）》ハ、いかばかりぞや、いやしき《（賤）》ものゝ不心がけより、貴上・貴人に愁をかけなバ、その身〱のくるし《（苦）》むのミならず、又、莫太のつミ《（罪）》をつくるに似たり

この人がどういう人かわからないのですけれど、天下のお膝元と言っていますので、江戸に関わり合いがある人かもしれません。御仁政や御報恩を忘れている民に対して、それではだめだと言っています。ここで、私が注目したいのは、人一人の生命は大切だと言っている、人の命は大切なんだと言っている、大切だから、人が命を落とそうとしている時に助けないといけない。そういう大切な人が、餓死したりすることは結局賤しき者の不心がけよりおこり、それは領主たちに心配をかけることになるので、自分たちが苦しむだけではなく、領主に対しても罪をつくったことと同じことだと、ものすごい言い方をしているわけです。人の命は大切だけれども、命が危うくなる状況をつくり出すということは、上に対して御領主様に対して罪になることだと、御領主様が心を痛めるので罪深いことになるのだという言い方をしています。命が大切だという発想が出て来たのは非常に重要と思いますが、人の命がどのように考えられていたのかという、見逃せない問題であろうと思います。

三　障害者への眼差し

次に、障害者への眼差しをめぐる事例ということでいくつか出してあります。

事例11（「稽古談　巻三」「富貴談」、『日本経済大典』二七巻、九、一一、七九、二五七、四〇五、五六二頁。『本多利明　海保青陵』〔日本思想大系〕二五七頁）は海保青陵といって宮津藩の家老の息子で、学問が好きで尾張藩に仕え、最後は京都で塾を開いているんですね。「かたわものたわけもの」について書いていて、大きな大名はいいけれども小さい大名のところでは役に立たない者を抱えると大変だという言い方をしている。

役にたゝぬ者を救ふが仁じあと覚へてをるは真違なり、役にたたぬものは救はぬが仁なり

この人は「宝」を生み出す手足を使わないから萎えてしまうという言い方もしています。

事例12（高知藩。「生子圧殺の戒」幕末期か。『皆山集』七六）では徳の問題が挙げられています。ここでも「人間」という言葉が出て来ます。高知藩の幕末期と思われる法令です。子殺し、間引きをした人に対して言ってます。

人間ハ万物の霊といふて人間ほど貴きものなし、神といふも仏といふも人ニハそなハりて別なるものにあらず、能々考へ見るべし、たとへバ百万石の御大名といへハ別のやうにおもへとも町人も百姓も穢多乞食も名のかわりたるまでして手足壱本つめ一枚髪の毛一筋違ひもなく見る事聞く事違なきふしきの徳をあげて万物の霊とハいふなり

人間には神や仏が内在していると言っています。この所、皆さん方は読んでどう思うかわかりませんが、私はこう考えます。人には神や仏が内在をしている。内在をしているからこういう格好をしている、あるいはこういう頭をしているわけですね。だからこういう格好をしていない人、手足がどうとか頭がどうと

かいう人は、神仏が内在していない、つまり徳が欠けていると読むことができます。それは言い過ぎと言われるかもしれませんが、私にはそのように思えてくるわけですね。

事例13（寛政二年〔一七九〇〕「破邪道記」本源寺〔津山藩森一族の菩提寺〕。沢山美果子『出産と身体の近世』勁草書房、一九九八年）を見ていきますが、これは津山藩の事例です。

さようの人共ゆくすえを見るにそたておきたる子もかたわになりたり、病身になりたり、また成長しなから死果、蟹の爪もきたるやうに身ゆるも、かくのごときむくひかと思はるれ

いわゆる子殺しをした人。子殺しや間引きをした親は残った子ども、「そたておきたる子もかたわ」になると言っている。子殺しをする、間引きをする。そうすると残っている兄弟もかたわになると言っています。そういうことで間引きをしないように言っているわけですが、障害への恐れを介して民衆の心に入り込もうとする領主の意識がある。

あるいは事例14（文化一二年〔一八一五〕「捱養育御改正御用留帳」仙台藩黒川郡鶴崎村の赤子制道役・仁平治。沢山前掲『出産と身体の近世』）は仙台藩の事例です。

座するにも行儀正しく、胎内之子驚き候得ハ、人となりて病の種トなり、弥更怒る事之勿論、歎く事ハ子の為に至而悪し、強而笑ふ茂歎くと同様之事也、食物ハ懐妊ニ不限、命の養ふの根元なれと
（略）慎むへき事専要

女性は行儀正しくしておかないといけない。余計なことをしない、慎まないといけない。なぜ慎まないといけないのかというと、生まれた子どもの病の種になる。ここにも徳や道徳性が絡んできます。

事例15（「則維公御代御書出之類　自宝永四丁亥至正徳四午　壱」久留米有馬家文書、久留米市立図書館蔵）は久留米藩のものです。

去辰（正徳二）五月三日、新町壱丁目ニおゐて鍛冶屋町帳面ニ付居候盲女非人銀子拾ひ候時、正直なる仕形あさましきものといへとも、義を知り人の難義（儀）ニ及ん事を憂ひ、慾を離れたる処、誠人心正直の本躰也、賤き非人のものにも猶此心あり、まして況や産業あるものの上ニ而、己我を忘れ慾ニ溺れ、或賃賄贔屓の沙汰に依て、善良をおとしいれ、邪悪を救ふのたくい、假顕れしれすとも、人たるもの独心に恥すや、目しゐ飢たる老女の身として心底奇特之至也、由（依カ）是白銀あたへ畢

ここでは視覚障害者がお金を拾って届けたようです。視覚障害がある非人でも、欲を離れてお金を届けるというのに、全うな仕事をしている人が欲に溺れているのは何たることだということで、障害を持った人を引き合いに出して一般の人に対して非倫理的な行為を教諭しています。ここでは障害を持った人たちを「あさましきもの」と言っています。「正直なる仕形あさましきものといへとも」云々と言っています。やはり障害を持つ人は非倫理的な人だと語られている。なかなか言い尽くせないですが、障害の問題で私が考えているのは、道徳や倫理性を引き合いに出し、そういうものと比べているということです。

四　民の選別と義務

事例11・同12は人を区別する、選別することについて病者や障害者を見てきましたが、事例16（藤堂高

久、延宝六年（一六七八）六月六日「郷中江被仰出三ヶ条之事」『宗国史』下、一六頁）には民を選別するという発想がみえます。

「褒美」の対象。「父母に孝行成者」、「耕作精に入、年貢皆済之心入之者」「物をかし高利を思ハす百姓之為ニ成候者」「新開新林なともくろみよく仕候者」

「罪科」の対象。「父母に不孝成者」「耕作不精に仕年貢令難渋者」「博奕大酒ニつのり郷中之風俗あしく仕なす者」「郷中へ物をかし高利ニ倍を加へ公儀百姓を取倒す者」

その源流にあるのは「褒美」と「罪科」の対象です。「褒美」の対象は父母に孝行する、耕作に精出す、年貢を皆済する、物貸しが高利をとらない、新田開発をする。「罪科」の対象が、不孝、真面目に働かない、大酒飲みや博打をする、金を貸して高利を取るとか、そういうことです。人を区別、選別する発想の源流がこういうところにあるのかなという気もしています。

次に年貢と仁政の問題についてです。これは幕令ですが（事例17。（貞享三年（一六八六）一〇月「覚」（三島代官の達書村方請書雛形」『韮山町史　第五巻（上）』九二～三頁）、民の最優先義務として、

一、耕作情を入第一御公儀を大切に奉存、御年貢無滞皆納仕、次には妻子下人等至まで困窮せさるやうにつねゝゝ《常々》心にかけ尤之事

ということが書かれてあります。これは何でもないような法令に見えますが、第一、次にと序列を付けているわけですね。年貢を納めることが大事なことであり、その次に大事なことは妻子、家族を養うことなんだとあります。ですからここも穿った見方をすると、年貢上納が最優先事項になるということですね。

まとめると、「基本的に領主側は悪ではなく、あくまで領主に仕える事務担当者の非分との位置づけ、身持ちの維持の要求。年貢納入が第一義で家族養いは二義的意味合いに止まる」と読み取れると思うわけです。

駆け足で見てきましたが、長崎に非常に博識な町人学者の西川如見という人がおりまして、彼は「百姓嚢」という本の中でこのように書いています。動物でも子どもを捨てないのに、人間には貧乏だから子どもを捨てる人がいる。それはいけない。じゃあ西川如見はどうすればいいと言っているかというと、貧乏で子どもを捨てて自分が生きようとする、それならば自分も死ねと言っています。自分も餓死をしろと言っています。非常に厳しい言い方なのではないかと思います。

おわりに

いろいろなことを整理しないまま長々とお話をしてわかりにくかったのではないかと思いますが、藩政と領民という形では、様々なアプローチの仕方があると思います。近世の領主は「仁政」を軸にまつりごとを行っていたと言われています。深谷先生も言われていますが、東アジアにおけるいわゆる「士大夫」と「武士」の同一性ということが盛んに議論されています。私はそれに棹を差すつもりはありませんけれども、彼らにとっての「仁政」とは何なのかということを考えなくてはいけないと思います。

彼らが「仁政」「御救い」をするにしても、それは、「国恩」をきちんと感じ取り、年貢を納め、田畑盗人ではない人に対しては「仁政」を施すけれど、そうではない人たちにはどういう眼差しを向けているのか。民の世界の中でもこのようなドロップアウトした人たち、あるいは自分の力ではどうにもならない障害を持った人たち、病気を持った人たちがどう見られていたか。共同体的な発想で、いろいろな形でサポートをすることが機能していたとは思いますけれども、その実体については史料も少ないので明らかにされていない部分があろうかとは思います。けれども、年貢を納めない人たち、あるいは病気や障害を持った人たちは、一様に「徳」ということが軸にされて、人間には徳がある、しかしその徳をないがしろにした人が、国恩を感じずに年貢を納めない、徳がないから手足が萎えて全うな人間になれない、という認識があったのではないかと思うわけです。

ここで申し上げたかったことは、徳の問題と「命」。近世、江戸時代は生命（いのち）に対して関心が深まる時代でした。関心が深まる時代ではありましたが、絶対的な価値観ではなくて、何らかのかたちで人に対する差異化、人を差異化の構造で見てしまうことも一方ではあった可能性がある、そういう時代でもあると思います。

皆さまにどう私の話が伝わったかわからないのですが、「藩政と領民」といいながら全然違う話をしているではないかと思われるかもしれません。申し上げましたとおり、私の子どもは一人では生きていけない、やはりサポートがいる、介護をしないと生命を全うできない。江戸時代、泰平で安定した時代が続いた。一つの時代が長ければよいというものでもないのですが、ハンディキャップを持った人たちがどう見られていたのか、それは現代の私たちの様々なものの考え方にどのように影響しているのか、していないのか、を思っています。藩政はその主要で具体的な場でしょう。加賀藩であったり佐賀藩・福岡藩であったり、領主支配というのが江戸時代にありますので、そういう場で検討していきたいというのが私の考えです。

また、皆さんのお考えや気付かれている点などお教えいただければと思います。どうもご清聴ありがとうございました。

（『加賀藩研究』六、二〇一六年初出。二〇一五年度加賀藩研究ネットワーク大会、於金沢大学サテライト・プラザ、二〇一五年一一月二一日公開講演録「藩政と領民：アイデンティティと差異化の視点を軸に」を改題）

結

近世日本の「政治社会」の諸特質はどのようなもので、それらは如何に関連するのか。かかる問題にアプローチする端緒になればと考え、これまで書きためた〈批評〉を通覧してきた。その対象範囲は限定的だが、それでも、政治と社会を切り離して考えるのではなくて、密接につながった事象として捉える観点が必要なことを改めて思う。

本書にまとめた〈批評〉作業でたぐり寄せられる日本近世の政治社会をめぐる見通しを述べるのが許されるのであれば、以下のようなものだ。副題に示した「秩序・武士・地域・宗教論」の提示たり得るのかは心もとないが、記しておきたい。

武士が専ら統治する領主支配は、戦国乱世から近世期にかけて、民衆の一揆的動向を踏まえ彼ら自身が結集し、壬辰倭乱のような対外戦争も経験しつつ、やがて、安定、泰平な時代が実現し、「武」的な精神性や家（イエ）を単位とするような軍制のあり方を内在させつつも、「公共」的な「行政」を目指す政治文化が生み出される時代的な可能性もでてきた。大名にとっての幕府・将軍、家臣にとっての主君、そのような上位者が圧倒的に優位なのではなく、臣としての立場の者にも、一定の自律性があり、上位者に専制的な側面があるとしても、それはかかる臣の自律的な立場が支えていた、あるいは両者の合意や臣・下位者の抵抗さえあり得る、このような関係性が炙り出されてきている。したがって幕藩制の政治秩序あるいは大名家・藩のなかの政治秩序もかかる観点でみる必要を思う。それは、近世国家を作り出した天下人が所与の存在ではなく、様々な領主層の結集により形成されたという、いわばボトム・アップの性格を持っていた、だからこそ下位者・臣の立場の者は自らの利害実現のために上位者・主君の権威性を蔑ろにすることもできなかった。そして、泰平のなか、世襲の有無などの階層差を含みつつ、武士としての規範義務にとらわれ続けることにもなったのであろう。

このようなヒエラルヒッシュな領主結集のあり方は、領主と民との間にも介在する。そもそも、近世国家が領主結集のなかで形成されたとすれば、その背景にはより広範で基底的な民衆の様々な動き（国一揆、一向一揆などの自立的な地域社会運動）への対応が求められたからだろう。宗教的な心性も内包した民衆のそのようなエネルギーは結果的に、民衆の心意を生活の場のレベルでも取り込もうとする武家領主層によりコントロールされる時代を迎えたが、ただ、民衆の自立的な地域社会運動は、「請」という形式で回収され、やがて行政の請負の流れが出てくる。そこには領主「家」相続をそもそも眼目とする領主財政が、社会政策的課題を領民の経済力や地域運営力に委ねる性格、つまりは社会政策的発想が領主の政治思想に稀薄であったという問題が想定される。「牧民」という武家領主の民政認識の本質はそのようなものかもしれない。

しかしここでより重要と捉えたいことは、行政請負・政治参加の流れに加われるのが、士分権威を纏うことにもなる地域社会の一部の人々であり、またその周囲には年貢・諸役を納めつつ、道徳規範を守りながら到富も実現する力量も持ち、「国恩」に報いるとされる人々がいることだろう。かかる人々は地域社会のなかでのいわば〈権力〉＝マジョリティとなり、他方で、不道徳との烙印を押される遊民や徒者、またその報いゆえ様々な病・障害を蒙る、そのような眼差しさえ向けられるマイノリティが生み出されるのではないのか。かかる背景にあるのが、「神国」「日本」などのアイデンティティだろう。「神国」の「民」としての「百姓」意識は、〈権力〉を創り出し、それが為政者・領主層の「権力」を下支えし、また、「権力」の一部として地域社会の〈権力〉が機能、宗教的な性格も持ち合わせる教諭などを通した模範的な「民」像が作為されよう。

泰平の御代、各地に地域性が育まれる一方、地域社会のなかには、行政参画や家業実践などを軸とするアイデンティティも生じるわけだ。そこでは、領主による選別があり、さらに社会的な差別も伴って、「いのち」の等価性は必ずしも保証されてはいなかった。近世社会で領主と民に共有される政治のあり方が形成されるにしても、それが武士階層も含めた文字通りの「士民」のいのちを育む、ないしそれに親近性ある政治を、武家領主は目指したのか。

明君（名君）として顕彰、神格化される武家当主層も確かに歴史に登場するものの、果たして武士たちにとっての治政・「仁政」とはどのようなものであったのか。乱世（戦国争乱、壬辰倭乱）と戦争（幕末維新期の内外戦争）に挟まれた泰平のなかの政治社会の特質は、神国観とも接するような民衆の世界観や天皇権威の浮揚などの問題なども醸成するであろう。排他性、差別認識を伴う一体感覚（国家意識）こそが明君の目指す政治指標ではなかったのか。政治社会の難局が、かかるアイデンティティ形成により克服されようとしたが、それは神国・天皇などの問題に、人・地域社会・日本・異国という多層のレベルで接近することに他ならないだろう。

これまで行ってきた〈批評〉を介し見えてくる近世日本の拙いスケッチながら、いのち・地域社会から天皇、さらには異国の問題までもが、武士の治政や宗教的な規範認識を介した政治社会のなかで連鎖している様相がみえてくる。広角の研究視野が求められる所以である。

初出一覧

序　新稿

第Ⅰ章

1節『日本史研究』五八二。二〇一一年。二〇一〇年度日本史研究会近世史部会研究合同報告共同報告「領主結集と幕藩制：三宅正浩報告「幕藩政治秩序の成立」に接して」

2節『日本歴史』六六七、二〇〇三年。北島万次著『壬辰倭乱と秀吉・島津・李舜臣』校倉書房、二〇〇二年、「書評と紹介」

3節 新稿。吉村豊雄著『近世大名家の権力と領主経済』清文堂、二〇〇一年、合評会報告

4節『歴史評論』六〇八、二〇〇〇年。福田千鶴著『幕藩制的秩序と御家騒動』校倉書房、一九九九年、「書評」

5節『歴史学研究』九三六、二〇一五年。三宅正浩著『近世大名家の政治秩序』校倉書房、二〇一四年、「書評」

6節『学苑』(昭和女子大学) 九一〇、二〇一六年。野口朋隆著『佐賀藩鍋島家の本分家』岩田書院、二〇一三年、「新刊紹介」

7節『日本史研究』五〇七、二〇〇四年。藤井讓治編『彦根藩の藩政機構』サンライズ出版、二〇〇三

年、「新刊紹介」

8節『歴史学研究』九三九、二〇一五年。「二〇一五年度歴史学研究会大会報告批判・近世史部会」

9節『人民の歴史学』一八〇、二〇〇九年。小川和也著『牧民の思想　江戸の治者意識』平凡社、二〇〇八年刊、「書評」

第Ⅱ章
1節『日本史研究』六〇五、二〇一三年。笠谷和比古著『武家政治の源流と展開：近世武家社会研究論考』清文堂、二〇一一年、「書評」

2節『日本歴史』六七六、二〇〇四年。磯田道史著『近世大名家臣団の社会構造』東京大学出版会、二〇〇三年、「書評と紹介」

3節『武道』五八五、二〇一五年。「平和な時代の「武」」

4節『九州史学』一三三、二〇〇一年。根岸茂夫『近世武家社会の形成と構造』吉川弘文館、二〇〇〇年、「書評」

5節『日本歴史』七〇一、二〇〇六年。谷口眞子著『近世社会と法規範：名誉・身分・実力行使』吉川弘文館、二〇〇五年、「書評と紹介」

6節『本郷』一一六、二〇一五年。「「月影兵庫・花山大吉」時代の武士たち」

7節『歴史学研究』八七七、二〇一一年。J・F・モリス著『近世武士の「公」と「私」』清文堂、二〇〇九年、「書評」
8節　『日本歴史』八〇二、二〇一五年。白川部達夫『旗本知行と石高制』岩田書院、二〇一三年、「書評と紹介」

第Ⅲ章
1節　『日本史研究』六三三、二〇一五年。野尻泰弘著『近世日本の支配構造と藩地域』吉川弘文館、二〇一四年、「書評」
2節　新稿。吉村豊雄・三澤純・稲葉継陽共編『熊本藩の地域社会と行政：近代社会形成の起点』思文閣出版、二〇〇九年、依頼論評
3節　『歴史評論』五八二、一九九八年。村田路人著『近世広域支配の研究』大阪大学出版会、一九九五年、「書評」
4節　『日本史研究』四五〇、二〇〇〇年。長谷川成一著『近世国家と東北大名』吉川弘文館、一九九八年、「書評」
5節　『国史研究』（弘前大学）一二二、二〇〇七年。青森県史編さん近世部会編『青森県史　資料編　近世3　津軽2　後期津軽藩領』青森県、二〇〇六年、「書評と紹介」
6節　『地方史研究』二九八、二〇〇二年。都城市史編さん委員会編『都城市史　史料編　近世1』都城市、二〇〇一年、「書評」

7節　『史学雑誌』一〇〇の七、一九九一年。檜垣元吉著『近世北部九州諸藩史の研究』九州大学出版会、一九九一年、「新刊紹介」
8節　『日本村落自治史料調査研究所研究紀要』一二、二〇〇八年。「川村優先生の『歴史的後遺症』概念に接して」

第Ⅳ章
1節　新稿。井上智勝・高埜利彦編『近世の宗教と社会　2　国家権力と宗教』吉川弘文館、二〇〇八年、合評会報告
2節　『日本歴史』七四〇、二〇一〇年。中川学著『近世の死と政治文化』吉川弘文館、二〇〇九年、「書評と紹介」
3節　『歴史学研究』八二二、二〇〇六年。「二〇〇六年歴史学研究会大会報告批判・近世史部会」
4節　『Ｃｒｏｓｓｏｖｅｒ』（九州大学比較社会文化学府）二六、二〇〇九年。高野信治著『近世領主支配と地域社会』校倉書房、二〇〇九年、「自著紹介」
5節　『比文創立十周年記念文集』九州大学大学院比較社会文化学府・研究院、二〇〇四年。「「共生」についての雑感」
6節　『七隈史学』一二、二〇一〇年。「「いのち」の共同性・社会性をめぐって：「誕生と死の歴史」シンポ参加記」

終章
『加賀藩研究』六、二〇一六年。公開講演録「藩政と領民：アイデンティティと差異化の視点を軸に」

結　新稿

あとがき

芸術的な作品は造形する方がいてこれらを批評する方もいる。以前、「批評家、評論家は無用。無責任に好き勝手な論評は無意味だから」という主旨の発言に接したことがある。さもありなん、とも思うが、所詮は、批評、評論する方の「好き勝手な」立場からのもので、聞き心地よく塩梅よいばかりでもあるまい。むしろ、批評家が自身のステータスを高めるために、優れた作品へ「好き勝手」に言う、そのようなこともあろう。造形された作品が商品なら、こんな呑気なこともいえないだろうが、造形と批評の理想的な関係は、相互に高め合うことだろう。ただ、私などは、「大家」の批評にあらがい、白分の「目」でみることはできず情けなくもあるのだが。

本書で取り上げた〈批評〉は、書物、しかも日本近世という限定された対象を扱った研究書（また研究報告）の書評・紹介などである。研究書の書評における著者と書評者の関係も、芸術作品と批評家の関係と基本的には同じではないのかと思う。ただ「大家」でも何でも無い私の場合、著者の作品を高めるというよりは、作品としての著書を私なりに〈批評〉することで、自身の糧とする、このようなことを心掛けてきた。したがって私の書評は、よくみられるような形式、つまり内容を目次に沿って要約し、それを踏まえた成果の指摘や問題点の提示、というものではない。私自身の「好き勝手な」問題意識を背景に著書の内容を解体、腑分けし、これに即して論評を加えるもので、著者にとっては迷惑千万だろう。その意味で、先ほど述べた持論たる造形と批評の理想的なあり方とはかけ離れている。依頼された書評は自分のためにやってきたようなものだ。この点、書評対象者には深くお詫びしなければならないが、〈批評〉行為を通して、私は一方的に恩恵をうけてきたわけだ。

その恩恵の成果をまとめたものが、本書である。私のやってきたことは日本近世の狭い世界に限定されているが、依頼された〈批評〉行為を通し、その政治や社会を総合的にみる観点を知らないうちに学ばせていただいたと思う。秩序・武士・地域・宗教・規範、そしていのちやアイデンティティとその表裏の関係にある差別の問題へ。本書をまとめながら、私の関心が、政治や社会を創りあげる「人」そのものの捉え方に及んできた、と感じる。

これには理由がある。「第Ⅳ章」でふれ、さらに「終章」で「聞いてもら」ったように、重度の知的障害を持つ息子の存在が大きい。このような人々は、他者さらには社会からどのような眼差しを向けられ、政治は如何に処してきたのか。障害者の有り様に、その時代の政治社会の姿の一面が映し出される、このような観点を模索する。障害者差別解消法が施行された昨年、神奈川県の知的障害者施設で起こった殺傷事件とそれに対する様々な言説は、かかる見立てが、あながち的外れではないことを物語るとも思う。マジョリティとしての「私たち」が持つ差別意識をえぐり出すことは喫緊の課題だろう（拙稿「近世辞書『俚言集覧』にみえる〈障害〉表現：類型・認識の析出」『九州文化史研究所紀要』六〇、二〇一七年）。

これまでの私自身の仕事の道程もたどる本書は、新たで困難な以上のような課題に向かうためのスプリングボードなのだ。

本書では、「障碍」「障がい」などの表現ではなく「障害」表現を用いる。障害観念は近代における経済的自立理念の形成と関連し、「障害」表現は一般化したとされる。その当否は措くとしても、かかる差別認識を伴う表現が採られてきたのは歴史的事実で、単なる言い換えでこの言葉が持つ意味合いは解消しない。本書では、むしろこのような歴史を見据える立場から「障害」表現を用いるのを断っておく。

歴史を学び、現代との対話を志すことの大事さに、お話したプライベートな事情もあって改めて気づく。それは〈批評〉対象としての政治社会を相対的に捉える視点を確かなものにするためにも、である。還暦を迎えた私の文字通りの見果てぬ夢なのだが。

最後に、「シリーズ士の系譜」の依頼をうけたご縁を頼り、書評類を軸に紡ぎ出した本書企画を持ち込んだところ、類書をあまりみないにも拘わらずお受け下さった清文堂出版の前田博雄さん、また編集を担当いただいた松田良弘さんに感謝の念を申し上げ、本書をとじたい。

二〇一七年の残暑厳しき夜に

高野　信治

高野　信治（たかの　のぶはる）

〈略　歴〉
1957年　佐賀県に生まれる。
九州大学大学院文学研究科博士後期課程退学後、福岡工業大学助教授・九州大学教養部助教授などを経て、現在、九州大学大学院比較社会文化研究院教授。

〈主　著〉
『近世大名家臣団と領主制』吉川弘文館、1997年
『藩国と藩輔の構図』名著出版、2002年
『近世領主支配と地域社会』校倉書房、2009年
『大名の相貌―時代性とイメージ化―』（シリーズ士の系譜①）清文堂、2014年
『武士の奉公　本音と建前』（歴史文化ライブラリー393）吉川弘文館、2015年

近世政治社会への視座
―〈批評〉で編む秩序・武士・地域・宗教論―

2017年11月25日　初版発行

著　者　高野信治©
発行者　前田博雄
発行所　清文堂出版株式会社

〒542-0082 大阪市中央区島之内2-8-5
電話06-6211-6265 FAX06-6211-6492
ホームページ＝http：//www.seibundo-pb.co.jp
メール＝seibundo@triton.ocn.ne.jp
振替00950-6-6238

印刷：亜細亜印刷　　製本：渋谷文泉閣
ISBN978-4-7924-1080-3 C3021

シリーズ士の系譜①

大名の相貌
―時代性とイメージ化―

高野信治

将軍に対しては従者、家臣にとっては主君、領民には領主というさまざまな役柄を果たすべき大名について、多種多様な側面から考察する。　一九〇〇〇円

武家政治の源流と展開
―近世武家社会研究論考―

笠谷和比古

武士の起源論より説き起こし、上意下達の絶対主義へと進む西欧との比較を交えつつ、武家社会の特質、徳川幕府の諸政策、武士道を論じていく。　九五〇〇円

御家騒動の研究

吉永昭

人間社会の普遍的病弊ともいうべき御家騒動。二一件の御家騒動を九類型に分けて論じた本文と「家中騒動史年表」より成る本書の余韻は深い。　一八五〇〇円

近世日本の対外関係と地域意識

吉村雅美

平戸藩を舞台に、英蘭商館の記憶や唐船打払い、異国船出没から地道な海上警備を含む辺境の「武」を担う機関としての「藩」意識の芽生えを描く。八七〇〇〇円

東方正教の地域的展開と移行期の人間像
―北東北における時代変容意識―

山下須美礼

晴耕雨読に勤しむ東北の給人たちが藩の崩壊に直面した矢先、改革期ロシアの申し子ニコライと出会い、新たな指針を得るに至る道程を描出する。　七八〇〇〇円

価格は税別

清　文　堂
URL = http://seibundo-pb.co.jp E-MAIL = seibundo@triton.ocn.ne.jp